LA VIE PRIVÉE

D'AUTREFOIS

PREMIÈRE SÉRIE

COMPLÈTE EN 23 VOLUMES.

PARIS. TYP. PLON-NOURRIT ET Cⁱᵉ, 8, RUE GARANCIÈRE. — 473.

LA VIE PRIVÉE

D'AUTREFOIS

ARTS ET MÉTIERS

MODES, MŒURS, USAGES DES PARISIENS

DU XII° AU XVIII° SIÈCLE

D'APRÈS DES DOCUMENTS ORIGINAUX OU INÉDITS

PAR

ALFRED FRANKLIN

VARIÉTÉS PARISIENNES

PARIS

LIBRAIRIE PLON

PLON-NOURRIT ET Cⁱᵉ, IMPRIMEURS-ÉDITEURS

RUE GARANCIÈRE, 8

1901

TABLE DES SOMMAIRES

NOMS DES RUES

ET NUMÉROTAGE DES MAISONS

I

**LES MAISONS. — Les enseignes depuis le trei-
zième siècle jusqu'a la fin du dix-septième.**   **l**

Sous Louis XV, il n'existe encore aucune marque indicative pour le nom des rues, aucun numérotage pour les
maisons. — Le numérotage actuel est représenté par l'enseigne qui figure sur chacune d'elles. — Disposition et
place de l'enseigne. — Les enseignes sont encore rares
au treizième siècle, et l'on désigne alors les maisons par
le nom de leur propriétaire. — Principales enseignes de
Paris au quinzième siècle. — Enseignes de la rue Saint-
Jacques. — Principales tavernes de Paris en 1635. —
Enseignes de la rue Saint-Honoré. — Modifications d'enseignes, changements de noms. — Les premiers imprimeurs de Paris. — Le locataire donne son nom à la maison qu'il habite. — Sujets des enseignes : Images saintes,
emblèmes pieux. Les astres. Les animaux. Les végétaux.
Les armes. Les outils. Les ustensiles de ménage. Les
instruments de musique. La mythologie. Les lettres couronnées. Les jeux de mots. — La dimension et la place
des enseignes réglementées par la police. — Les enseignes

saillantes préférées aux enseignes appliquées. — La police
fixe leur largeur, leur hauteur, et adopte un modèle uniforme pour leur soutien. — Le serrurier Lobel. — Les
enseignes des couteliers en 1680.

II

Origine des noms attribués aux rues de Paris. — Naïveté
des premières dénominations. — Les noms sont ensuite
empruntés : Soit à des enseignes. — Soit aux fiefs, clos,
hameaux, territoires sur lesquels les rues furent percées. —
Soit à leur plus opulent propriétaire. — Soit à un édifice
remarquable, église, couvent, collège, palais, somptueux
hôtel. — Soit à la fonction principale qui y était représentée ou au commerce qui y était exercé. — Soit à la
nation ou à la religion de ses habitants. — Soit à une
particularité quelconque. — Sanction officielle donnée à
ces noms. — Plaque de métal posée à l'angle de la première et de la dernière maison de chaque rue. — Les rues
numérotées. — Division de Paris en quartiers. — Qu'indiquaient les C placés au bas des plaques. — Mécontentement témoigné par certains propriétaires. — Les plaques
sont mutilées, enlevées. — Une ordonnance de juillet
1729 veut qu'elles soient remplacées par des plaques en
pierre. — Le mot cul-de-sac.

III

Témoignage du voyageur anglais Lister. — Les enseignes
reprennent leurs colossales dimensions. — L'ordonnance
du 25 mai 1761 cherche à les réduire. — Celle du
17 décembre de la même année supprime toutes les enseignes saillantes. — Le commerce se soumet. — Déca-

dence de l'enseigne. — Enseignes diverses classées par métiers.

IV

Comment, en l'absence de numéros sur les maisons, chacun indiquait son adresse. — Construction du pont Notre-Dame au quinzième siècle. — Il est bordé de hautes maisons que l'architecte a l'idée de numéroter. — Chute du pont. — Il est reconstruit, et ses trente-quatre maisons sont numérotées. — Système adopté pour ce numérotage. — Essai de numérotage dans les faubourgs. — Inquiétudes des contribuables. — L'opération du numérotage entre 1760 et 1775. — Difficultés qu'elle rencontre. — Les portes cochères. — Les barrières devant les maisons. — Les suisses et les concierges. — Les maisons à allée. — On reproche aux numéros posés d'être mal placés et peu lisibles.

V

Origine des noms donnés aux rues ouvertes durant le dix-huitième siècle. — Noms de propriétaires du terrain. — Noms de hauts personnages. — Noms de fonctionnaires de la ville. — Protestations contre cet abus. — Rues qui entourent le Théâtre-Français et le Théâtre-Italien. — Initiatives individuelles. — La rue Cassini, le quai Voltaire. — La rue Jean-Jacques Rousseau. — On propose de donner aux égouts le nom des écrivains royalistes. — La Commune ordonne de supprimer les souvenirs du fanatisme et de la royauté. — Les mots roi, duc, comte, etc. sont proscrits. — Signe de croix révolutionnaire. — Les noms des saints disparaissent. — Projet pour remplacer les noms de toutes les rues de Paris. — Curieux rapport fait à ce sujet par Grégoire. — *Almanach indicatif du*

SUR L'EMPLOI

DES MOTS MADAME ET MADEMOISELLE

Les femmes des chevaliers portent le titre de Madame, les femmes des écuyers celui de Mademoiselle. — Pour les femmes non mariées, le titre de Madame désigne celles du plus haut rang. — Ces principes n'ont encore subi aucune atteinte au seizième siècle. — Témoignage de Brantôme, d'Olivier de la Marche, de Bonaventure Des Per-

LE PAIN BÉNIT. — LE VIATIQUE

I

Les origines. — Tableau de la cérémonie au seizième siècle. — Le pain bénit rendu par Henri IV après son sacre, par Louis XIII à l'âge de deux ans. — Sully entend le prêche

II

LES INSIGNES RELIQUES

DES ÉGLISES DE PARIS

I

II

III

ESSAI

DE STATISTIQUE RÉTROSPECTIVE

I

II

III

IV

LES ARMOIRIES

DES CORPORATIONS OUVRIÈRES

I

LES ORIGINES

II

LES BANNIÈRES

III

LES SIX-CORPS

IV

LA NOBLESSE COMMERÇANTE

V

LA VIE PRIVÉE D'AUTREFOIS

VARIÉTÉS PARISIENNES

NOMS DES RUES

ET NUMÉROTAGE DES MAISONS

I

LES MAISONS.

LES ENSEIGNES DEPUIS LE XIIIe SIÈCLE JUSQU'A LA FIN DU XVIIe.

Sous Louis XV, il n'existe encore aucune marque indicative pour le nom des rues, aucun numérotage pour les maisons. — Le numérotage actuel est représenté par l'enseigne qui figure sur chacune d'elles. — Disposition et place de l'enseigne. — Les enseignes sont encore rares au treizième siècle, et l'on désigne alors les maisons par le nom de leur propriétaire. — Principales enseignes de Paris au quinzième siècle. — Enseignes de la rue Saint-Jacques. — Principales tavernes de Paris en 1635. — Enseignes de la rue Saint-Honoré. — Modifications d'enseignes, changements de noms. — Les premiers imprimeurs de Paris. — Le locataire donne son nom à la mai-

son qu'il habite. — Sujets des enseignes : Images saintes,
emblèmes pieux. Les astres. Les animaux. Les végétaux.
Les armes. Les outils. Les ustensiles de ménage. Les
instruments de musique. La mythologie. Les lettres couronnées. Les jeux de mots. — La dimension et la place
des enseignes réglementées par la police. — Les enseignes
saillantes préférées aux enseignes appliquées. — La police
fixe leur largeur, leur hauteur, et adopte un modèle uniforme pour leur soutien. — Le serrurier Lobel. — Les
enseignes des couteliers en **1680**.

Vingt-huit années s'étaient écoulées déjà
depuis le début du xviii° siècle, Louis XV
régnait déjà depuis treize ans, Paris couvrait
une superficie d'environ 1340 hectares divisés
en plus de 900 rues, et il renfermait environ 800,000 habitants distribués en 22,000
maisons au moins [1]. Eh bien, il n'existait
encore aucune marque indicative pour distinguer les rues les unes des autres, aucun numérotage qui permit de désigner avec certitude
une demeure. Comment donc un Parisien
pouvait-il préciser son adresse, pouvait-il se
reconnaitre dans ce dédale de rues et de maisons?

Pour les rues, on s'en tirait comme on pouvait. Pour les maisons, chacune d'elles était
pourvue d'une enseigne d'où elle tirait son
nom.

[1] Voy. ci-dessous, p. 232 et suiv.

Les enseignes étaient tantôt incrustées dans la pierre, tantôt peintes sur une planche de bois ou une plaque de métal ; la plupart d'entre elles, suspendues par des anneaux à une potence de fer, formaient saillie jusqu'au milieu de la rue, procédé encore adopté par les auberges de province et qui semble reprendre faveur à Paris. Le plus souvent, l'enseigne se balançait au-dessus de la porte principale ; on en accrochait parfois aux pignons dans les rues très étroites, et à l'encoignure dans les maisons d'angle.

Les enseignes sont encore assez rares au treizième siècle. Les maisons, peu nombreuses, peuvent encore rester sans signe distinctif, et elles portent presque toujours dans les actes le nom de leur propriétaire. Ainsi, une charte de 1282 [1] cite la maison de Pierre des Fossés, sise près des Quinze-Vingts [2] ; la maison de Jean le Moine, située rue Froid-Manteau [3], celle du drapier Jean de Saint-Benoît, qui faisait le coin de la rue Champ-Fleuri [4] ; celle

---

[1] Dans le *Cartulaire de Notre-Dame de Paris*, t. III, p. 34.

[2] Dans la rue Saint-Honoré.

[3] Près du Louvre. Devenue rue du Musée en 1839, et supprimée en 1854.

[4] Près du Louvre. Devenue rue de la Bibliothèque en 1806, et supprimée en 1854.

de feu Oudard de l'Aigle[1], etc. Voici d'autres exemples, extraits des *Tailles de* 1292 et *de* 1313; je rappelle qu'elles sont divisées par *questes* et qu'elles fournissent le nom des habitants de chaque rue : « La rue Saint-Martin, de la méson à la Velue jusques à la maison Pierre du Pont... C'est du bout de la rue Auberi-le-Bouchier jusques à la méson Marguerite de Lyons, et la Baudroierie jusques à la méson Amauri de Roissi... Du bout de la méson Garnier le feutrier jusques à la méson Thomas Coquille... De la méson Mabile la regratière jusques à la méson Geoffroi le barbier[2]. » Dans la *Taille de* 1313, la quatrième queste de Saint-Germain, « commance à la méson Robert d'Oisseri jusques au coing de la méson Gilebert l'Anglois, drapier. » La première queste de Saint-Jacques « commance à la méson dame Thomasse l'espicière jusques à la méson Jehan le Velu[3]. »

Nous savons d'autre part que, dès cette épo-

---

[1] Le texte s'exprime ainsi : Domus Petri de Fossatis prope Cecos; domus Johannis Monachi, que fuit Sarre Anglice, sita in Frigido-Mantello; domus Johannis de Sancto-Benedicto, draperii Parisiensis, que facit cuneum vici de Campo-Florido; domus defuncti Oudardi de Aquila. »

[2] *Taille de* 1292, p. 88, 89, 90 et 130.

[3] *Taille de* 1313, p. 14 et 94.

que, les ouvriers foulons qui cherchaient un embauchage se réunissaient soit à la maison de l'Aigle, près de la place Baudoyer [1], soit à la maison de la Converse, située au chevet de l'église Saint-Gervais [2].

Une pièce curieuse, qui date du quinzième siècle et qui a été publiée par M. Achille Jubinal [3] d'après un manuscrit de la Bibliothèque nationale, fournit la liste de très nombreuses enseignes. L'auteur anonyme suppose que les quatre fils Aymon vont se marier à Paris, et ils nous montrent les futurs époux parcourant la ville pour se procurer les objets nécessaires à la cérémonie et surtout au repas de noce. Il leur faut donc passer en revue les maisons le plus en vogue. Ce sont :

La Grâce du Saint-Esprit, rue des Lavandières.

L'Ymaige du saint Père, au chevet de l'église Saint-Gervais.

Les Troys roys de Coulongne [4], devant l'église Saint-Innocent.

La Nonnain qui ferue l'oe [5], rue du Ponceau.

L'Ymaige Saint George, rue des Barres.

---

[1] Carrefour situé au point de rencontre des rues de la Tixeranderie, des Barres et Saint-Antoine.

[2] G. Boileau, *Livre des métiers*, titre LIII, art. 8 et 12.

[3] *Mystères inédits du quinzième siècle*, t. I, p. 369.

[4] Les trois rois de Cologne.

[5] Qui ferre ou qui frappe l'oie.

Le Dieu d'amours, devant le Palais.

La Teste Dieu, au bout de la Grande-Truanderie.

L'Homme à deux testes, rue Saint-Martin.

Les Balances, à la croix du Tiroir.

L'Asne royé [1], rue de la Savaterie.

Le Molinet [2], rue de la Verrerie.

Le Barillet, devant l'église Sainte-Opportune.

Le Soufflet, à la porte Saint-Denis.

Les Quatre escuelles, rue Saint-Honoré.

Les Poz d'estain, rue des Déchargeurs.

Les Deux moutons, rue de l'Hirondelle.

Le Chapon, devant l'église Saint-Antoine.

La Teste noire, rue Saint-Martin.

Les Deux saumons, à la porte Montmartre.

Le Turbot, rue Saint-Julien le Pauvre.

Les Gantelez, au carrefour Saint-Séverin.

L'Homme sauvaige, rue Jean-Pain-Mollèt.

La Truye qui file, aux Halles.

Les Troys canettes, rue du Temple.

La Nef d'argent, rue des Poulies.

Etc., etc, etc, etc.

Si l'on désire une nomenclature ininterrompue des immeubles qui constituaient une rue, nous l'emprunterons à M. Madden. D'après lui, voici comment se succédaient les maisons formant le côté droit de la rue Saint-Jacques [3], entre l'église Saint-Benoît et la rue des Poirées :

[1] L'âne rayé.

[2] Le moulinet.

[3] Alors Grande-Rue-Saint-Benoît.

Maison *de la Pomme rouge.*
— *de la Heuze*[1].
— *de la Balance et du Gril.*
— *des Marmousets, du Chevalier au cygne,
et de Sainte-Barbe.*
— *de l'Image Saint-George.*
— *du Coq et de la Pie, et du Soleil d'or.*
— *des Lions, du chêne vert, et du Soleil d'or.*
— *de la Longue allée.*
— *des Trois mores.*
— *du Berceau d'or.*
— *de l'Image Sainte-Catherine.*
— *de la Souche.*
— *de la Pie en cage.*
— *du Soufflet vert.*
— *de la Bouteille verte.*
— *de l'Image Notre-Dame et de l'Ecu de
France*[2].

Apollon lui-même va maintenant nous indiquer quelles étaient les tavernes en renom vers l'année 1635. Il désigne les suivantes à des pèlerins qui sont venus le consulter « afin d'avoir ample connoissance de toutes les maisons d'honneur que Bacchus possède à Paris : »

La Pomme de pin.
Le Petit diable.

---

[1] De la botte?
[2] J.-P.-A. Madden, *Lettres d'un bibliographe*, t. V et atlas.

La Grosse teste [1].
Les Trois maillets.
L'Aigle royal.
Le Riche laboureur.
Le Grand cornet [2].
La Table du valeureux Rolana.
La Galère.
L'Eschiquier.
La Boisselière [3].
Les Trois entonnoirs [4].
L'Escu.
La Bastille.
L'Escharpe [5].
Le Petit Saint-Antoine.
Les Torches [6].
Les Trois quilliers [7].
Le Cormier [8].

Ad. Berty avait entrepris la tàche difficile de dresser un plan de Paris où chaque maison serait indiquée et désignée sous le nom qu'elle

[1] Près du Palais.
[2] Près du Palais.
[3] Les prix y étaient fort élevés.
[4] Renommée pour son vin de Beaune.
[5] Au Marais. L'hôte, prétend-on, avait mis à la mode les cabinets particuliers.
[6] Près du cimetière Saint-Jean.
[7] Les trois cuillers.
[8] Extrait de : *Les visions admirables du pèlerin du Parnasse, ou divertissement des bonnes compagnies et des esprits curieux, par un des beaux esprits de ce temps.* 1635, in-8, p. 204 et suiv.

avait autrefois porté. Ainsi, le côté méridional de la rue Saint-Honoré à son extrémité eût été composé des maisons suivantes :

Maison *du Cheval rouge.*
— *de l'Écu de Navarre.*
— *du Flacon d'étain.*
— *de la Longue allée.*
— *de l'Image Saint-Jean-Baptiste.*
— *de l'Écu de France.*
— *de l'Écu de Flandre.*
— *du Chariot rouge.*
— *du Papegaut* [1].
— *de l'Écu de Bourbon.*
— *de la Licorne.*
— *des Trois serpettes.*
— *du Bœuf.*
— *des Rats.*
— *du Heaume.*
— *du Volet blanc.*
— *de l'Image Saint-Martin.*
— *de la Pomme rouge.*

. . . .

— *du Cheval blanc.*
— *de l'Étoile.*
— *des Quatre fils Aymon.*
— *du Croissant.*
— *du Chariot d'or.*
— *du Lion d'or.*
— *de la Gerbe d'or.*
— *du Sabot.*

[1] Du pérroquet.

Maison *de la Crosse.*
— *de la Croix de fer.*
— *de l'Homme sauvage.*
— *des Trois morts et des trois vifs.*
— *du Bœuf et du mouton.*
— *de l'Écu de France.*
— *de l'Image Saint-Vincent* [1].

Soit que la maison changeât de propriétaire, soit qu'elle fût divisée par suite d'une vente ou d'un partage, il n'était pas très rare de voir l'enseigne modifiée ou une seconde enseigne s'adjoindre à la précédente. On sait que les premiers imprimeurs Parisiens furent trois Allemands que la Sorbonne appela en 1469 et qu'elle logea sous son toit. Ils prirent pour apprentis deux étudiants qui, une fois initiés à tous les mystères de l'art nouveau, quittèrent leurs maîtres et allèrent s'établir dans la rue Saint-Jacques, à l'enseigne du *Soufflet vert,* « in intersigno *Follis viridis,* » disent les registres du collège. Aussitôt, les Allemands quittent la Sorbonne et fondent, tout près de l'imprimerie rivale, dans la même rue, un atelier sous l'enseigne du *Soleil d'or*; aussi lit-on ces deux vers à la fin de la Bible imprimée par eux en 1475 [2] :

---

[1] *Topographie historique du vieux Paris,* t. I, p. 51 et suiv.
[2] Première édition de la Bible imprimée à Paris.

.... me correctam vigilanter
Venalem in vico Jacobi *Sol aureus* offert.

Les étudiants ne purent soutenir la concurrence, et disparurent au milieu de 1476. L'année suivante, les trois imprimeurs venus d'Allemagne se séparent; un seul, Ulric Gering, reste à Paris. Devenu vieux, il prend un associé, et va occuper une maison dite *du Buis* « ad Buxum, » sur laquelle il place son enseigne du *Soleil d'or* et qui prend dès lors ce nom. Gering meurt. Son associé change de logis et s'installe dans la maison *du Coq et de la Pie;* il y transporte son enseigne, et l'immeuble est désormais désigné ainsi : « domus *ad Gallum et Picam, nunc ad Solem aureum* [1]. »

Autres exemples. Dans la rue Saint-Honoré la maison *de la Nef d'argent*, qui portait ce nom en 1489, devint maison *de l'Image Sainte-Barbe* en 1530, *de la Hotte* en 1624, *de la Hotte fleurie* en 1687, et *de la Chasse royale* en 1700. Dans la même rue, près de la rue du Chantre [2], la maison dite *de la Teste noire*

---

[1] Voy. A. F., *La Sorbonne, ses origines etc.*, p. 105 et suiv.

[2] Supprimée en 1854. Elle commençait place de l'Oratoire, et finissait rue Saint-Honoré.

en 1445, était devenue *de l'Estrille* en 1603 et
du Cheval blanc en 1624. Vers 1684, elle fut
réunie à la maison voisine, dite *de la Croix
d'or*, et eut alors pour enseigne *le Cheval blanc
et la Ville de Cornouailles* [1].

Il n'était pas très exceptionnel non plus que
la maison donnât son nom au propriétaire ou
même à un locataire. Jacques Androuet, le
célèbre architecte, fut surnommé du Cerceau,
à cause de l'enseigne de sa maison [2].

Naturellement, le sujet des enseignes va-
riait à l'infini. Il y avait des enseignes mysti-
ques, chevaleresques, mythologiques, historiques, satiriques, facétieuses, etc. Toutefois,
en dehors d'une centaine de motifs habi-
tuels, les types originaux sont peu communs.
Ad. Berty a calculé que sur six cents enseignes
prises au hasard, celles de *Notre-Dame*, de
Saint-Jean, de *Saint-Martin*, de *Sainte-Catherine*, de *l'Écu de France*, de *la Corne de cerf*,
de *la Fleur de lis* et de *la Croix* comptaient
pour quatre-vingt-sept, soit pour un septième [3]. On rencontrait donc souvent, à peu.

[1] Ad. Berty, t. I, p. 56 et 57.
[2] La Croix du Maine, *Bibliothèque françoise*, édit. de
1772, t. I, p. 388.
[3] *Revue archéologique*, t. XII (1855), p. 5.

de distance l'une de l'autre, deux enseignes semblables. Ainsi, en 1647, il y avait dans la rue des Écrivains [1] deux maisons-contiguës où pendait pour enseigne *la Fleur de lis ;* mais on doit présumer ici que les deux maisons n'en avaient jadis formé qu'une seule..

Les images pieuses, les emblèmes sacrés, *la Providence, l'Annonciation, le Saint-Esprit, le Signe de la croix, le Bon pasteur* sont les plus employées.

Les saints préférés sont, outre ceux que j'ai cités plus haut, *saint Denis, saint Jacques, saint Michel, saint Pierre, saint Christophe.*

Le *soleil,* la *lune,* les *croissants* sont moins utilisés que les *étoiles.*

Parmi les animaux, le *cheval,* le *lion* et la *truie* tiennent le premier rang ; mais on ne dédaigne pas le *dauphin,* le *renard,* le *singe,* le *chien,* le *daim,* le *cerf,* le *bœuf,* le *mouton,* l'*agneau,* la *vache,* le *conin* [2], la *salamandre,* le *griffon,* la *licorne,* l'*aigle,* le *cygne,* le *paon,* le *perroquet,* le *coulon* [3], le *faisan,* la *cane* et la *canette,* le *coq,* la *géline* [4], l'*écrevisse,* etc., etc.

[1] Supprimée en 1853. Elle commençait rue Saint-Martin.
[2] Le lapin.
[3] Le pigeon.
[4] La poule.

Les végétaux sont surtout représentés par
le *figuier*, le *mûrier*, la *rose*, la *pomme de pin*,
le *chêne*, etc.

Les armes par le *heaume* [1], la *hache*, l'*épée*,
l'*arbalète*, le *pistolet*, etc.

Les outils par les *ciseaux*, le *rabot*, la *faux*,
le *maillet*, la *serpe*.

Les ustensiles de ménage par le *gril*, le
soufflet, la *clef*, le *mortier*, le *gobelet*, le *baril*,
le *pot d'étain*, le *plat d'étain*, le *chandelier*, la
balance, l'*écuelle*, le *panier*, le *miroir*, etc.

Les hôtelleries affectionnent l'*écu de France*,
d'*Orléans*, de *Bretagne*, etc.

Les *syrènes* et le *dieu d'amour* ont leurs
partisans, aussi bien que les *fers à cheval*, les
tours, et les *barbes* qui sont le plus souvent
d'or ou d'argent.

Les lettres couronnées ne sont pas rares,
surtout l'A, l'M, l'H, l'F et même le Q. Mais
il ne faut pas oublier que les balanciers prenaient souvent pour enseigne le poinçon
avec lequel ils étaient tenus de marquer leurs
produits, et que ce poinçon reproduisait la
première lettre de leur nom, surmontée d'une
couronne fleurdelisée [2]. Dans la suite, plu-

---

[1] Le casque.
[2] Voy. R. de Lespinasse, *Les métiers de Paris*, t. II, p. 519.

sieurs métiers adoptèrent ainsi, pour la composition de leurs enseignes, un emblème particulier, que certains corps d'état n'ont pas
encore répudié. Il leur était parfois imposé,
comme en témoignent les statuts accordés
aux barbiers en 1718. L'article 42, préoccupé
d'établir une distinction entre eux et les chirurgiens, stipule que les premiers devront
peindre leurs boutiques en bleu et y suspen-
dre des bassins blancs (ceux des chirurgiens
étaient jaunes) accompagnés de cette inscription : *Céans, on fait le poil, et on tient bains et
étuves* [1]. La police intervenait aussi en certaines circonstances. J'ai retrouvé une sentence du 25 février 1729 qui, sans alléguer
aucune raison, interdit aux cabaretiers de
faire figurer sur leurs enseignes un chou. Le
même règlement veut que toutes leurs boutiques soient munies de barreaux en fer, tradition qui s'est conservée jusqu'à nos jours [2].

Les jeux de mots où se complaisaient tant
nos pères, les calembours, les rébus jouaient
également un grand rôle dans la rédaction des

---

[1] Voy. *Les soins de toilette,* p. 112.

[2] *Sentence de police en forme de règlement, qui ordonne
que les marchands de vins auront à leurs maisons et caves
des enseignes et barreaux pour indication de leur commerce,
avec défenses d'y mettre un chou.* Paris 1729, in 4°.

enseignes. En veut-on quelques spécimens?

A la Roupie, avec une roue et une pie.

Au Puissant vin, avec un puits duquel on tirait un seau d'eau.

A la Vieille science, avec une vieille femme sciant l'anse d'un vase.

Aux Gracieux, avec trois gros personnages sciant du bois.

Aux Chassieux, avec des chats sciant du bois.

A l'Abricotier. C'était l'enseigne de la maison que s'était fait construire, rue Saint-André des Arts, Jacques Coitier, le célèbre médecin de Louis XI.

A l'Assurance, avec un A sur une anse.

A l'Y. Au dix-septième siècle, les grègues, qui représentaient notre culotte, étaient réunies aux bas de chausses ou bas par des aiguillettes ou par un lien devenu ainsi un lie-grègues [1]. En 1777, les deux plus importants aiguilletiers de Paris, Delastre, rue de la Huchette, et Loupia, rue Saint Honoré, avaient tous deux pour enseigne l'Y [2].

A la Petite vertu, avec un U de petite taille peint en vert [3].

---

[1] Voy. *Les magasins de nouveautés*, t. II, p. 176.
[2] *Almanach Dauphin*, 2e partie, v° aiguilletiers.
[3] Voy. *Écoles et collèges*, p. 268.

~ La plupart de ces enseignes étaient constituées par de lourds et immenses tableaux qui,
dépassant parfois le milieu des étroites rues
de cette époque, contribuaient encore à les
assombrir; aussi une ordonnance de police du
22 septembre 1600 interdit-elle de placer aucune enseigne sans l'autorisation du grand
voyer[1]. Puis, un arrêt du 26 octobre 1666 [2]
chercha à réduire la dimension des auvents et
des enseignes, défendit de poser celles-ci « à
l'avenir plus bas que 15 pieds [3] et autrement
que sur une même ligne. » Le 2 novembre,
Gui Patin écrivait à son ami Falconet : « On
réforme ici les auvents des boutiques qui
étaient trop grands, à quoi les commissaires
du Châtelet sont fort occupés; il y en a même
deux d'interdits de leurs charges, pour n'y
avoir vaqué avec assez d'exactitude [4]. » Mais
on se heurtait à des habitudes datant de plusieurs siècles, et il fallut toute l'énergie de
M. de la Reynie, alors lieutenant de police,
pour en triompher. En 1669, il réunit les
jurés des Six-Corps [5], réclama leurs conseils et

---

[1] Article 5.
[2] Confirmé le 19 novembre.
[3] Environ cinq mètres.
[4] Tome III, p. 625.
[5] Voy. ci-dessous, p. 275 et suiv.

leur intervention. Deux moyens se présentaient : réduire la dimension des enseignes, ou exiger qu'elles fussent, comme aujourd'hui, appliquées sur la devanture des boutiques. Les Six-Corps repoussèrent ce dernier système, déclarèrent que les enseignes saillantes étaient beaucoup plus avantageuses. M. de la Reynie se soumit et rendit une ordonnance qui débute ainsi : « La réduction des enseignes à une même grandeur, hauteur et avance sur les rues est à désirer pour la décoration de la ville et pour empêcher l'abus de plusieurs marchands et artisans qui attachent à leurs maisons des enseignes d'une dépense et d'une grandeur excessives, et qui, pour les mieux exposer en vue, les avancent, à l'envy l'un de l'autre, quelquefois jusques au-delà du ruisseau et du milieu des rues, en telle sorte, qu'avec les autres incommodités que le public en reçoit, ce désordre empêche que plusieurs quartiers ne soient assez éclairez pendant les nuits d'hyver. » Le lieutenant de police fixait en même temps la dimension des enseignes, dont la penture devait être pour toutes d'un modèle uniforme, présentant seulement trois pieds de saillie sur la rue. Un dessin, qui a été reproduit par le commissaire

MODELE DES ENSEIGNES.

Les Marchands & les Artisans doivent s'y conformer suivant les Réglemens de Police.

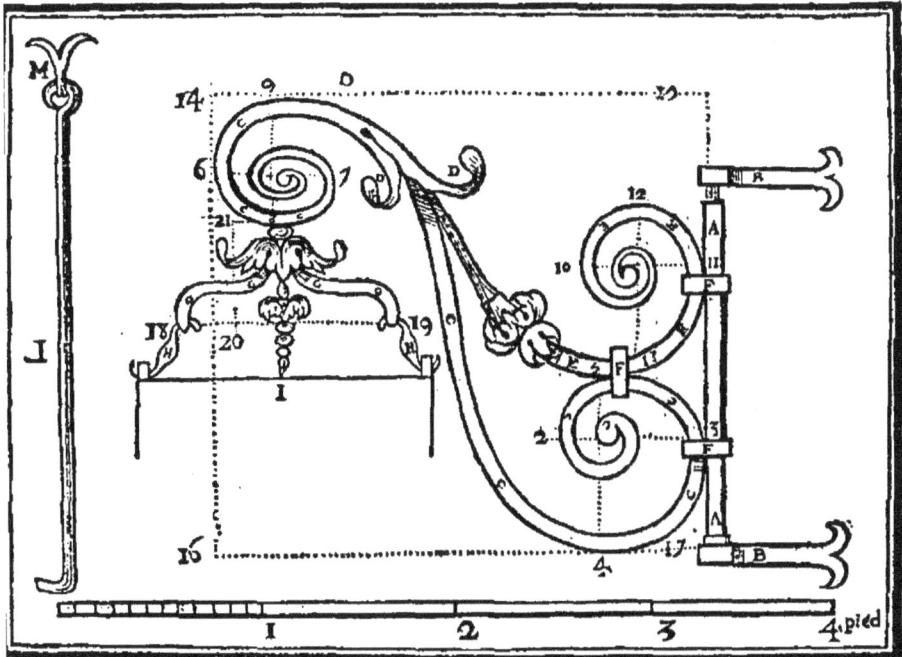

D'après Delamarre, *Traité de la police.*

Delamarre [1], était joint à l'ordonnance. Le serrurier du roi, Nicolas de Lobel, s'engageait à exécuter la penture moyennant dix-sept livres, et à reprendre les anciennes au poids du fer, à raison de quinze deniers la livre. Le tableau suspendu à la penture ne devait pas dépasser dix-huit pouces [2] de large sur deux pieds [3] de haut, et sa partie inférieure s'élevait à treize pieds et demi [4] au-dessus du pavé.

Tout porte à croire que ce Lobel laissa une belle fortune à ses héritiers, car innombrables étaient les enseignes qui menaçaient la tête des passants. Pour en donner une idée, voici la liste des couteliers établis à Paris en 1680, avec l'enseigne de chacun d'eux. Je l'extrais d'un placard officiel que j'ai trouvé dans les manuscrits Delamarre [5].

ANCIENS [6]

Pierre BINARD, rue de la Truanderie, *à l'Étoile.*
Antoine PAISIBLE, rue de la Coutellerie, *au Pistolet.*

---

[1] *Traité de la police,* t. IV, p. 337.
[2] Envir. 49 centimètres.
[3] Envir. 66 centimètres.
[4] Envir. 2 mètres 35 centimètres.
[5] Arts et métiers, t. IV, p. 59. — A la Bibliothèque nationale.
[6] Dans la plupart des corporations, les maîtres étaient divisés en quatre classes :

Nicolas HOUEL, quay de l'Horloge du Palais, *à la Levrette.*

Michel GÉRARD, rue Aubry-le-Bouché, *à l'Aigle.*

Nicolas MARTIN, rue de la Coutellerie, *à la Rose.*

André GÉRARD, rue Troussevache, *à la Coupe.*

Jacques RENU, quay Pelletier, *à la Larme.*

Gilbert GIRARD, rue de la Coutellerie, *à la Couronne.*

Maurice GAILLARD, rue Galande, *à la Cornemuse.*

Gille BADIN, rue de la Huchette, *au Chiffre* 8.

François MOREAU, rue de Moussy, *au Fleuret.*

Claude BRUNET, rue Pagevin, *à la Raquette.*

Matthieu COQUELIN, rue Tirechape, *à l'Y couronné.*

René CLERANT, rue de la Coutellerie, *à l'E couronné.*

Pierre COTTEL, rue de la Truanderie, *à l'Ermine.*

Louis COLLAS, rue de la Huchette, *à l'Écharpe.*

Mathurin BONIN, rue du Heuleu, *au Compas.*

Jacques SURMON, rue St-Jullien le Pauvre, *au Tiersvoinct couronné.*

Jacques DU MONTIÉ, rue aux Ours, *à l'Entonnoir couronné.*

Denis BOULANGER, rue du Four S.-H., *à la Grenade couronnée.*

Guillaume VIGNERON, rue de la Coutellerie, *au Trèfle.*

Les *Bacheliers*, qui avaient rempli les fonctions de juré.

Les *Anciens*, qui étaient établis depuis vingt ans au moins.

Les *Modernes*, reçus depuis plus de dix ans.

Les *Jeunes* qui comptaient moins de dix ans de maîtrise.

François Oursel, rue de la Vieille-Monnoye, *à la Croix de Malte.*

MODERNES

*Guillaume de l'Église [1], rue Michel-le-Comte, *à l'Arc turquois.*

*Claude Auvray, rue du Grand-Heuleu, *à la Feuille de persil.*

Louis Dupuis, rue de la Tacherie, *à la Perle.*

*Laurent Derieux, rue du Martroy, *à la Hure.*

*Antoine de Nelle, rue Tisseranderie, *à la Tulipe.*

Laurent Sergens, porte Saint-Germain, *au Cœur couronné.*

Pierre Martin, rue Saint-Denis, *à l'Ancre de mer.*

*Jean de l'Église, rue Saint-Martin, *à l'Église.*

*Claude Pointié, rue Saint-Denis, *au 3 couronné.*

Pierre Sauzay, rue Neuve-Saint-Honoré, *à la Fleur de lys.*

*Jacques Travers, rue des Fontaines, *à l'As de pique.*

*Antoine Sauzelle, rue d'Argenteuil, *à la Lance.*

*Pierre d'Errignée, rue Royale, *au Batoir.*

Jean Plue, rue de la Coutellerie, *au Carreau couronné.*

Jacques Gayet, rue Saint-Sauveur, *au Pied de biche.*

Charles Richard, rue des Poulies, *au Chiffre 4.*

*Jean Auvray, rue du Grand-Heuleu, *à l'N couronné.*

---

[1] Les noms précédés d'un astérisque sont ceux des maîtres dits *sans qualité,* qui n'ayant fait ni apprentissage, ni chef-d'œuvre, avaient acheté des lettres de maitrise.

Denis Dupré, rue Bordelle, *à la Jerbe.*

Louis le Vaché, rue de la Coutellerie, *au Dauphin.*

François Quoniam, rue Montorgueil, *à la Burette.*

*Estienne Chastel, rue Fromenteau, *à la Serpette.*

Guillaume Bernier, rue de la Coutellerie, *au V.*

François Labbé, rue Tisseranderie, *à l'L couronné.*

Isaac de la Croyx, proche la Bastille, *à la Sie.*

Roger du Montié, rue du Temple, *à la Masse d'armes.*

Claude Mergé, rue du Chantre, *au C couronné.*

André Chapelain, rue du Martroy, *au Chandelier.*

François Lartois, rue de la Calande, *à la Palme.*

Claude Jolivet, rue de la Coutellerie, *à la Croix de Lorraine.*

J.-B. Hasselin, rue Traversine, *au Chenet.*

Michel Gérard fils, rue Richelieu, *à l'Épy de bled.*

Hubert Molle, rue Saint-Martin, *au Petit couteau.*

JEUNES

Jean Moreau, rue de la Monnoye, *à la Besche.*

Estienne Baudet, rue de la Coutellerie, *à la Grape de raisin.*

Adrian Anguere, rue des Fossez-M.-le-Prince, *au Flacon.*

Claude Perdrau, rue des Poulies, *à l'A couronné.*

Antoine Boissiers, rue de la Coutellerie, *à l'I couronné.*

Claude Laurans, rue St-Victor, *au Lion.*

Louis du Bois, fossé St-Victor, *au Foiret.*

Louis Charles, rue du Four S.-G., *à l'S couronné.*

Jean Morisau, rue des Canettes, *au Chiffre 6.*

Florent des Noyers, rue des Cizeaux, *à l'Étendard.*

Michel Auvigne, rue de Seine S.-G., *au Marteau couronné*.

Fusien Cottel, rue de Seine S.-G., *à l'O couronné*.

Paul Touyarest, porte St-Germain, *au Verre couronné*.

Hierôme Duperay, fauxbourg St-Jacques, *à l'Arbaleste*.

Antoine Avisseau, porte St-Marceau, *à l'Eüillet couronné*.

Jacques Hersan, rue de la Coutellerie, *au Coutelas*.

Nicolas Cottel, rue St-Nicaise, *au 9 couronné*.

Antoine Glatigny, rue de la Savonnerie, *au Cygne*.

Guy Oursel, rue de la Grande-Truanderie, *au K couronné*.

Joseph Rivaux, rue Bétisy, *au T couronné*.

Nicolas Anguere, rue Contrescarpe-Dauphine, *à la Mitre*.

Claude Rolain, Vieille rue du Temple, *à l'Éguille*.

François Moreau fils, rue de la Pelleterie, *à la Faucille*.

Claude Mattot, rue de la Bûcherie, *à la Clef*.

Edme Pitout, rue Coupeaux, *à la Faulx*.

Adrian du Bois, rue de la Coutellerie, *à la Flámette*.

Louis Moreau, sur le Pont-Marie, *au Billard boulé*.

François Monard, rue Saint-Jacques, *au Guidon*.

Nicolas Bourclos [1], rue du Grand-Heuleu, *au Coq*.

Guillaume du Catel, rue Oniart, *au Soleil*.

---

[1] Ce maître et les trois suivants avaient gagné leur maîtrise à l'hôpital de la Trinité.

Antoine LIBERGE, rue de la Bûcherie, *à l'OEil.*
Sébastien DURANT, rue Bourlabbé, *à la Fourchette.*
Jacques GUYOT, rue Thibaut-todé, *à la Trompette.*
La veuve MARESTS.
La veuve LAMBERT.
La veuve MALLÉ.
La veuve MOREAU [1].

Dès la fin de l'année 1669, toutes ces enseignes avaient dû être réduites aux dimensions réglementaires, car le gazetier continuateur de Loret écrit, dans son numéro du 2 novembre, que la Reynie

> A fait passer par ses réformes
> Toutes les enseignes énormes
> Et qui s'avançant trop avant,
> Ainsi que jadis maint auvent
> A qui l'on a rogné les cornes,
> Passoyent de raisonnables bornes,
> Et dans toute ruë et carfour
> Des lanternes couvroyent le jour [2]

[1] Ces derniers noms appartiennent à quatre veuves de maître continuant le commerce de leur mari :
Sur les quatre notes qui précèdent, voy. *Comment on devenait patron,* p. 184, 210, 239 et 161.

[2] Robinet, *Lettres en vers à Madame.*

II

LES RUES.

Du XIIIᵉ siècle a l'année 1730.

Origine des noms attribués aux rues de Paris. — Naïveté des premières dénominations. — Les noms sont ensuite empruntés : Soit à des enseignes. — Soit aux fiefs, clos, hameaux, territoires sur lesquels les rues furent percées. — Soit à leur plus opulent propriétaire. — Soit à un édifice remarquable, église, couvent, collège, palais, somptueux hôtel. — Soit à la fonction principale qui y était représentée ou au commerce qui y était exercé. — Soit à la nation ou à la religion de ses habitants. — Soit à une particularité quelconque. — Sanction officielle donnée à ces noms. — Plaque de métal posée à l'angle de la première et de la dernière maison de chaque rue. — Les rues numérotées. — Division de Paris en quartiers. — Qu'indiquaient les C placés au bas des plaques. — Mécontentement témoigné par certains propriétaires. — Les plaques sont mutilées, enlevées. — Une ordonnance de juillet 1729 veut qu'elles soient remplacées par des plaques en pierre. — Le mot cul-de-sac.

Les premiers noms des rues furent à Paris ce qu'ils ont été partout ailleurs. C'étaient :

Le chemin vert.

Le chemin aux vaches.

Le chemin des pâtures.

Le chemin des meuniers.

Le chemin des saussaies.

Le petit chemin herbu.

Le chemin qui va à Montmartre.

Le chemin qui va aux Augustins.

La rue qui va à Seine.
La rue qui va du Petit-Pont au Châtelet.
La rue aux bœufs.
Etc., etc., etc.

Puis, comme il y avait beaucoup de chemins verts et de rues où passaient des bœufs, on éprouva le besoin d'être plus précis, et l'enseigne la plus originale ou la plus apparente donna son nom à la rue qui la possédait. Ces dénominations sont restées très nombreuses. D'autres empruntèrent successivement leur nom :

Soit au fief, clos, hameau sur le territoire duquel elles avaient été ouvertes [1] :

Rue du Bourg-Thibout.   Rue du Clos-Bruneau.
— du Bourg-l'Abbé.   — du Clos-des-Poteries.
— Beaubourg.   — de Garlande.

Soit au plus opulent ou au plus notable propriétaire de la rue :

Rue Aubry-le-Boucher.   Rue Pierre-Sarrazin.
— Agnès-la-Bouchère.   — Barbette.
— Guillaume-Bourdon.   — Nicolas-Arrode.
— Alexandre-l'Anglais.   — Bordelle.
— Simon-le-Franc.   — Guy-d'Auxerre.
— Jean-Beausire.   — Jehan-le-Comte.
— Amaury-de-Roissi.   — Bertin-Porée.

[1] Il est bien entendu que tous les noms cités ici sont empruntés à des rues de Paris.

Soit à un édifice remarquable, église, couvent, collège, palais, somptueux hôtel, etc.

Rue de l'Église.
— de la Chapelle.
— de l'Abbaye.
— du Cloître.
— au Chevet de Saint-Gervais.
— Notre-Dame.
— du Temple.
— Saint-Paul.
— Saint-Victor.
— Saint-Germain l'Auxerrois.
— Saint-Germain des Prés.
— Saint-Sauveur.
— Sainte-Geneviève.
— des Cordeliers.
— des Augustins.
— des Blancs-Manteaux.
— des Minimes.

Rue des Célestins.
— des Petits-Pères.
— des Nonnnains-d'Yerre.
— des Filles-Dieu.
— de Sorbonne.
— des Cholets.
— Mignon.
— du Cimetière Saint Jean.
— du Cimetière Saint-Séverin.
— du Cimetière Saint-Nicolas.
— du Louvre.
— de Nesle.
— au Comte d'Artois.
— du Roi-de-Sicile.
— du Chevalier-du-Guet.

Soit à la fonction principale qui y était représentée ou au commerce qui y était exercé, car pendant plusieurs siècles chaque métier se centralisait dans une même rue :

Rue de l'Évêque.
— du Chantre.
— des Prêtres.

Rue Cardinale.
— des Ménétriers.
— au Maire.

2.

Rue Barre-du-Bec.
— de la Boucherie.
— de la Vannerie.
— de la Barillerie.
— de la Corderie.
— de la Ferronnerie.
— des Étuves.
— des Tuileries.

Rue Poissonnière.
— aux Écrivains.
— des Maçons.
— des Brodeurs.
— des Teinturiers.
— des Lavandières.
— des Lombards.

Soit à la nation ou à la religion de ses habitants :

Rue des Irlandais.
— des Anglais.
— des Suisses.
— des Lyonnais.
— des Bourguignons.

Rue de la Bretonnerie.
— de Pologne.
— d'Espagne.
— d'Écosse.
— des Juifs.

Soit à une particularité quelconque :

Rue Neuve.
— Vieille.
— Basse.
— Haute.
— Pavée.
— Traversière.
— des Fossés.
— du Rempart.
— de la Contrescarpe.
— de la Poterne.
— de l'Abreuvoir.
— de l'Égout.
— du Marché.
— du Bac.

Rue du Four.
— du Moulin.
— de la Tour.
— de la Glacière.
— de la Fontaine.
— des Marais.
— des Petits-Champs.
— du Jardinet.
— du Fumier.
— de la Platrière.
— du Gros-Caillou.
— du Grand-Chantier.
— des Poulies.
— de la Calandre.

Rue des Grands-Degrés.	Rue des Amandiers.
— des Deux-Portes.	— des Vignes.
— des Trois-Portes.	— de la Cerisaie.
— des Douze-Portes.	— de la Treille.
— de la Croix-Neuve.	— du Figuier.
— de la Croix-Blanche.	— des Lilas.
— de la Croix-des-Petits-Champs.	— des Acacias.
	— des Orties.

C'est seulement vers le milieu du dix-huitième siècle que l'autorité songea à donner une sanction officielle aux choix faits par les habitants. En 1728, le lieutenant-général de police René Hérault fit poser, sur la première et sur la dernière maison de chaque rue, une plaque de métal portant en gros caractères noirs le nom que l'usage avait consacré [1]. Cette opération, commencée au mois de janvier, fut terminée au mois de mars [2]. On lit dans les *Nouvelles à la main* du 3 janvier : « L'on travaille actuellement à numéroter les rues de Paris sur une plaque de fer blanc que l'on applique à chaque coin de rue, et qui contient aussi le nom des dites rues [3]. » Les rues avaient été numérotées

[1] Delamarre, t. IV, p. 347.

[2] Piganiol de la Force, *Description de Paris*, t. I, p. 32.

[3] Dans le *Bulletin du bibliophile*, n° de juillet 1846, p. 857.

en ce sens qu'au-dessous du nom de chacune d'elles figurait le numéro du quartier dont elle dépendait [1]. Parfois le numéro était accompagné d'un ou de plusieurs C ; ceux-ci indiquaient le nombre des carrosses qui pouvaient passer de front dans la rue, les essieux étant tous supposés longs de six pieds [2].

[1] Dans les actes publics comme sur les plans, et jusqu'à la fin du dix-huitième siècle, Paris fut divisé en trois parties : la Cité, la Ville, l'Université ; au treizième siècle, l'on disait la Cité, outre Grand-Pont, outre Petit-Pont. C'était là un partage naturel, créé par le cours de la Seine, mais la division administrative est moins facile à déterminer. On croit que Paris fut de très bonne heure fractionné en quatre quartiers, mais cette hypothèse s'appuie surtout sur l'étymologie du mot quartier.

Les *Tailles de* 1292 et *de* 1313 sont divisées par paroisses, et l'on en comptait alors trente-cinq. Il semble pourtant que Paris avait déjà huit quartiers.

Sous Charles V, ce nombre fut porté à seize. En 1642, le faubourg Saint-Germain constitua un dix-septième quartier qui est souvent mis à part. C'est ainsi que la Déclaration du 14 janvier 1702 substitue aux « seize quartiers de Paris » une division nouvelle en vingt quartiers. Celle-ci subsista jusqu'à la Révolution.

Lorsqu'en 1789, il fallut désigner les électeurs aux États-Généraux, le bureau de la Ville partagea Paris en soixante districts. L'année suivante, les districts furent remplacés par quarante-huit sections. La loi du 11 octobre 1795 établit à leur place douze arrondissements ou municipalités dont chacune comprenait quatre des anciennes sections ; mais ces sections prirent le titre de quartiers et leurs noms furent modifiés.

[2] Une très médiocre compilation publiée en 1769, *Le géographe parisien* de Lesage, donne la nomenclature des

Ces innovations furent assez bien accueillies par le public. Toutefois, quelques plaintes s'élevèrent, dénonçant l'arbitraire qui avait présidé au choix des noms pour certaines rues. Des plaques furent mutilées ; d'autres furent enlevées par quelques propriétaires de maisons d'angle, sous le prétexte de faire réparer ou badigeonner leur immeuble. En cette circonstance, l'administration se montra très ferme. L'ordonnance du 30 juillet 1729 statua qu'en cas de suppression ou d'usure des plaques, les propriétaires seraient tenus de les remplacer par « des tables de pierre de liais [1] d'un pouce et demi d'épaisseur [2], et de grandeur suffisante pour y graver les mêmes noms des rues et les mêmes numéros qui étoient sur les plaques, en lettres de la hauteur de deux pouces et demi, et de la largeur proportionnée [3]. » Comme on l'a vu, ces ins-

---

rues, en notant pour chacune d'elles sa longueur en « pas communs » et sa largeur par le nombre des carrosses qui pouvaient y passer de front. Comme sur les plaques, des C représentent les carrosses. Cette lettre est remplacée par un D suivi d'un astérisque pour les rues où un carrosse ne circulait que difficilement, et par deux astérisques pour les rues où un carrosse n'eût su pénétrer.

[1] Il y a dans le texte « pierre de liaire. »

[2] Environ trois centimètres.

[3] Delamarre, t. IV, p. 347.

criptions ne devaient exister qu'aux deux
extrémités de la rue; mais, dès l'année suivante, on imposa la même obligation aux
propriétaires des maisons situées à l'angle des
rues intermédiaires [1].

Plusieurs des tablettes de pierre posées à
cette époque ont été recueillies par le musée
de la ville de Paris ; on y trouve entre autres
celles qui proviennent des rues du Mûrier,
du Pas-de-la-Mule, du Bon-Puits, des Boucheries, des Mauvais-Garçons. D'autres, respectées par le temps et les architectes, existent
encore. On peut voir, par exemple, sur la maison située à l'angle de la rue de Seine et du
quai Malaquais les deux plaques qui y avaient
été placées au dix-huitième siècle. Une autre
figure à l'angle de la rue de Seine et du passage situé sous les bâtiments de l'Institut,
une autre au coin de la rue des Saint-Pères
et du quai Voltaire, etc. etc.

La sanction administrative donnée aux noms
des rues avait fait disparaître une foule de noms
étranges, bizarres, obscènes même, qui ne
s'étaient pas conservés seulement par tradition
dans la langue populaire, car les meilleurs

---

[1] Delamarre, t. IV, p. 348.

plans les avaient admis et enregistrés. Je les
recueillerai ailleurs. Je noterai seulement ici
que tous les plans antérieurs à la Révolution et
la plupart de ceux qui l'ont suivie emploient
toujours le mot *cul-de-sac*, malgré les protestations de Voltaire. Il écrivait vers 1760 :
« J'appelle impasse ce que vous appellez cul-
de-sac. Je trouve qu'une rue ne ressemble ni à
un cul ni à un sac. Je vous prie de vous servir
du mot impasse, qui est noble, sonore, intelli-
gible, nécessaire [1]. »

III

LES MAISONS.

LES ENSEIGNES AU DIX-HUITIÈME SIÈCLE.

Témoignage du voyageur anglais Lister. — Les enseignes
reprennent leurs colossales dimensions. — L'ordonnance
du 25 mai 1761 cherche à les réduire. — Celle du
17 décembre de la même année supprime toutes les
enseignes saillantes. — Le commerce se soumet. — Décadence de l'enseigne. — Enseignes diverses classées par
métiers.

Le docteur Lister, qui visita Paris en 1698,
célèbre l'obéissance des commerçants établis

---

[1] *L'Écossaise*, préface, édit. Beuchot, VII, p. 20. — Voy.
encore le *Dictionnaire philosophique*, t. XXVIII, p. 274.

dans cette ville. Sur une seule injonction de la
police parlant au nom du roi, ils ont aussitôt,
dit-il, diminué les proportions de leurs enseignes, « en sorte qu'elles n'obstruent plus les
rues et font aussi peu de figure que s'il n'y en
avait point [1]. » Ou je me trompe fort, ou Lister
exagère un peu. Ce qui est sûr, c'est que ces
Parisiens si dociles s'étaient seulement pliés à
une nécessité que leur apparente soumission
regardait bien comme momentanée. Dès le
milieu du siècle suivant, le public recommen-
çait à se plaindre de l'obscurité qu'entrete-
naient les énormes enseignes qui se balan-
çaient au devant des boutiques. Elles avaient
repris leurs colossales dimensions : des bas, des
clefs, des paquets de chandelles, des pains de
sucre gros comme des tonneaux occupaient
parfois toute la largeur de la rue, et, les jours
de vent, se choquaient entre elles, grinçaient
et criaient sur leurs lourdes potences de fer.

La police dut intervenir de nouveau. Le
25 mai 1761, une ordonnance, rendue cette
fois à la requête des Six-Corps, fut notifiée
aux commerçants. Leurs enseignes devaient
être placées à quinze pieds au moins de hau-

[1] *Voyage à Paris,* p. 30.

teur; on leur accordait une saillie de trois
pieds[1] dans les grandes rues[2] et de deux pieds
et demi[3] dans les petites. L'enseigne entière,
compris « la potence de fer, l'écriture et les
étalages y pendans, » ne devait pas dépasser
deux pieds de largeur sur trois pieds[4] de hauteur[5].

Quelques boutiquiers se soumirent, mais le
plus grand nombre ayant négligé d'obéir, la
police prit, le 17 décembre suivant, une
mesure plus radicale. Cette fois, toutes les
enseignes saillantes étaient condamnées à dis-
paraitre ; on autorisait exclusivement les enseignes appliquées contre les murs des maisons ou les devantures des boutiques : « Cela
ne sera plus si commode, écrit l'avocat Barbier
dans son *Journal*, pour découvrir la boutique
que l'on cherche, mais cela aura un coup d'œil
plus uniforme dans toutes les rues... Depuis
un mois, on ne voit que des échelles dans les
rues à boutiques, pour ôter les enseignes et
les mettre en placards; et, pour éviter la

---

[1] Envir. un mètre.
[2] Celles qui avaient au moins seize pieds de largeur.
[3] Envir. 0,80 centimètres.
[4] Envir. 0,65 sur 1 mètre.
[5] Dans Désessarts, *Dictionnaire universel de police*, t. III,
p. 524.

confusion, chaque corps et communauté fait faire à son tour cette opération [1]. »

Cette sage mesure avait été prise à l'instigation de M. de Sartine, alors lieutenant-général de police. Son successeur Lenoir en poursuivit sévèrement l'exécution, car Sébastien Mercier pouvait écrire vers 1782 :

[1] *Chronique de la Régence*, t. VII, p. 416. — L'ordonnance se trouve dans Désessarts, t. III, p. 526, et dans le *Mercure de France*, n° de janvier 1762, p. 232. Elle a été publiée officiellement sous ce titre : *Ordonnance du bureau des finances de la généralité de Paris, qui ordonne que toutes les enseignes seront appliquées sur les murs de face des maisons.... et que toutes figures en relief formant massif et servant d'enseignes seront supprimées.* En voici un extrait :

ART. I. Tous particuliers, marchands et artisans ou autres généralement quelconques ayant sur rues, culs-de-sac, lieux, places ou passages publics des enseignes en saillie, suspendues au bout d'une potence de fer ou autre matière, seront tenus, dans le cours du mois de janvier prochain, de retirer lesdites enseignes, sauf à eux à les faire appliquer contre les murs et façades de leurs maisons.

ART. II. Toutes enseignes ou tableaux appliqués aux trumeaux, croisées ou autres parties des murs de face sur la voie publique ne pourront avoir plus de quatre pouces d'épaisseur ou de saillie du nud du mur, y compris les bordures, chapiteaux, soubassemens, pilastres et tels autres ornemens ou marques distinctives de commerce ou de profession qui seroient joints auxdits tableaux ou enseignes.....

ART. VI. Toutes potences de fer ou autres qui servoient précédemment à la suspension des enseignes seront entièrement supprimées dans ledit temps par les propriétaires d'icelles.

Les enseignes sont maintenant appliquées contre le mur des maisons et des boutiques, au lieu qu'autrefois elles pendoient à de longues potences de fer; de sorte que l'enseigne et la potence, dans les grands vents, menaçoient d'écraser les passans dans les rues.

Quand le vent souffloit, toutes ces enseignes, devenues gémissantes, se heurtoient et se choquoient entre elles, ce qui composoit un carillon plaintif et discordant, vraiment incroyable pour qui ne l'a pas entendu. De plus, elles jetoient, la nuit, des ombres larges qui rendoient nulle la foible clarté des lanternes.

Les enseignes avoient, pour la plupart, un volume colossal et en relief. Elles donnoient l'image d'un peuple gigantesque aux yeux du peuple le plus rabougri de l'Europe. On voyoit une garde d'épée de six pieds de haut, une botte grosse comme un muid, un éperon large comme une roue de carosse, un gant où on auroit logé un enfant de trois ans dans chaque doigt, des têtes monstrueuses, des bras armés de fleurets qui occupoient toute la largeur de la rue.

La ville, qui n'est plus hérissée de ces appendices grossiers, offre, pour ainsi dire, un visage poli, net et rasé. On doit cette sage ordonnance à M. Antoine-Raimond-Jean-Gualbert-Gabriel de Sartine qui, de lieutenant de police, est devenu ministre de la marine[1].

Mais, de cette sage ordonnance date aussi la

---

[1] *Tableau de Paris*, t. I, p. 215.

décadence de l'enseigne. Devenue moins visible, elle perd de son importance, elle cesse d'être l'accessoire obligé de la boutique. Au lieu de fournir un nom à la rue, c'est souvent elle qui lui emprunte le sien ; puis, elle se voit réduite au rôle d'affiche purement commerciale, où s'étalent les outils ou les produits de chaque métier. L'originalité est devenue rare. Plus de ces enseignes qui renversaient, « par une barbare, pernicieuse et détestable orthographe, toute sorte de sens et de raison [1] ; » plus de truie qui vole ou qui file, plus de chat qui pêche, plus de puits qui parle, plus d'âne qui joue de la vielle... C'est à peine si l'on rencontre encore quelque jeu de mot tiré à grand'peine du nom du maître ou de celui de la rue. Comme exemple, j'extrais les enseignes suivantes d'une sorte d'*Almanach du commerce* publié en 1777. Et notez que, laissant de côté les *espérances*, les *providences* et les différents *saints*, je me borne à recueillir les inscriptions les moins banales :

Bois (marchands de).	*Au Chantier de la grande*
Au Grand chantier.	*forêt.*
Au Chêne vert.	*A. l'Aigle d'or.*

---

[1] Molière, *Les fâcheux*, acte III, scène II.

A Saint Nicolas.

BONNETIERS.

A la Bannière royale.
Au Petit saint.
Au Saint Esprit.
A la Belle dame[1].
Au Bas royal.
A la Perle des bas.
A Saint Michel[2].
Aux Deux chats.
Au Soleil levé[3].
A l'Écu de Pologne.
Au Grand prévôt[4].
Au Bonnet rouge.

BOURSIERS.

A la Bourse royale.
Au Parasol royal.
Aux Trois parasols.
Au Courrier royal.

BRASSEURS.

A la Brasserie angloise.
Aux Trois poissons.
A la Mère de Dieu.

CHAPELIERS.

Au Grand vainqueur.

CORDONNIERS.

Au Soulier d'or.
A la Grosse botte.
A la Botte de Genève.

COUTELIERS[5].

Au Canif.
Au Grattoir.
A l'Aiguille.
A l'A couronné.
A l'E couronné.
Au G couronné.

DRAPIERS.

A la Toison d'or.
A la Clef d'argent.
A la Barbe d'or.
A la Couronne d'or.
A la Couronne d'épines.
Au Grand monarque.
A l'Empereur.

ÉPICIERS.

Au Mortier d'or.
A la Coupe d'or.
A la Reine de France.
Au Griffon.
Au Grand hiver.

---

[1] Le sieur Dame, rue Saint-Honoré.
[2] Dupré, sur le pont Saint-Michel.
[3] Levé, rue Montmartre.
[4] Provost, rue Saint-Honoré.
[5] Voy. ci-dessus, p. 21.

Au Fidèle berger[1].
Aux Trois provençaux.

FAYENCIERS.

Aux Deux lions.
Au Roi de France.

FONDEURS.

A la Cloche.
Au Grand Turc.

FOURBISSEURS.

A la Garde d'argent.
A la Garde d'or.
A l'Aigle d'or.

FRIPIERS.

Au Duc de Berry.
A la Renommée du bon goût.
Au Mulet chargé.
A la Chasse royale.
Au Paradis.
Au Grand prieur de France.

GAINIERS.

A la Tête de bœuf.

GÉOGRAPHES.

A la Croix d'or.

LIBRAIRES.

A la Bonne foi.
Au Temple du goût.
A la Grosse bague.
A la Barbe d'or[2].
Au Bon pasteur.
Au Boisseau d'or.

MERCIERS.

A l'Éventail d'or.
A la Balance.
A Saint Éloy.
Au Grand Turc.
Au Trèfle d'or.
Aux Nouvelles galantes.
Au Rhinocéros.
A l'Homme-Dieu.

MUSIQUE (marchands de).

A la Musique royale.
A la Clef d'or.

ORFÈVRES.

A la Tabatière d'or.
A la Gerbe d'or.
A la Toison d'or.
A la Fontaine d'or[3].
Au Perron d'or[4].
Au Renard d'or[5].

---

[1] Ravoisé, « confiseur très renommé, » rue des Lombards.
[2] Barbier, rue des Bourdonnais.
[3] Fontaine, rue de Harlay.
[4] Perron, rue Saint-Louis.
[5] Regnard, rue de l'Arbre-Sec.

Au Collier de diamant.

PARFUMEURS.

Au Grand Condé.

Aux Armes de Soubise.

PEAUSSIERS.

Aux Armes de France.

PELLETIERS.

A la Panthère.

A l'Hermine.

A l'Ours.

Au Tigre.

Au Manteau royal.

Au Manchon royal.

Au Grand hiver.

RUBANIERS.

Au Ruban d'or.

TABLETIERS.

A l'Ange gardien.

Au Roi David.

A la Ville de Rouen.

VINAIGRIERS.

A la Renommée [1].

En août 1792, un arrêté de la Commune enjoignit aux commerçants de supprimer de leurs enseignes « tous emblèmes qui rappelleroient au peuple le temps d'esclavage sous lequel il a gémi depuis trop longtemps. » Quant aux propriétaires, ils étaient tenus de faire disparaître, dans le délai de quinze jours, « de dessus les murs de leurs maisons, les armes, fleurs de lys, statues, bustes, enfin tout ce qui ne peut être considéré que comme un honneur rendu à un individu : la liberté et l'égalité étant désormais les seules idoles dignes des hommages du peuple françois [2]. »

---

[1] *Almanach Dauphin ou tablettes du vrai mérite.*

[2] Dans Robinet, *Le mouvement religieux à Paris pendant la Révolution*, t. II, p. 417.

IV

LES MAISONS.

PREMIERS ESSAIS DE NUMÉROTAGE.

Comment, en l'absence de numéros sur les maisons, chacun indiquait son adresse. — Construction du pont Notre-Dame au quinzième siècle. — Il est bordé de hautes maisons que l'architecte a l'idée de numéroter. — Chute du pont. — Il est reconstruit, et ses trente-quatre maisons sont numérotées. — Système adopté pour ce numérotage. — Essai de numérotage dans les faubourgs. — Inquiétudes des contribuables. — L'opération du numérotage entre 1760 et 1775. — Difficultés qu'elle rencontre. — Les portes cochères. — Les barrières devant les maisons. — Les suisses et les concierges. — Les maisons à allée. — On reproche aux numéros posés d'être mal placés et peu lisibles.

Comme on l'a vu, les rues se trouvaient définitivement baptisées, mais les maisons continuaient à ne connaître aucun état civil. Le 24 mai 1653, Gui Patin écrivait de Paris à son ami Belin, médecin à Troyes : « Votre fils a changé de logis. Il est logé rue de la Harpe, chez un chapelier, *à la Main fleurie*, la troisième chambre vis-à-vis de *la Gibecière*, bien près de *l'Arbalète*. Il se porte mieux [1]... »

[1] Tome I, p. 196.

Presque la même année, le poète Berthaud nous fournit ainsi l'adresse de la jolie mademoiselle Louison :

> ....A mademoiselle,
> Mademoiselle Louison,
> Demeurante chez Alizon,
> Justement au cinquième étage,
> Près du cabaret de la Cage,
> Dans une chambre à deux chassis,
> Proche Saint-Pierre des Assis [1].

Et l'amoureux de Louison termine ainsi sa lettre :

> Belle, j'attends vostre responce.
> Je loge auprès monsieur le Nonce [2]
> Tout vis-à-vis des Mathurins,
> A l'enseigne des Trois Tarins [3].

Un peu plus loin, Berthaud demande à un personnage dont il désire connaître la demeure :

> N'est-ce pas proche un pâtissier,
> Au bout de la Coutellerie [4],

---

[1] Saint-Pierre des Arcis, dans la Cité.

[2] Les nonces habitaient, en effet, l'hôtel de Cluny, près du couvent des Mathurins. Voy. le plan de Gomboust.

[3] *La ville de Paris en vers burlesques*, édit. de 1859, p. 127 et 131.

[4] La rue de la Coutellerie, auj. dans le quatrième arrondissement, allait de la rue Jean-Pain-Mollet à la rue de la Vannerie.

Tout devant une hostellerie,
Attenant un maître horloger [1]?

La première tentative faite pour attribuer
un numéro spécial à chaque immeuble remonte cependant au quinzième siècle, et c'est
le pont Notre-Dame qui en bénéficia. Il était
construit en bois et datait de l'année 1413.
Le 31 mai de cette année, le roi Charles VI en
inaugura le premier pilotis: « Le roy Charles
frappa de la hie [2] sur le premier pieu, et le
duc de Guienne, son aisné fils, après... Et estoit heure de dix heures de jour au matin [3]. »
Comme les autres ponts de Paris, celui-ci fut
bordé de hautes maisons; aussi, dit Robert
Gaguin qui l'avait vu, « ceulx qui dessus cheminoient cuidoient marcher à terre ferme, car
grant multitude de gens de mestiers et marchandises, merceries et variétez y avoit. Et
estoit la structure des maisons si belle et si
égale que, entre les ouvrages publiques du

[1] Berthaud, p. 164.

[2] « Billot de bois qui sert à enfoncer des pavés ou des
pilotis, et qui se nomme aussi demoiselle dans le premier
de ces deux usages et mouton dans le second. » (Littré.)
Celui qui s'en sert est un *hieur* (voy. Ducange, au mot
hiator.)

[3] *Journal d'un bourgeois de Paris*, édit. Tuetey, p. 31.

royaulme de France, pouvoit cil édifice estre dit le plus excellent [1]. »

Ces maisons étaient louées par la ville à des particuliers, et une pièce récemment découverte prouve qu'on les avait numérotées en chiffres romains; mais les nombres se répétaient à droite et à gauche, de sorte qu'il fallait indiquer, outre le numéro, le côté du pont, aval ou amont. Dans un accord passé le 15 novembre 1436 entre le prévôt de Paris et un des locataires de la ville, l'orfèvre Raoulant Tauppe, celui-ci déclara qu'il habitait « deux maisons séans sur le pont Nostre-Dame, du costé de l'aval l'eaue, signées en nombre XIII et XIIII [2]. »

Le plus excellent édifice du royaume de France menaçait ruine dès 1440, et le 13 février de cette année, le Parlement ordonna sa reconstruction. L'arrêt ne fut pas exécuté, en sorte que, le 25 octobre 1499, un craquement terrible se fit entendre et le pont s'écroula avec les maisons qu'il portait. On entreprit presque aussitôt sa reconstruction, qui

---

[1] *La mer des cronicques et mirouer hystorial de France,* édit. de 1536, f° CCXXVIII, verso.

[2] *Bulletin de la société de l'histoire de Paris,* Ve année (1878), p. 139.

se poursuivit avec une singulière lenteur, car
les travaux ne furent terminés qu'en septembre 1512, près de douze ans après la pose de
la première pierre [1].

Le nouveau pont était, comme l'ancien,
chargé de maisons, trente-quatre s'élevaient
de chaque côté. Hautes de trois étages et
montées en briques, elles étaient absolument
de même forme et de même dimension. Pour
les distinguer les unes des autres, on les
numérota ; au-dessus de la porte de chacune
d'elles fut placé, en lettres dorées sur fond
rouge ou bleu, un gros numéro formé de
chiffres romains. Mais cette fois, les numéros, au lieu de se suivre d'un bout à l'autre,
furent partagés en deux séries, les numéros
pairs d'un côté, les numéros impairs de l'autre. On lit dans la *Chronique* de Philippe de
Vigneulles, citoyen de Metz qui visita Paris
au commencement du seizième siècle : « En
celle année mil VC et xij fut achevis le pont
Nostre-Dame, et fut ledit pont la plus belle
pièce d'oewvre que je vis oncques, et croys
qu'il n'y ait point de pareil pont à monde,
sy biaulx ne sy riche. Et a, sus ledit pont, lxviij
maisons, et chacune maison sa bouticque;

[1] **28 mars 1500.**

Vue à vol d'oiseau de Notre-Dame prise en 1607 sous la conduite de Jean-Baptiste... Cliché Bibliothèque Nationale.

lesquelles maisons avec les bouticques sont
faictes sy très fort semblables et pareilles, tant
en grandeur comme en largeur, qu'il n'y a
rien à dire. Et a une chacune maison une
escripture sus son huis, faicte en or et en
asur, là où est escript le nombre de ycelle
maison : c'est assavoir en comptant une, ij,
iij jusques à lxviij. Et sont lesdites maisons
mizes à prix, c'est assavoir que quiconque en
veut avoir, il fault qu'il tourne surté [1] de la
tenir ix ans durant et paier, une chacune desdites années, xx escus d'or de luaige [2] pour
an [3]. » Le libraire parisien Gilles Corrozet
écrivait, de son côté : Sur ce pont « sont
édifiées par symmétrie et proportion d'archi-
tecture lxviij maisons, toutes d'une mesure et
mesme artifice, de pierre de taille et brique;
chacune escrite selon le nombre de son rang
en lettres d'or [4]. »

Jusque là, les constructeurs du nouveau pont
semblent n'avoir fait que copier leurs prédécesseurs; mais une phrase recueillie par

---

[1] Qu'il s'engage.

[2] De loyer.

[3] Voy. *Bibliothek des litterarischen vereins in Stuttgart*,
t. XXIV, p. 219.

[4] *Les antiquitez, chroniques et singularitez de Paris*, édit.
de 1561, p. 150 verso.

M. Jules Cousin [1], dans les registres de la Ville
établit qu'au contraire ils s'étaient montrés
innovateurs aussi ingénieux que pratiques.
Voyez : « En chascun de ses costez sont sci-
tuées trente-quatre maisons, toutes marquées
de lectres d'or sur ung fons rouge, par nombre
entresuyvant depuis la première jusques à la
dernière [2]. » Donc, comme aujourd'hui, les
numéros *s'entresuivaient*, ce qui veut dire que
les numéros pairs couraient d'un côté et les
numéros impairs de l'autre. C'était un procédé
simple et commode, n'est-ce pas? Eh bien, il
s'écoulera encore trois siècles avant que l'on
ait pu parvenir à le faire accepter des Parisiens.

Jusqu'en 1726, je ne constate aucune tentative de ce genre dont on puisse féliciter l'administration. Le 29 janvier de cette année,
on ordonne de numéroter les maisons sises
dans les faubourgs et ayant porte cochère ou
charretière. Il s'agissait d'en faciliter le recensement, et surtout d'empêcher que de nouveaux immeubles pussent s'élever sans autori-

---

[1] Voy. dans le *Paris à travers les âges* : La Cité, entre le
pont Notre-Dame et le pont au Change p. 12.

[2] *Registres des délibérations du Bureau de la Ville*, t. III,
p. 177.

sation, car le roi s'effrayait du développement pris par les faubourgs et était résolu à y mettre un terme [1]. L'opération devait être faite sous le contrôle du trésorier de France et par les officiers du bureau des finances de la généralité de Paris, concurremment avec le Bureau de la Ville. Cette mesure excita les craintes et les murmures des contribuables, disposés à voir dans tout recensement la menace de quelque impôt.

La police céda, puis revint à la charge en 1740 et en 1765 avec un peu plus de succès. En feuilletant la collection de l'*Almanach royal*, on trouve, de 1760 à 1775, l'indication de diverses maisons situées dans les faubourgs et portant un numéro. Ce sont les adresses d'un inspecteur de police et de quatre ou cinq conseillers au Parlement ou à la chambre des Comptes [2]. En cette qualité, ils se crurent peut-être obligés de donner le bon exemple et de se soumettre à une prescription émanée du

[1] Voy. Delamarre, *Traité de la police*, t. IV, p. 419 et et suiv.

[2] Rue Basse-du-Rempart, rue du Faubourg Saint-Honoré, rue du Faubourg Saint-Martin, rue de Viarmes. etc., Voy. entre autres l'*Almanach royal* de 1760, p. 108; 1762, p. 221; 1764, p. 217; 1766, p. 219; 1768, p. 216; 1770, p. 249; 1771, p. 177, 230, 374, 401, 417, etc.

trésorier de France. En 1763, le sieur Doffé-
mont, tailleur du duc de Bourgogne, rédige
encore son adresse ainsi : « Rue de la Verrerie, vis-à-vis l'église Saint-Merry, à côté du
Cocq lié de perles, au coin de la rue Saint-
Bon, au second sur le devant [1]. » J.-B. Papillon, le fameux graveur, n'est pas moins
explicite : « Papillon, graveur en bois, à
Paris, rue de Bièvre, proche la place Maubert, après la première porte cochère à
droite, dans la longue allée, au deuxième
étage du grand escalier. 1769 [2]. » Mais une
lettre de Voltaire, datée de 1775, porte pour
suscription : « A M. Morin, censeur royal, rue
du Faubourg-du-Temple, N° 14, à Paris [3]. »

Vers la même époque, divers essais furent
faits, sans doute par des particuliers avec l'en-
couragement de l'administration, pour étendre
le numérotage aux maisons de la ville. Dans
l'*Almanach des Six-Corps*, édition de 1769,
une colonne est réservée en blanc qui permettait d'inscrire à la main le numéro de chaque
boutique; un seul y est imprimé, celui du

[1] Voy. *Avis très important au public sur différentes es-
pèces de corps et de bottines*, 1763, in-12.
[2] Voy. le *Magasin pittoresque*, année 1872, p. 109
[3] *Lettres inédites*, édit. de Cayrol, t. II, p. 402.

sieur Advernier, dessinateur, demeurant rue de Grenelle Saint-Honoré, n° 64. Un certain nombre de numéros furent cependant apposés, mais la mesure ne devint pas générale, et le commerce ne l'accueillit guère mieux que la noblesse.

Les grands seigneurs, le haut clergé, les riches financiers ne voulaient pas s'exposer à voir leur demeure inscrite et numérotée à la suite d'un hôtel garni ou d'une boutique. Deux gravures célèbres publiées vers 1780, *L'accordée de village* de Greuze et *La bonne mère* de Fragonard, portent encore des adresses bien peu précises. On lit au bas de l'une : « A Paris, chez J.-B. Greuze, peintre du Roy, rue Pavée, la première porte cochère à gauche, en entrant par la rue Saint-André des Arcs, » et au bas de la seconde : « A Paris, chez l'auteur, rue de la Bûcherie, la porte cochère après la rue des Rats. » En 1785, le sieur Frenehard, inventeur d'une liqueur destinée, suivant lui, à remplacer le café, disait encore demeurer « rue Sainte-Marguerite, près de celle des Ciseaux, entre un marchand de bas et un boulanger [1]. Séb.

---

[1] *Journal général de France*, n° du 6 octobre 1785, P. 481.

Mercier écrivait donc avec quelque raison :

On avait commencé à numéroter les maisons des
rues; on a interrompu, je ne sais pourquoi, cette utile
opération. Quel en seroit l'inconvénient? Il serait plus commode et plus facile d'aller tout de
suite chez Monsieur un tel, n° 87, que de trouver
Monsieur un tel *Au Cordon bleu* ou *A la Barbe
d'argent*, la quinzième porte cochère à droite ou à
gauche après telle rue. Mais les portes cochères,
dit-on, n'ont pas voulu permettre que les inscrip-
teurs les numérotassent. Comment soumettre l'hôtel de M. le conseiller, de M. le fermier général,
de monseigneur l'évêque à un vil numéro, et à
quoi serviroit son marbre orgueilleux? Tous res-
semblent à César, aucun ne veut être le second
dans Rome. Puis, une porte cochère se trouveroit
inscrite après une boutique roturière. Cela impri-
meroit un air d'égalité qu'il faut bien se garder
d'établir [1].

A cette date, en effet, il existait encore à
Paris peu de portes cochères. L'on entrait
dans la plupart des maisons par une allée
longue et étroite, dont on retrouve aujour-
d'hui de nombreux spécimens dans les vieilles
habitations. La porte cochère supposait en
général la possession d'un carrosse, aussi ne
commencèrent-elles à se multiplier que quand
l'usage des carrosses se fut répandu, c'est-à-

---

[1] *Tableau de Paris*, t. II, p. 203.

dire vers la fin du dix-septième siècle ; jusque là elles désignèrent les hôtels appartenant aux importants personnages de l'État. Certains de ces hôtels étaient, en outre, protégés souvent par une barrière composée de pieux empiétant sur la rue. Le gouverneur de Paris, le doyen des maréchaux de France, les ambassadeurs, etc. avaient droit de barrière.

La porte cochère était gardée par un portier. Les grands seigneurs seuls avaient le privilège d'y placer un Suisse de nation ; celui-ci se distinguait par un large baudrier orné des armes de son maître, et on lisait au-dessus de la loge : *Parlez au Suisse.* « Depuis quelques années, écrivait Prud'homme vers 1807, on voit des nouveaux riches qui, ne pouvant pas avoir de Suisses, font mettre au dessus de la loge de leur portier : *Parlez au concierge.* Cette nouvelle distinction est encore bien ridicule [1]. »

Même à l'aurore de la Révolution, un huissier n'eût osé pénétrer dans une maison à porte cochère. S'il était chargé d'une saisie, il se bornait à la pratiquer sur les meubles garnissant la loge ; il lui était interdit d'aller au delà.

[1] *Miroir de l'ancien et du nouveau Paris,* 3° édit, t. I, p. 204.

La possession d'une porte cochère offrait
des avantages plus précieux encore, et que
Mercier va nous faire connaître : « Ce que
les allées ont de vraiment incommodes, c'est
que tous les passans y lâchent leurs eaux, et
qu'en rentrant chez soi, l'on trouve au bas
de son escalier un pisseur qui vous regarde et
ne se dérange pas. Ailleurs, on le chasseroit;
ici, le public est maître des allées pour les besoins de nécessité. Cette coutume est fort sale,
et fort embarrassante pour les femmes [1]. »

L'administration se décida enfin à traiter
sur le même pied allées et portes cochères.
Plusieurs rues furent pourvues de numéros,
mais on reprochait à ceux-ci d'être mal placés
et peu visibles. « La plupart des bourgeois,
écrivait encore Mercier en 1788 [2], ignorent le
numéro de leur maison et même si elle en a
un, tant ils sont peu apparoissans. » Les
événements de 1789 suspendirent à la fois
les plaintes du public et la réalisation du
projet de numérotage.

[1] *Tableau de Paris*. t. IV, p. 96.
[2] *Tableau de Paris*, t. IX, p. 134.

D'après le *Tableau de Paris*, de S. Mercier.

V

LES RUES.

LE DIX-HUITIÈME SIÈCLE.

Origine des noms donnés aux rues ouvertes durant le dix-
huitième siècle. — Noms de propriétaires du terrain. —
Noms de hauts personnages. — Noms de fonctionnaires
de la ville. — Protestations contre cet abus. — Rues qui
entourent le Théâtre-Français et le Théâtre-Italien. — Initiatives individuelles. — La rue Cassini, le quai Voltaire.
— La rue Jean-Jacques Rousseau. — On propose de
donner aux égouts le nom des écrivains royalistes. — La
commune ordonne de supprimer les souvenirs du fanatisme
et de la royauté. — Les mots roi, duc, comte, etc., sont
proscrits. — Signe de croix révolutionnaire. — Les noms
des saints disparaissent. — Projet pour remplacer les
noms de toutes les rues de Paris. — Curieux rapport fait
à ce sujet par Grégoire. — *Almanach indicatif du nom
des rues de Paris* publié en 1793. — Rues et monuments
dont les noms ont été modifiés durant la Révolution. —
Remplacement, en 1830, des plaques indicatives des
noms des rues.

Plusieurs rues ouvertes pendant le cours du
dix-huitième siècle reçurent le nom porté par
le propriétaire du terrain sur lequel la voie
nouvelle avait été prise. D'autres noms furent
empruntés à des princes, à des membres de
la famille royale, à de hauts fonctionnaires ;
d'autres encore, et en grand nombre, aux

prévôts des marchands, lieutenants de police,
échevins, greffiers de la Ville, etc. [1] qui se
décernaient à eux-mêmes cet honneur. L'opinion publique finit par s'en émouvoir, et en
1779, quand fut bâtie la salle du Théâtre-
Français [2], on attribua aux rues environ-
nantes le nom d'auteurs célèbres : « On verra
à la place de la nouvelle salle de la Comédie-
Françoise, les rues de Corneille, de Racine,
de Molière, de Voltaire, de Crébillon, de
Regnard, ce qui scandalisera d'abord les éche-

[1] Dans cette dernière catégorie on peut citer les rues :

Babille, supprimée en 1886.
Chauchat.
Boudreau.
De la Michodière.
Étienne, supprimée en 1851.
Richer.
De la Reynie.
De Fourcy.
Le Pelletier.
De Rambuteau.
Pérignon.
Martel.
Mercier.
Turgot.
Daval.
Trudaine.
De Chabrol.
Thévenot, supprimée en 1864.
De Thorigny.

De Sartine, supprimée en 1888.
Taitbout.
Ollivier, auj. rue de Chateau-
dun.
Trudon, supprimée en 1862.
François-Miron.
De Viarmes.
Frochot.
Devarenne, auj. rue Sauval.
Boucher.
De Buffault.
Delatour, auj. rue Rampon.
De Caumartin.
De Vannes.
De Laborde.
Barthélemy.
Bellart.
Saint-Sabin.
Soly, supprimée en 1883.
etc., etc., etc.

[2] Aujourd'hui l'Odéon.

vins, comme en possession de la glorieuse et antique prérogative de donner seuls leurs illustres noms à des rues. Mais, peu à peu, ils s'accoutumeront à cette innovation et à regarder Corneille, Molière et Voltaire comme les compagnons de leur gloire [1]. » L'année suivante, la construction du Théâtre-Italien [2] donna naissance aux rues Favart, Marivaux et Grétry.

En 1790, Lalande demanda et obtint que le nom de l'astronome Cassini fût attribué à la rue Maillet, située près de l'Observatoire [3]. Puis, nous voyons les noms des rues à la merci d'initiatives individuelles. En avril 1791, le jour même des obsèques de Mirabeau, le marquis de Villette écrit aux Jacobins : « Frères et amis, j'ai pris la liberté d'effacer à l'angle de ma maison [4] cette inscription *quai des Théatins,* et je viens d'y substituer *quai Voltaire.* Nous aurons toujours un Voltaire et nous n'aurons plus jamais de Théatins [5]. J'invite les

[1] Mercier, *Tableau de Paris,* t. II, p. 202.
[2] Devenu théâtre de l'Opéra-Comique, salle brûlée en 1887.
[3] *Moniteur universel,* n° du 27 juin 1790.
[4] La maison qui fait auj. l'angle de la rue de Beaune et du quai. C'est là qu'est mort Voltaire.
[5] Ces religieux, appelés de Rome en 1644 par Mazarin, avaient leur couvent sur le quai Malaquais. Ils donnèrent

bons patriotes de la rue Platrière à mettre le
nom de Jean-Jacques Rousseau aux encoi-
gnures de leurs maisons. Il importe aux cœurs
sensibles, aux âmes ardentes de songer, en
traversant cette rue, que Rousseau y habitait
au troisième étage, et il n'importe guère de
savoir que jadis on y faisait du plâtre. » Quelques jours après, les habitués du café Pro-
cope eurent une idée bien plus ingénieuse. Ils
proposèrent d'attribuer aux égouts les noms
d'écrivains royalistes, de Pelletier, de Rivarol,
de l'abbé Maury, etc. L'égout de la rue Montmartre aurait centralisé l'opération, en devenant égout des monarchiens [1].

Ce projet n'obtint pas tout le succès qu'en
attendaient ses auteurs. Ils patientèrent, et
firent bien ; les temps étaient proches où, dans
cet ordre d'idées, les plaques indicatives
allaient subir bien d'autres bouleversements.

En octobre 1793, le procureur de la Commune, « informé, qu'au mépris de la loi, il
existe encore dans plusieurs rues de Paris des
souvenirs du fanatisme et de la royauté [2], »

leur nom à la partie de ce quai comprise entre la rue des
Saints-Pères et la rue du Bac.

[1] Voy. Paul Lacombe, *Les noms des rues de Paris sous la
Révolution*, p. 10.

[2] *Moniteur universel*, n° du 25 octobre 1793. Voy. aussi

obtint un arrêté qui bannissait « tous les monumens susceptibles d'alimenter les préjugés religieux et de rappeler la mémoire exécrable des rois. » Un vent de folie semble alors souffler sur Paris. Les hommes qui se nomment Leroi, Leduc, Lecomte se font appeler le citoyen Dix-Août, le citoyen Égalité, le citoyen La-Montagne, etc. On institue dans les écoles un signe de croix révolutionnaire : « Au nom de Marat, de Pelletier, de Chalier, vive la république ! » On déguise jusqu'au nom des boissons et des fruits. Un arrêté prescrit de remplacer les mots *bière de mars* par ceux de *bière de germinal*[1]. Sur les cartes des restaurateurs, les poires *de bon-chrétien* s'appellent poires *de bon-républicain*; celles *de cuisses-madame*, des *cuisses de citoyennes;* on offre des prunes *de nation-claude*, des poires *de Germain*[2]. En effet, les noms des saints, auxquels le nouveau calendrier vient de substituer des noms de plantes et de légumes[3], sont supprimés partout. A dater de 1793, ils disparaissent de l'*Almanach national*, pour n'y rentrer

l'*Intermédiaire des chercheurs*, t. IV (1867), page 222.

[1] *Moniteur universel*, n° du 17 mai 1798.

[2] Voy. D.-B.-J. Salgues, *De Paris, des mœurs*, etc, 1813, in-8°, p. 160.

[3] Voy. *La mesure du temps*, p. 171.

qu'en 1801. Jusque là, on demeure rue
Honoré, rue André-des-Arts, rue Sauveur,
rue Antoine, rue Roch, rue Merri, rue Benoît,
rue Florentin, etc.

Le 6 janvier 1794, la Convention entendit
une proposition qui tendait à attribuer des
noms nouveaux aux rues de Paris. Le député
Grégoire, évêque constitutionnel de Blois, fut
même chargé d'étudier un projet embrassant
la débaptisation générale de toutes les rues de
la république. Le rapport qu'il présenta sur
ce sujet est devenu rare, et c'est grand dom-
mage, comme on va le voir. Je copie textuel-
lement:

... Un très grand nombre de rues avait pris des
noms d'enseignes connues dans le voisinage; et re-
marquez que la plupart de ces enseignes étaient
Au Chariot d'or, *Au Lion d'or*, *Au Soleil d'or*, *Aux
Trois rois*, *Au Grand monarque,* etc., en sorte
qu'elles offraient partout l'empreinte de la cupidité
et du despotisme... L'histoire dépose que, dans
tous les siècles, on a vu, d'un côté les peuples se
quereller, s'égorger pour des mots, et de l'autre,
des mots enfanter des actions héroïques: ainsi la
dénomination de *Carmagnole,* que porte une de
nos frégates, ajoute à la gaieté et au courage des
marins qui la montent...

Quand on reconstruit un gouvernement à neuf,
aucun abus ne doit échapper à la faux réformatrice.

Le patriotisme commande un changement de dénominations, et beaucoup de citoyens appellent vos
regards sur cet objet. Pourquoi le législateur ne
saisirait-il pas cette occasion d'établir un système
de nomenclatures républicaines dont l'histoire d'aucun peuple n'offre le modèle?... Dans les faits im-
mortels de notre Révolution, nous trouverons des
sujets pour embellir toutes les places. Leurs dénominations, combinées avec celles des rues adja-
centes, formeront un abrégé historique. Pourquoi
la *place des Piques* ne serait-elle pas avoisinée par
la *rue du Patriotisme, du Courage, du Dix-Août,*
du *Jeu-de-Paume?* N'est-il pas naturel que de la
place de la Constitution on aborde la *rue de la
Constitution,* qui conduirait à celle *du Bonheur?* Je
voudrais que tout ce que la nature, les vertus et la
liberté ont de plus grand, de plus sublime servit
à dénommer les rues par lesquelles on arriverait à
la *place de la Souveraineté* ou à celle *des Sans-
Culottes.*

Ce qu'il y a de sûr, c'est qu'on n'arrivait
plus du tout à se reconnaître au milieu de la
foule des noms, aussi ridicules que nouveaux,
dont les rues avaient été affublées. Quelques
plans, d'assez grossière exécution, furent
pourtant dressés, en même temps que le
libraire Janet publiait un petit volume dont
voici le titre complet :

ALMANACH

INDICATIF

DES RUES DE PARIS

suivant leurs nouvelles dénominations

PAR ORDRE ALPHABÉTIQUE

Précédé de l'énumération des quarante-huit Sections et de leurs
Chefs-lieux ; d'une idée sommaire des différents Comités du
Corps Législatif, des Bureaux du Pouvoir Exécutif, des autorités
constituées, etc., etc.

Prix broché avec le plan de Paris [1] *enluminé,* 3 *liv.*
Sans le plan......................... 1 *liv.* 10 *s.*

A PARIS

CHEZ JANET, RUE JACQUES, N° 31

L'AN IIIᵉ

En tête du volume figure un *Avis au lecteur*
où l'on apprend que, pour se guider dans la
multitude des rues de Paris, « l'on auroit
besoin à chaque instant d'un fil semblable à
celui d'Ariane, » et que la difficulté à été fort
augmentée par « la mutation à laquelle ont été
sujets une assez grande quantité de ces chemins publics, dont les premiers noms, trop susceptibles de servir de monumens aux abus de

---

[1] C'est le plan de Paris divisé en sections. Aucune rue
n'y est nommée.

l'ancien régime, ont fait place, comme de raison, à des appellations vraiment patriotiques
et républicaines ; ce qui probablement conti-
nuera d'avoir lieu à l'égard de tous les endroits
publics desquels, jusqu'à ce jour, on n'a pas
changé la dénomination... Le but de cet almanach est principalement d'épargner à ses lecteurs les désagrémens inévitables et renaissans
à chaque pas pour qui n'a pu se mettre au fait
des différences que la Révolution (si glorieuse
pour son berceau) n'a cessé d'occasionner depuis son origine, et qui sans doute naîtront encore d'elle jusqu'à son entière perfection. »

Le volume est terminé par un *Tableau des
mesures républicaines*. J'y lis que l'unité de
poids est le *grave*, qui « vaut deux livres, cinq
gros, quarante-neuf grains de l'ancien poids ;
que le *décigrave* est la dixième partie du grave,
le *centigrave* la centième, » et que la millième
partie du grave se nomme *gravet*.

La liste des noms nouveaux s'applique aux
rues seulement, et encore est-elle très courte.
Je me suis efforcé de la compléter d'après les
documents contemporains [1].

---

[1] Sur quelques noms datant de 1807 et de 1808, voy.
*Plan de Paris nouveau s'étendant au-delà des limites fixées
par Napoléon I*er, 1809, in-8º, p. 25.

1. RUES, IMPASSES, BOULEVARDS, PLACES, QUAIS, PONTS, PASSAGES, CARREFOURS.

Noms actuels.	*Noms révolutionnaires.*
Aboukir (rue d')...........	Rue Neuve-de-l'Égalité [1]. Rue des Fossés-Montmarat [2].
Ancre (passage de l')......	Passage de l'Ancre-Nationale.
Anjou (quai d')............	Quai de l'Union.
Antoine-Dubois [3] (rue).....	Rue de l'Ami-du-Peuple.
Basse - Porte - Saint - Denis [4] (rue)................	Rue des Fossés-de-Franciade.
Bastille (place de la).......	Place de la Liberté.
Béarn [5] (rue de)..........	Rue des Fédérés. Rue Nationale.
Beaujolais Saint - Honoré [6] (rue de)...............	Rue d'Arcole en 1796. Rue Hoche en 1797.
Béthune (quai de).........	Quai de la Liberté.
Birague [7] (place de).......	Place Catherine.

[1] Auparavant rue de Bourbon-Villeneuve.

[2] Auparavant rue des Fossés-Montmartre.

[3] Auparavant rue de l'Observance.

[4] Supprimée en 1832. Elle allait de la porte Saint-Denis au commencement de la rue Hauteville, en contre-bas du boulevard. Elle s'est appelée rue Basse-Saint-Denis, rue Neuve-des-Fossés Saint-Denis, rue Basse-Ville-Neuve, rue Neuve-des-Filles-Dieu, etc.

[5] Auparavant rue de la Chaussée-des-Minimes.

[6] Supprimée en 1849. Elle allait de la rue de Chartres à a rue de Valois.

[7] En face de l'église Saint-Paul-Saint-Louis. Elle s'était appelée auparavant rue Sainte-Catherine.

Birague [1] (rue de).........	{ Rue du Parc-d'Artillerie. { Rue Nationale.
Bossuet [2] (rue)...........	Rue du Cloitre-de-la-Raison.
Bourbon (quai)..........	{ Quai de la République. { Quai d'Alençon.
Bourbon-le-Château (rue)...	Rue de la Chaumière.
Bourg-Tibourg (rue du)....	Place des Droits-de-l'Homme [3]
Carrousel (place du).......	{ Place de la Fraternité. { Place de la Réunion.
Chapelle (rue de la).......	Rue de la Chapelle-Franciade.
Chartres Saint-Honoré [4] (rue de).................	Rue de Malte.
Chaussée-d'Antin (rue de la).	{ Rue Mirabeau en 1791. { Rue du Mont-Blanc en 1792.
Concorde [5] (place de la)....	Place de la Révolution.
Concorde (pont de la).......	Pont de la Révolution.
Condé (rue de)..........	Rue de l'Égalité.
Conti (quai).............	Quai de l'Unité.
Contrat-Social [6] (rue du)...	{ Rue de Calonne en 1787. { Rue de Lafayette en 1790. { Rue du Contrat-Social en { 1792.
Courcelles (rue de)........	Rue de Mantoue [7] en 1797.
Croix-Rouge (carrefour de la).	Carrefour du Bonnet-Rouge.

[1] Auparavant rue Royale Saint-Antoine.

[2] Partie orientale du cloitre Notre-Dame, entre la rue Chanoinesse et le quai.

[3] Auparavant place du Marché-Saint-Jean, réunie en 1860 à la rue du Bourg-Tibourg.

[4] Supprimée en 1852. Elle allait de la place du Carrousel à la place du Palais-Royal.

[5] Auparavant place Louis XV.

[6] Supprimée en 1860. Elle allait de la rue de la Tonnellerie à la rue des Prouvaires.

[7] Partie comprise entre le boulevard de Courcelles et la rue de Monceau auparavant rue de Chartres-du-Roule.

Daru [1] (rue)..............	Rue de Milan.
Dauphine (place).........	Place de Thionville.
Dauphine (rue)..........	Rue de Thionville en **1792**.
Double (pont au).........	Pont de l'Hospice-de-l'huma- nité.
École de Médecine (rue de l') [2]................	Rue Marat.
Enghien (rue d')..........	Rue Mably.
Faubourg - Montmartre (rue du).................	Rue du Faubourg-Montmarat.
Faubourg-Saint-Denis (rue du).................	Rue du Faubourg-de-Fran- ciade.
Faubourg-Saint-Jacques (rue du).................	Rue de l'Observatoire.
Faubourg-Saint-Martin (rue du)...............	Rue du Faubourg-du-Nord.
Feydeau [3] (rue)..........	Rue Neuve-des-Fossés-Mont- marat.
Fontaine-au-Roi (rue de la).	Rue Fontaine-Nationale.
Forge-Royale (impasse de la).	Cul-de-sac de la Forge-Natio- nale.
Francs-Bourgeois (rue des).	Rue des Francs-Citoyens.
Geoffroy-Saint-Hilaire [4] (rue).	Rue du Jardin-des-Plantes [5].
Guisarde (rue)...........	Rue des Sans-Culottes.
Honoré-Chevalier (rue)....	Rue Honorée-Liberté.
Hôpital Saint-Louis (rue de l').................	Rue de l'Hospice-du-Nord.
Horloge (quai de l').......	Quai du Nord.
Hôtel-de-Ville (place de l').	Place de la Maison-Commune.
Houdon [6] (rue)..........	Rue Nationale.

[1] Auparavant rue de la Croix-du-Roule.

[2] Auparavant rue des Cordeliers.

[3] Auparavant rue Neuve-des-Fossés-Montmartre.

[4] Auparavant partie de la rue du Jardin-du-Roi.

[5] La partie comprise entre la rue Cuvier et la rue Poli- veau.

[6] Auparavant Petite-Rue-Royale.

Italiens [1] (boulevard des)...	Boulevard Cerutti.
Jardin-du-Roi (rue du).....	Rue du Jardin-des-Plantes.
La Boëtie [2] (rue).........	Rue de l'Union [3].
Laffitte [4] (rue)............	Rue Cerutti [5].
Lille [6] (rue de)..........	Rue de Lille [7].
Louis-le-Grand (rue)......	Rue des Piques en 1792. Rue de la Place-Vendôme en 1799.
Madame (rue)............	Rue des Citoyennes.
Maillet (rue).............	Rue Cassini [8].
Mauconseil (rue).........	Rue Bonconseil.
Michel-le-Comte (rue).....	Rue Michel-Le-Pelletier.
Molière (passage)........	Passage des Sans-Culottes.
Monceau (rue de)........	Rue Cisalpine [9].
Monsieur (rue)..........	Rue de Fréjus.
Monsieur-le-Prince (rue)...	Rue de la Liberté [10].
Montagne-Sainte-Geneviève (rue de la)............	Rue de la Montagne.
Montmartre (rue)........	Rue Montmarat.
Montmorency (rue de).....	Rue de la Réunion [11].

[1] Auparavant boulevard de la Chaussée-d'Antin, en 1825 boulevard de Gand.

[2] Auparavant rue d'Angoulême Saint-Honoré, puis rue Pierre-Charron.

[3] La partie comprise entre le faubourg Saint-Honoré et la rue de la Pépinière.

[4] Auparavant rue d'Artois.

[5] La partie comprise entre le boulevard des Italiens et la rue de Provence.

[6] Auparavant rue Bourbon.

[7] Nom qui lui fut donné en 1791.

[8] Voy. ci-dessus, p. 63.

[9] La partie nommée auparavant rue de Valois-du-Roule.

[10] La partie comprise entre le carrefour de l'Odéon et la rue de Vaugirard, partie nommée auparavant rue des Fossés-Monsieur-le-Prince.

[11] La partie comprise entre la rue du Temple et la rue Beaubourg, partie nommée auparavant rue Cour-au-Vilain.

Montpensier (rue).........	Rue de Quiberon.
Neuve-Notre-Dame [1] (rue)..	Rue de la Raison
Neuve-Richelieu [2] (rue)....	Petite-rue-Chalier.
Notre-Dame (pont).........	Pont de la Raison.
Notre-Dame-des-Victoires (rue)...................	Rue des Victoires-Nationales.
Oratoire [3] (place de l').....	Place de la Liberté.
Orfèvres [4] (quai des).......	Quai du Midi.
Orléans (quai d')..........	Quai de l'Égalité.
Orsay (quai d')..........	Quai Bonaparte.
Palais-Bourbon (place du)..	Place de la Maison-de-la Constitution.
Palais-Royal (place du)....	Place de la Maison-Égalité.
Panthéon [5] (place du).....	Place du Panthéon-Français.
Parc Royal (rue du).......	Rue du Parc-National.
Parvis Notre-Dame (place du)	Place de la Raison.
Pélican (rue du)..........	Rue Purgée.
Picardie [6] (rue de)........	Rue des Alpes.
Pigalle (rue)..............	Rue de la République.
Plâtrière [7] (rue)...........	Rue Jean-Jacques-Rousseau.
Poissonniers (rue des)......	Chemin conduisant à Franciade.
Porte Saint-Denis (carrefour de la).................	Carrefour de la Porte-de-Franciade.
Poulies [8] (rue des)........	Rue du Petit-Muséum.

[1] Supprimée en 1865. Elle allait de la place du Parvis à la rue du Marché-Palu.

[2] Supprimée en 1855. Elle allait de la place de la Sorbonne à la rue de la Harpe.

[3] Supprimée en 1854. Elle précédait la façade nord du Louvre.

[4] La partie comprise entre la rue de Jérusalem et la rue de la Barillerie (boulevard du Palais), se nommait rue Saint-Louis, et devint, vers 1793, rue Révolutionnaire.

[5] Auparavant place Sainte-Geneviève.

[6] Auparavant rue de Beaujolais au Marais.

[7] Voy. ci-dessus, p. 64.

[8] Supprimée en 1853. Auparavant rue du Petit-Bourbon.

Princesse (rue)............	{ Rue Révolutionnaire. { Rue de la Justice [1].
Rameau (rue)............	Rue Neuve-Le-Pelletier.
Réaumur [2] (rue).........	Rue de la Fraternité [3].
Reine-Blanche (rue de la)..	Rue Blanche.
Reine de Hongrie (passage de la)...............	Passage de l'Égalité.
Richelieu (rue de)........	Rue de la Loi.
Rohan (rue de)..........	Rue Marceau.
Roi-de-Sicile (rue du).....	Rue des Droits-de-l'Homme.
Roi-Doré (rue du)........	Rue Dorée.
Royal (pont)............	Pont National.
Royale (rue)............	Rue de la Révolution.
Saint-Charles [4] (pont).....	Pont de l'Humanité.
Saint-Denis (rue)........	Rue de Franciade.
Saint-Louis en l'Ile (rue)...	Rue Blanche-de-Castille.
Saint-Roch (rue).........	{ Rue de la Montagne [5]. { Rue de la Convention [6].
Saint-Sulpice (rue).......	Rue du Trente-et-un-Mai [7].
Sainte-Anne (rue)........	Rue Helvétius.
Sorbonne (place de la)....	Place Chalier.
Sorbonne (rue de la)......	Rue Catinat.
Thouin (rue)............	Rue Loustalot [8].

[1] Elle avait antérieurement porté ce nom.

[2] Auparavant rue Royale Saint-Martin.

[3] La partie comprise entre la rue Turbigo et la rue Saint-Martin.

[4] Supprimé en 1854. Il réunissait les bâtiments de l'Hôtel-Dieu au quai de la rive gauche.

[5] La partie comprise entre la rue Saint-Honoré et la rue des Petits-Champs. Auparavant rue Neuve-Saint-Roch.

[6] La partie comprise entre la rue Saint-Honoré et la rue de Rivoli. Auparavant rue du Dauphin.

[7] La partie comprise entre la rue de Tournon et la rue Garancière. Auparavant rue du Petit-Bourbon.

[8] La partie comprise entre la rue du Cardinal-Lemoine et la rue Mouffetard. Auparavant rue des Fossés-Saint-Victor.

Valois (passage de)........ Passage du Lycée.

Valois (rue de)........... { Rue Batave.
                           { Rue du Lycée.

Vendôme (place).......... Place des Piques.

Venise [1] (impasse de)...... Cul-de-sac Batave.

Victoires (place des)....... Place de la Victoire-Natio-
                            nale.

Voltaire (quai)........... Quai des Théatins [2].

Vosges [3] (place des)....... { Place du Parc-d'Artillerie
                              1791.
                              Place des Fédérés en 1792.
                              Place de l'Indivisibilité en
                              1793.
                              Place des Vosges en 1800.

II. Palais, églises, collèges, théatres, hopitaux, sections, marchés, barrières, jardins, etc.

Beaubourg (section de la rue) Section de la Réunion.

Beaujon (hôpital)........ Hospice du Roule.

Bibliothèque (section de la).. { Section de 1792.
                               { Section Le Pelletier.

Bonshommes (barrière des). Barrière de Versailles.

Bourbon (palais).......... Maison de la Révolution.

Butte-des-Moulins (section
de la)................ Section de la Montagne.

Charité (hôpital de la)..... Hospice de l'Unité.

Clichy (barrière de)........ Barrière du 18 Fructidor.

Croix-Rouge (marché de la) Marché du Bonnet-Rouge.

Croix-Rouge (section de la). { Section du Bonnet-Rouge.
                             { Section de la Liberté.
                             { Section de l'Ouest.

[1] Supprimée en 1854. Elle ouvrait dans la rue Quincampoix.

[2] Voy. ci-dessus, p. 63.

[3] Auparavant place Royale.

Enfants-Rouges (section des)	Section du Marais.
	Section de l'Homme-Armé.
Enfants Trouvés (hospice des).	Maison des Enfants-de-la-Patrie.
Faubourg Saint-Denis (section du).............	Section du Faubourg-du-Nord.
Flore [1] (pavillon de).......	Pavillon de la Liberté.
Fontaine-Montmorency (section de la)...........	Section de Molière-et-Lafontaine.
	Section de Brutus.
Gobelins (section des).....	Section du Finistère.
	Section Lazouski.
Grange-Batelière (section de la)	Section de Mirabeau.
	Section du Mont-Blanc.
Henri-IV (section)	Section du Pont-Neuf.
	Section Révolutionnaire.
Horloge [2] (pavillon de l')....	Pavillon de l'Unité.
Hôtel de Ville...........	Maison Commune.
Hôtel de Ville (section de l').	Section de la Maison-Commune.
	Section de la Fidélité.
Hôtel-Dieu.............	Grand hospice d'Humanité.
Ile-Saint-Louis (section de l').	Section de la Fraternité.
Institut [3] (palais de l')....	Collège de l'Unité.
Invalides (hôtel royal des)..	Hôtel national des militaires invalides........
Jardin-du-Roi (section du)..	Section des Sans-Culottes.
Louis-le-Grand (collège)....	Collège de l'Égalité.
	Prytanée français.
Louvre (musée du)........	Muséum.
Louvre (section du).......	Section du Muséum.
Luxembourg (section du)...	Section Mutius-Scævola.
Marché-des-Innocents (section du).............	Section des Marchés.
	Section Chalier.

[1] Aux Tuileries.

[2] Aux Tuileries.

[3] Auparavant collège des Quatre-Nations.

Mars (champ de)..........	{ Champ de la Réunion. { Champ de la Fédération.
Marsan [1] (pavillon de).....	Pavillon de l'Égalité.
Maternité (hôpital de la)...	Prison de Port-Libre.
Mauconseil (section).......	Section Bonconseil.
Mont-de-Piété...........	Bureau de caisse d'emprunt.
Necker (hôpital)..........	Hospice de l'Ouest.
Notre-Dame (église).......	{ Temple de la Raison. { Temple de l'Être-Suprême.
Notre-Dame (section de)...	{ Section de la Cité. { Section de la Raison.
Odéon [2] (théâtre de l').....	Théâtre de la Nation.
Opéra...................	Théâtre des Arts.
Oratoire (section de l').....	Section des Gardes-Françaises.
Palais-Royal.............	Maison-Égalité.
Palais-Royal (jardin du)....	{ Jardin de l'Égalité. { Jardin de la Révolution.
Palais-Royal (section du)...	{ Section de la Butte-des-Moulins. { Section de la Montagne.
Palais-Royal (théâtre du)...	{ Théâtre de la Montansier. { Théâtre de la Montagne.
Parlement (grand'chambre du).................	Salle de la Liberté.
Petits-Pères (section des)...	{ Section du Mail. { Section Guillaume-Tell.
Pitié (hôpital de la).......	Maison des élèves de la Patrie.
Place-Louis-XV (section de la)	Section Guillaume-Tell.
Place-Royale (section de la).	{ Section de la Place-des-Fédérés. { Section de l'Indivisibilité.

[1] Aux Tuileries.
[2] Auparavant Théâtre-Français.

Place-Vendôme (section de la)	Section des Piques.
Ponceau (section du)	Section des Amis-de-la-Patrie.
Pont-Neuf (terre plain du)	Place du Parc-d'Artillerie.
Postes (section des)	Section du Contrat-Social.
Quatre-Nations (section des).	Section de l'Unité.
Roi (Bibliothèque du)	Bibliothèque nationale.
Roi (jardin du)	Jardin des Plantes.
Roi-de-Sicile (section du)	Sect. des Droits-de-l'Homme.
Roule (section du)	Section de la République.
Royal (collège)	Collège de France.
Saint-Antoine (hôpital)	Hospice de l'Est.
Saint-Denis (barrière)	Barrière de Franciade.
Saint-Denis (faubourg)	Faubourg du Nord.
Saint-Denis (porte)	Porte de Franciade.
Saint-Étienne du Mont (église)	Temple de la Piété-Filiale.
Saint-Eustache (église)	Temple de l'Agriculture.
Saint-Germain des Prés (abbaye)	Maison de l'Unité.
Saint-Germain l'Auxerrois (église)	Temple de la Reconnaissance.
Saint-Gervais (église)	Temple de la Jeunesse.
Saint-Jacques (barrière)	Barrière de l'Observatoire.
Saint-Jacques du Haut-Pas (église)	Temple de la Bienfaisance.
Saint-Laurent (église)	Temple de la Vieillesse.
Saint-Louis (hôpital)	Hospice du Nord.
Saint-Louis (ile)	Ile de la Fraternité.
Saint-Martin des Champs (église)	Temple de l'Hymen.
Saint-Médard (église)	Temple du Travail.
Saint-Merry (église)	Temple du Commerce.
Saint-Philippe du Roule (église)	Temple de la Concorde.
Saint-Roch (église)	Temple du Génie.
Saint Sulpice (église)	Temple de la Victoire.
Saint-Thomas d'Aquin (église).	Temple de la Paix.

Sainte-Geneviève (nouvelle église)...............	Panthéon Français.
Sainte-Geneviève (section de)...............	Section du Panthéon Français.
Sainte-Marguerite (église)..	Temple de la Liberté et de l'Égalité.
Théâtre-Français..........	Théâtre de la République.
Théâtre-Français(section du).	Section de Marseille. Section de Marat-et-Marseille.
Thermes de Julien (section des)...............	Section régénérée. Section de Beaurepaire. Section Chalier.
Trône (barrière du)........	Barrière renversée.
Tuileries (jardin des)......	Jardin National.
Tuileries (palais des).......	Palais National.
Vallée (marché de la)......	Marché de Marat.
Valois [1] (fontaine de).......	Fontaine de l'Égalité.

En 1830, les inscriptions indicatives, qui n'existaient encore que d'un seul côté de chaque rue, furent répétées du côté opposé. Enfin, en 1844, le préfet [2] rendit un arrêté pour déterminer la place exacte des plaques et la hauteur à laquelle elles devaient désormais être fixées. L'arrêté voulait, en outre, que toute voie publique dans laquelle débouche une autre rue portât une plaque en face de cette rue [3].

---

[1] Au Palais-Royal.

[2] M. de Rambuteau.

[3] Ch. Merruau, *Rapport sur la nomenclature des rues de Paris*, p. 17.

VI

LES MAISONS.

LE NUMÉROTAGE DEPUIS LA RÉVOLUTION.

Le numérotage déclaré obligatoire. — Les districts, puis
les comités des sections sont chargés de l'opération. —
Elle est faite sans aucun soin. — Exemples tirés de l'*Almanach national pour* 1793. — Anciennes formules. —
Confusion née de différents numérotages. — Trois numéros 16 dans la rue Saint-Martin. — Extrait des *Semaines critiques*. — Plaintes unanimes, réclamations, pétitions. — La police, la poste, les agents du fisc s'y asso-
cient. — Les propriétaires tenus de faire repeindre les
numéros. — Le décret du 4 février 1805 ordonne un
nouveau numérotage. — L'opération est renouvelée en
1847.

On a vu que les événements de 1789
avaient interrompu l'opération du numérotage. A la fin de l'année suivante, on le déclara obligatoire; il s'agissait cette fois de
faciliter le recensement des citoyens, l'établissement des rôles de la garde nationale et
la répartition de l'impôt. Mais la mise en
pratique fut confiée d'abord aux districts,
puis aux comités des sections. Chacun d'eux
agit sans entente préalable avec les comités
limitrophes, de sorte que deux systèmes se

trouvèrent en présence et furent appliqués simultanément. Certains comités divisèrent leur section en îlots de maisons, qui reçurent chacun un numérotage particulier. D'autres employèrent une seule série de numéros : elle partait d'un point quelconque de la section, d'un édifice par exemple, et se développait le long des rues ou portions de rues qui composaient la section, pour aboutir au point de départ.

Dès 1790, un grand nombre de maisons sont pourvues de numéros [1], et l'opération semble à peu près terminée en 1792. L'*Almanach national de France* pour MDCCXCIII [2] ne laisse aucun doute à cet égard, aussi bien que sur le défaut de méthode avec lequel on avait procédé. Voici quelques numéros qui me sont fournis par la liste des membres de la Convention :

Aubry [3]   demeurait rue du Carrousel, n° 2559.
Ayrat [4]   — rue de l'Échelle, n° 5650.
Babey [5]   — rue des Saints-Pères, n° 1225.

[1] Voy. l'*Almanach royal* de cette année.
[2] Imprimé en 1792. Le mot *saint* ne fut banni de la nomenclature que l'année suivante.
[3] Député du Gard.
[4] — de la Haute-Garonne.
[5] — du Jura.

Bazoche [1]	demeurait	rue de Verneuil, n° 588.
Bouquier [2]	—	rue de Seine, n° 1485.
Buzot [3]	—	quai Malaquais, n° 1919.
Couhey [4]	—	rue Sainte-Anne, n° 580.
Delaporte [5]	—	rue des Martyrs, n° 733.
Marbos [6]	—	rue Saint-Nicaise, n° 506.
Pelé [7]	—	rue de l'Échelle, n° 542.
Pocholle [8]	—	rue Saint-Honoré, n° 445.
Quinette [9]	—	rue Saint-Honoré, n° 576.
Rameau [10]	—	rue du Colombier, n° 1162.
Richard [11]	—	rue de l'Université, n° 274.
Robespierre [12]	—	rue Saint-Honoré, n° 366.
Roux [13]	—	rue de Chartres, n° 474.
Saladi [14]	—	rue de l'Échelle, n° 567.
Sallengros [15]	—	rue de Bourbon, n° 680.
Savary [16]	—	quai Malaquais, n° 1919.
Thibaudeau [17]	—	rue de Beaune, n° 630.

[1] Député de la Meuse.
[2] — de la Dordogne.
[3] — de l'Eure.
[4] — des Vosges.
[5] — du Haut-Rhin.
[6] — de la Drôme.
[7] — du Loiret.
[8] — de la Seine-Inférieure
[9] — de l'Aisne.
[10] — de la Côte-d'Or.
[11] — de la Sarthe.
[12] — de Paris.
[13] — de la Haute-Marne.
[14] — de la Somme.
[15] — du Nord.
[16] — de l'Eure.
[17] — de la Vienne.

Vernier[1]   demeurait rue des   Saints - Pères,
                          n° 1225.

Vadier[2]   —   rue des Moineaux, n° 431.

Il est vrai que l'on rencontre aussi, sur la
même liste, des adresses comme celles-ci :

Baille, député des Bouches-du-Rhône, rue
Saint-Honoré, chez le citoyen Cuisinier, près les
Capucins.

Besard, député de l'Oise, rue Neuve-Saint-Augustin, maison du receveur des loteries, n° 14.

Fremauger, député d'Eure-et-Loir, rue Mazarine,
chez le citoyen Royer, épicier.

Javoques, député de Rhône-et-Loire, rue de la
Chaussée-d'Antin, vis-à-vis les bains.

Laurent, député des Bouches-du-Rhône, rue
Saint-Honoré, vis-à-vis de celle de la Féronnerie,
chez le citoyen Duval.

Lesage, député du Loiret, rue Saint-Honoré, chez
le citoyen Lunel, apothicaire.

Legendre, député de la Nièvre, rue de Verneuil,
au coin de celle du Bacq.

Lemaréchal, député de l'Eure, rue du Temple,
n° 39, vis-à-vis celle Chapon.

Roubaud, député du Var, quai de l'École, chez
le citoyen Boudar.

Le spirituel auteur [3] dès *Semaines critiques*

---

[1] Député du Jura.
[2]   — de l'Ariège.
[3] Le marquis de Bois-Robert, plus connu sous le pseudo-
nyme de Joseph Lavallée.

ou gestes de l'an V [1], raconte plaisamment
les mésaventures de deux amis à la recherche d'un monsieur Charles, qui demeurait
rue Saint-Martin, n° 16. Les deux amis en-
trent dans la rue Saint-Martin par le commencement. Un premier numéro 16 s'offre à eux,
mais c'est celui de la section : le vrai numéro
de la maison qui le porte est le n° 297. Ils
poursuivent leur route et aperçoivent un second numéro 16, mais c'est celui de l'arrondissement [2] : le vrai numéro de la maison
qui le porte est le n° 1206. Avançant toujours, ils rencontrent un troisième numéro 16,
mais c'est celui qu'avait apposé l'ancienne
administration de la voirie : le vrai numéro
de la maison qui le porte est le n° 132. Nos
amis renoncent enfin à ce voyage d'explo-
ration, après avoir encore échoué devant un
n° 16 bis.

Ceci était écrit au milieu de l'année 1797,
en pleine crise financière et politique, en
pleine anarchie, et le Directoire avait alors
bien d'autres soucis que le numérotage des
maisons. Il ne répondit aux railleries formu-
lées dans *Les semaines critiques* qu'en suppri-

[1] Paris, 1797, in-8°, t. II, p. 307.
[2] Voy. ci-dessus, p. 32.

mant ce journal [1], de sorte que les plaintes se généralisèrent. Je lis encore dans un volume publié en 1798 : « On ne saurait calculer la perte de temps, les méprises et les embarras sans nombre que cause la confusion des numéros. D'abord, non seulement ils n'ont aucune suite, puisqu'à côté de 36 on trouve 268, à côté de 3 on trouve 1,054, etc. ; mais le même numéro se trouve répété deux et trois fois dans la même rue et, qui pis est, au même côté. Dans les rues infinitésimales, telles que celles du Bac, Saint-Martin, Saint-Denis, etc. on ne s'y connaît plus, c'est un véritable dédale [2]. » Des pétitions, revêtues d'innombrables signatures, furent présentées aux consuls, au ministre de l'Intérieur, au préfet. La poste commettait mille erreurs, la police perdait son temps en recherches infructueuses, les agents du fisc ne pouvaient dresser leurs rôles. Deux années s'écoulèrent ainsi ; puis, au cours de l'an IX, le préfet de police, animé d'un beau zèle, fit supprimer tous les numéros inutiles, et enjoignit aux propriétaires de

---

[1] Après la journée du 18 fructidor.

[2] *Tableau général du goût, des modes et costumes de Paris, par une société d'artistes et de gens de lettres.* An VII, t. I, p. 55.

repeindre à l'huile le vrai numéro de leur maison. L'année suivante, la préfecture de la Seine ouvrit un concours dont l'objet était de déterminer les matériaux, les formes, les couleurs auxquels il fallait donner la préférence pour rendre les numéros plus lisibles et, s'il se pouvait, inaltérables. Cette consultation ne produisit que des mémoires insignifiants. On discuta longtemps encore sans arriver à une solution satisfaisante.

Le temps approchait toutefois où l'administration allait enfin pouvoir généraliser l'idée conçue et appliquée, trois siècles auparavant, par l'architecte du pont Notre-Dame. Le 15 pluviôse an XIII (4 février 1805) parut un décret qui mérite d'être reproduit en entier :

ARTICLE 1er. Il sera procédé, dans le délai de trois mois, au numérotage des maisons de Paris.

ARTICLE II. Ce numérotage sera établi par une suite de numéros pour la même rue, lors même qu'elle dépendrait de plusieurs arrondissements, et par un seul numéro, qui sera placé sur la porte principale de l'habitation. Ce numéro pourra être répété sur les autres portes de la même maison lorsqu'elles ouvriront sur la même rue que la porte principale. Dans le cas où elles ouvriraient sur une rue différente, elles prendront le numéro de la série appartenant à cette rue.

Article III. Les rues dites des faubourgs, quoique formant continuation à une rue du même nom, prendront une nouvelle suite de numéros.

Article IV. La série des numéros sera formée des nombres pairs pour le côté droit de la rue, et des nombres impairs pour le côté gauche.

. Article V. Le côté droit d'une rue sera déterminé, dans les rues perpendiculaires ou obliques au cours de la la Seine, par la droite du passant se dirigeant vers la rivière, et dans celles parallèles par la droite du passant marchant dans le sens du cours de la rivière.

Article VI. Dans les îles, le grand canal de la ·rivière coulant au nord déterminera seul la position des rues.

Article VII. Le premier numéro de la série, soit paire, soit impaire, commencera, dans les rues perpendiculaires ou obliques au cours de la Seine, à l'entrée de la rue prise au point le plus rapproché de la rivière, et dans les rues parallèles, à l'entrée prise en remontant le cours de la rivière ; de manière que, dans les premières, les nombres croissent en s'éloignant de la rivière, et dans les secondes, en la descendant.

Article VIII. Dans les rues perpendiculaires ou ·obliques au cours de la rivière, le numérotage sera exécuté en noir sur fond d'ocre ; dans les rues parallèles, il le sera en rouge sur le même fond.

Article IX. Le numérotage sera exécuté à l'huile et, pour la première fois, à la charge de la commune de Paris.

Article X. A cet effet, il sera passé, par devant

le préfet de la Seine, une adjudication au rabais de l'entreprise du numérotage, exécuté à l'huile, à tant par numéro, de grandeur, de forme et de couleur déterminées par le cahier des charges.

ARTICLE XI. L'entretien du numérotage est à la charge des propriétaires. Ils pourront, en conséquence, le faire exécuter à leurs frais d'une manière plus durable soit en tôle vernissée, soit en faïence ou terre à poêle émaillée, en se conformant aux autres dispositions du présent décret, sur la cou-[1] leur des numéros et la hauteur à laquelle ils doivent être placés [1].

En somme, c'était là, sauf de légers perfectionnements, le système actuel. Il reçut son exécution dès l'année suivante, car l'architecte Vaudoyer écrivait dans son *Journal*, à la date du 1ᵉʳ vendémiaire an XIV : « Le préfet du département fait numéroter toutes les maisons de Paris. Les numéros sont peints à l'huile, avec clous, fonds et lettres ombrées. Le tout a été adjugé au rabais en quatre parties. Une a été adjugée à dix-neuf centimes chaque numérotage; une autre, vingt centimes; une autre, vingt-et-un centimes; une autre, vingt-trois centimes. Les nombres sont tous pairs à droite en partant du centre, et impairs à

---

[1] J.-B. Duvergier, *Collection des lois, décrets*, etc., t XXIV, p. 336.

gauche des rues. Ils sont rouges du nord au midy, ils sont noirs du levant au couchant. »

Le défaut d'unité dans le choix des plaques qui remplacèrent peu à peu la peinture sur les murs, aussi la multiplicité des constructions nouvelles finirent par rendre indispensable un remaniement général. Le 28 janvier 1847, M. de Rambuteau prescrivit le renouvelle-ment complet du numérotage. La Ville en fit encore les frais; mais, cette fois, elle adopta l'emploi uniforme et exclusif de plaques en porcelaine émaillée, à numéros blancs sur un fond bleu, sans varier la couleur d'après la direction des rues.

SUR L'EMPLOI

DES MOTS MADAME ET MADEMOISELLE

Les femmes des chevaliers portent le titre de Madame, les femmes des écuyers celui de Mademoiselle. — Pour les femmes non mariées, le titre de Madame désigne celles du plus haut rang. — Ces principes n'ont encore subi aucune atteinte au seizième siècle. — Témoignage de Brantôme, d'Olivier de la Marche, de Bonaventure Despériers. — Au dix-septième siècle, le mot Mademoiselle appartient à la petite noblesse et à la haute bourgeoisie. — Femme devenue demoiselle par la décollation. — La femme de Georges Dandin. — Madame de Sotenville et mademoiselle Molière. — Emploi des mots Madame et Dame suivis d'un nom propre ou d'un qualificatif.

Toutes ces distinctions tendent à s'effacer. — Toutes les femmes veulent être appelées Madame. — Citations de Boursault, de Tallemant des Réaux, de Gui Patin. — Madame et mademoiselle Racine. — Doit-on dire : ma femme ou madame X? — Le dictionnaire de Furetière constate et accepte les faits accomplis. — Le mot Demoiselle désigne les femmes non mariées. — Le mot Mademoiselle exclu de la poésie. — Le mot Madame au théâtre : Madame Chimène, madame Cléopâtre, madame Andromaque, madame Phèdre, madame Athalie, etc. — Satire de d'Hénissart contre les bourgeoises qui se font appeler Madame. — Les mots Madame et Mademoiselle au dix-huitième siècle. — L'étiquette de la Cour. — Titre donné à la reine. — Différence entre le mot madame employé seul et ce mot suivi d'un prénom.

Titre donné aux filles légitimées de Louis XIV, à la belle-sœur et aux petites-filles du roi. — La fille aînée du Dauphin. — Les nièces du roi. — La fille aînée du frère du roi, etc.

Pendant plusieurs siècles, les mots Dame et Madame désignèrent les femmes des chevaliers, celles des écuyers étaient dites seulement Damoiselle et Mademoiselle [1]. Ainsi, Françoise d'Anjou, comtesse de Dammartin et issue des rois de Sicile, étant devenue veuve avant que son mari eût été fait chevalier, ne fut jamais appelée que Mademoiselle. Si l'on trouve qualifiées de Madame quelques femmes d'écuyers, c'est qu'elles étaient veuves en premières noces d'un chevalier : celui-ci « leur avoit communiqué le caractère de la chevalerie, qui est ineffaçable [2]. » Toutefois, les titres de Dame et Madame, bien qu'ils dussent suffisamment prouver à eux seuls la noblesse des femmes qui le portaient, étaient souvent acoompagnés d'épithètes destinées à en confirmer le sens [3]. Une ordonnance d'août 1343 mentionne « noble Dame, madame Béa-

[1] Voy. La Curne de Sainte-Palaye, *Mémoire sur l'ancienne chevalerie*, édit. de 1773, p. 192.

[2] Le Laboureur, *Histoire de la pairie de France*, édit. de 1740, p. 317.

[3] Voy. La Curne de Sainte-Palaye, *Dictionnaire de l'ancien langage françois*, aux mots Dame, Demoiselle, Madame et Mademoiselle.

trix de Saint-Paul, dame de Neelle; noble Demoiselle, mademoiselle de Rayneval[1], etc.

Quant aux femmes non mariées, le titre de Madame paraît avoir été l'apanage des personnes du plus haut rang. C'est ce qui explique pourquoi on l'appliquait à la Vierge[2], que l'on nommait madame Marie, madame la Vierge, Notre Dame, etc., et aux saintes, dites alors madame sainte Geneviève, madame sainte Catherine, etc. Pour la même raison, c'était le seul titre que l'on donnât à la reine, et les amants célébraient toujours la dame, non la demoiselle de leurs pensées.

Ces règles générales comportaient dans la pratique une foule d'exceptions, mais leur principe n'avait encore reçu aucune atteinte sérieuse au seizième siècle. En voici une preuve. Vers 1544, François Ier ayant conféré le collier de Saint-Michel à Gui XVII, comte de Laval, le nouveau chevalier s'empressa d'écrire à sa femme pour lui raconter en détail toute la cérémonie, et il termina sa lettre en lui rappelant que dorénavant elle pouvait se faire appeler Madame. Brantôme semble faire allusion à cette circons-

---

[1] *Ordonn. royales*, t. II, p. 208.
[2] L'on disait aussi messire Dieu.

tance quand il écrit : L'on courait à une bataille « comme à un jubilé, l'un pour gaigner
le salut de son âme, l'autre pour gaigner
l'honneur de chevalerie et faire appeler sa
femme Madame [1]. » Écoutez aussi Olivier
de la Marche : « Il y a une coustume en
France, de toute ancienneté observée, que
l'on y appelle les damoyselles du tiltre de Madame quand leurs marys sont honorez du
grade de chevalerie [2]. » Bonaventure Despériers, qui avait un jour osé traiter la reine
Marguerite, non de Dame, mais de Damoy-
selle, dut fort s'en excuser. Lui même l'avoue :

> Puisque c'est pis que sacrilège
> L'un de ces motz pour l'autre eslire [3].

Au dix-septième siècle, les expressions employées pour désigner les femmes se classent
dans cet ordre. On appelle :

MADAME, les femmes de la haute noblesse.
« Il me semble, écrit Mathieu de Montreuil,
que je vois une Nanon ou une Catos à qui il
est arrivé quelque heureuse aventure, et qui se
fait appeler Madame gros comme le bras [4]. »

---

[1] *OEuvres*, t. IV, p. 312.
[2] *Mémoires*, édit. Michaud, p. 105.
[3] *OEuvres*, édit. elzév., t. I, p. 157.
[4] *Lettres*, édit. de 1680, p. 288.

C'est donc toujours le titre d'honneur par excellence. Dans *L'amour médecin*, Lisette dit à Lucinde, fille de Sganarelle : « Mais d'où vient, madame, que jusqu'ici vous m'avez caché votre mal[1] ? »

MADEMOISELLE, les femmes appartenant à la petite noblesse et à la haute bourgeoisie. Loret rapporte en 1659 qu'une marchande ayant été condamnée à être pendue, le bourreau tira si bien sur elle que la tête finit par se détacher du tronc ; en réalité, la coupable subit ainsi la décollation, supplice réservé à la noblesse. D'où cette réflexion du gazetier :

> Cette chétive créature
> N'étoit que de naissance obscure.
>
> . . . .
>
> On pourroit pourtant dire d'elle
> Qu'elle mourût en Demoiselle,
> Car le bourreau par ses efforts
> Luy sépara le chef du corps[2].

En 1668, le pauvre Georges Dandin regrettant de s'être allié aux de Sotenville, s'écrie : « Ah ! qu'une femme Demoiselle est une étrange affaire, et que mon mariage est une leçon bien parlante à tous les paysans qui veu-

---

[1] Acte I, scène 4. Pièce jouée en 1665.
[2] *Muze historique*, n° du 25 octobre 1659, édit. Livet, t. III, p. 120.

lent s'élever au dessus de leur position [1] ! »
Et encore : « Eh bien, Georges Dandin, vous
voyez de quel air votre femme vous traite.
Voilà ce que c'est que d'avoir voulu épouser
une Demoiselle ; la gentilhommerie vous tient
les bras liés [2]. » Au reste, sa belle-mère ne
laisse échapper aucune occasion de lui répéter : « Souvenez-vous que vous avez épousé
une Demoiselle [3]. »

Remarquons toutefois, que dans cette même
pièce, ladite belle-mère, quoique de fort mince
noblesse, est toujours nommée madame de
Sotenville, et que, dès 1663, Molière appelait
sa femme mademoiselle Molière [4].

Le plaignant d'une cause curieuse, plaidée
en 1684, disait à ses juges : « Je suis né
gentilhomme ; il y a eu des charges dans ma
maison, et les gens de mon nom se sont alliés
à des Demoiselles [5]. » D'Ouville raconte l'histoire d'un paysan qui, menacé d'un procès,
« fut à la ville pour consulter sa cause à un
avocat. Il fut pour le trouver chez luy, mais il

[1] Acte I, scène 1.
[2] Acte I, scène 3.
[3] Acte II, scène 9.
[4] Voy. *L'impromptu de Versailles.*
[5] Dans Robert Estienne, *Causes amusantes et connues,*
édit. de 1749, t. II, p. 35.

n'y étoit pas pour l'heure, et ne trouva que
mademoiselle sa femme[1]. »

A condition qu'ils ne fussent pas employés
seuls, le titre de Madame, et plus souvent
celui de Dame, s'appliquaient aux femmes du
peuple. Montaigne, s'amusant à rechercher
« choses qui se tinssent par les deux bouts
extrèmes, » trouva le mot Sire et le mot
Dame, lesquels se donnent aux gens de la
plus basse classe, quoique l'un désigne le
chef de l'État et l'autre les femmes de la plus
haute qualité[2]. Le 11 octobre 1605, Indret,
attaché à la personne du Dauphin[3], lui raconte qu'il arrive de la foire Saint-Germain,
où il a rencontré madame Briant, marchande
de drap. « Pourquoi l'appelle-t-on Madame? »
demande le Dauphin. Et Indret lui répond :
« Monsieur, on les appelle ainsi à Paris[4]. »
La comédie d'*Alison*, écrite en 1637, est
dédiée à « mesdames les beurrières de Paris[5]. »

Les distinctions que je viens d'établir ten-

---

[1] *Élite des contes*, édit. de 1883, t. I. p. 70.

[2] « Les femmes de qualité, on les nomme Dames, les
moyennes Damoiselles, et Dames encore celles de la plus
basse marche. » *Essais*, livre I, chap. 54.

[3] Devenu Louis XIII.

[4] Héroard, *Journal de Louis XIII*, t. I, p. 155.

[5] *Ancien théâtre français*, t. VIII, p. 398.

dirent vite à s'effacer. Dès le milieu du dix-
septième siècle, les moindres bourgeoises am-
bitionnent toutes la .qualification de Mademoiselle et même celle de Madame ; et comme
l'usage seul leur interdit de les prendre, elles
n'hésitent guère à s'en parer. De là naît
bientôt une confusion si complète entre les
rangs et les titres, que ces derniers perdent
toute signification précise et qu'aucune règle
ne préside plus à leur emploi.

Voici ce qu'écrivait, vers 1650, un fécond
romancier : « Avant ce siècle, on ne voyoit
point des femmes de secrétaires, .de procureurs, de notaires ou de marchands peu aisés
se faire nommer Madame. Ce n'est pourtant
pas là ce qui surprend, parce que la vanité et
l'ambition ridicule ont toujours été propres
aux femmes; mais ce qui étonne, c'est la
sotte complaisance de leurs maris de le
souffrir et de payer souvent cet excès bien
cher [1]. »

Le dictionnaire publié en 1685 par César
de Rochefort ne témoigne pas d'un moindre
désespoir : « Le nom de Madame est un nom
de dignité et d'honneur; cependant les plus

---

[1] Milliet de Challes, *Les illustres françoises*, édit. de 1748,
t. I, préface, p. XII.

petites bourgeoises se font appeler Madame :
elles veulent toutes cette qualité. On com-
mence par les domestiques de la maison à se
faire donner ce titre, les parens ensuite l'au-
torisent, et par un malheur extrême, de cette
peste il s'en fait une contagion parmy le
public [1]. »

Écoutons maintenant les auteurs drama-
tiques.

Dans une comédie que je citais tout à
l'heure, un bon bourgeois, M. Karolu, dit à la
vieille Alison, qu'il désire épouser :

Il faut premièrement changer de qualité.
Il faut que désormais vous soyez Damoiselle.
Mais, parce que Madame a l'emphase plus belle,
Il vous faut appeler, s'il vous semble à propos,
Madame Karolu ou de la Sausse-au-Ros :
C'est un bon fief que j'ay proche de Bourg-la-Reine [2].

Dans *Les mots à la mode,* comédie de Boursault jouée en 1694, la femme d'un orfèvre,
M. Josse, est appelée « ma sœur » par son
frère, l'avocat Brice. Elle l'en reprend aigre-
ment :

. . . . Avez-vous peur
Que l'on ne sache pas que je suis votre sœur?

---

[1] *Dictionnaire général et curieux de la langue françoise,*
p. 385.

[2] Acte II, scène 2.

A qui plus justement voulez-vous qu'appartienne
Le titre de Madame?

M. BRICE.

Oh! qu'à cela ne tienne.
C'est un titre abusif que tant de femmes ont
Qu'il ne fait plus d'honneur à celles qui le sont.
On traite également, tant on rend de justice,
Et la femme d'un duc et celle de son suisse;
Et l'on distingue à peine en un même quartier
Celle d'un président de celle d'un huissier.
Jadis un conseiller défendoit à sa femme
De souffrir que ses gens l'appelassent Madame,
Et le clerc de son clerc, moins scrupuleux que lui,
Trouve bon que la sienne ait ce titre aujourd'hui[1].

On ne s'en tint pas là, et de cette époque
date une innovation dont nous subissons
encore la loi. Un mari parlant de sa femme
cesse de la désigner ainsi et fait précéder
son nom de famille du mot Madame. Haute-
roche n'a pas oublié ce ridicule dans ses
Bourgeoises de qualité, qui furent jouées en
1691 :

ANSELME.

Mais une bonne fois, écoutez bien cela,
Ma femme.

OLYMPE.

Le beau nom que vous me donnez-là.

ANSELME.

Comment vous appeler? N'êtes-vous pas ma femme?

[1] Acte I, scène 6.

OLYMPE.

Je vous nomme Monsieur, appelez-moi Madame.
Ma femme est si bourgeois !

ANSELME.

Que diable sommes-nous ?
Voilà l'entêtement qui produit tant de fous.
Chacun de qualité se pique, ose y prétendre.

OLYMPE.

On soutient ce qu'on est, pourquoi vouloir des-
[cendre ?

ANSELME.

Mais, mon père par vous dans les nobles rangé,
Qu'étoit-il que marchand [1] ?...

Ce fut Olympe qui l'emporta.

A peine l'académicien François de Callières
ose-t-il protester contre un usage que pourtant il condamne : « Je crois qu'il seroit plus
séant à un mari parlant de sa femme de l'appeler *ma femme*, suivant l'usage de nos pères
et d'une partie de ceux qui vivent encore
aujourd'huy, que de l'appeler toujours *Madame* en parlant d'elle en compagnie, selon
le nouvel usage introduit par les jeunes gens.
Mais il est présentement trop établi pour espé-
rer de le changer. Il a commencé à s'intro-
duire par des gens d'une si grande qualité

---

[1] Acte II, scène 6.

qu'on ne pouvoit les blâmer d'en user ainsi.
Ceux d'un rang un peu au-dessous ont crû être
en droit de les imiter, et cet usage a enfin
descendu par degrés depuis le prince jusqu'au
marchand du Palais, qui dit aussi madame
Laigu, madame le Gras, et ainsi des autres,
en parlant de leurs femmes [1]. »

Lesdites femmes ne cédaient pas plus sur
ce point que sur les autres. Elles laissaient
dire, et continuaient tranquillement leurs
usurpations, au milieu desquelles on s'em-
brouille de plus en plus.

Tallemant des Réaux n'hésite pas à qualifier
de Madame les femmes de tous les magistrats [2]. Gui Patin écrit à son ami, le médecin
Charles Spon : « Nous buvons à votre santé
comme à celle de mademoiselle votre femme. [3] »
D'un autre côté, Somaize dédie sa comédie des
Précieuses ridicules à « mademoiselle Marie
de Mancini, » grande dame s'il en fut, puisqu'elle était nièce de Mazarin et qu'il la déclare
« autant au-dessus du commun par son mérite

[1] *Des mots à la mode et des nouvelles façons de parler*,
édit. de 1693, p. 252.

[2] Madame Pilou, femme d'un procureur au Châtelet. Madame Coulon, madame Lescalopier, femmes de conseillers au
Parlement, etc.

[3] *Lettre* du 10 mars 1654, t. II, p. 122.

qu'elle l'est déjà par le rang que lui donne sa naissance[1]. » Pour comble de désordre, nous voyons Racine appeler sa sœur Madame pendant qu'elle reste fille [2], et Mademoiselle après qu'elle a épousé le médecin Rivière [3].

C'est à ce moment que parut le grand dictionnaire de Furetière, qui se décida à accepter les faits accomplis. Voici donc quel était l'état de la question vers 1688 :

MADAME. Titre d'honneur qu'on donne en parlant ou en écrivant aux femmes de qualité, comme princesses, duchesses et autres femmes de gens titrés ou de gentilshommes.

On le dit aussi des femmes des magistrats et de ceux qui sont dans les premiers emplois de la robe.

Madame se dit absolument de la maîtresse d'une maison, surtout à l'égard des valets et des domestiques : Voilà madame qui heurte, madame veut que cela soit ainsi, laquais de monsieur, laquais de madame.

Madame se dit encore en parlant des femmes roturières et bourgeoises. Elles sont séparées des dames de qualité par le rang des Demoiselles, qui est entre elles deux.

---

[1] Ch. Livet, *Dictionnaire des précieuses*, t. II, p. 41.
[2] « A madame, madame Marie Racine.
[3] « A mademoiselle, mademoiselle Rivière, à la Ferté-Milon. » Voy. Racine, *OEuvres*, édit. P. Mesnard, t. VI, p. 374, 376, 517 et suiv.

On appelle aussi les filles de basse condition Madame, en y joignant leur nom : madame Marie, madame Margot; et l'abus a crû à tel point que les servantes se veulent faire appeler Madame.

MADEMOISELLE. Titre d'honneur qu'on donne aux filles et aux femmes des simples gentilshommes, qui est entre la Madame bourgeoise et la Madame de qualité.

Un de nos poëtes s'est servi du mot de Mademoiselle dans une comédie. En quoi il n'est pas à imiter. Il faut se servir de Madame, sans distinction de fille ou de femme. Mademoiselle n'entre pas dans la poësie.

Mademoiselle est aussi un nom qu'on donne à toutes les filles qui ne sont point mariées, pourvu qu'elles ne soient pas de la lie du peuple ou filles d'artisans.

L'Académie française allait mentionner cette dernière acception dans son *Dictionnaire*[1] : « Le mot Demoiselle est un titre commun à toutes les filles de condition, et par lequel on les distingue des femmes mariées. »

De fait, on peut affirmer que, vers la fin du dix-septième siècle et en dépit des protestations, les mots Madame et Mademoiselle s'employaient dans le même sens qu'aujourd'hui.

Mais, comme on vient de le voir, le mot Mademoiselle n'était pas admis dans la poésie.

---

[1] En 1694, première édition.

Aussi les poètes attribuaient-ils le titre de Madame aux femmes et aux filles de toutes les conditions, de tous les pays et de tous les temps [1].

Nérine le donnait à Médée [2].
Don Sanche à Chimène [3].
Polyeucte à Pauline [4].
Achorée à Cléopâtre [5].
Phocas à Pulchérie [6].
Persée à Cassiope [7].
Sertorius à Viriate [8].
Marinette et Éraste à Lucile [9].
Clitandre à Henriette et à Armande [10].
Trissotin à Philaminte [11].
Antigone et Étéocle à Jocaste [12].

[1] Je cite ici, pour chaque nom, un passage pris au hasard dans la pièce.

[2] *Médée*, 1635, acte I, sc. 5.

[3] *Le Cid*, 1635, acte III, sc. 2.

[4] *Polyeucte*, 1640, acte IV, sc. 3.

[5] *Pompée*, 1641, acte II, sc. 2.

[6] *Héraclius*, 1647, acte I, sc. 2.

[7] *Andromède*, 1650, acte I, sc. 1.

[8] *Sertorius*, 1662, acte IV, sc. 2.

[9] *Le dépit amoureux*, 1654, acte II, sc. 4, et acte IV, sc. 3.

[10] *Les femmes savantes*, 1672, acte I, sc. 3, et acte IV, sc. 2.

[11] *Ibid*, acte III, sc. 4.

Dans *le malade imaginaire* (1673) Thomas Diafoirus appelle toujours Angélique Mademoiselle, et Cléante parlant d'elle à Argant dit : « Mademoiselle votre fille. » (Acte II, sc. 3.)

[12] *La Thébaïde*, 1664, acte 1, sc. 2 et 3

Pyrrhus à Andromaque[1].
Bajazet à Roxane[2].
Xipharès à Monime[3].
Ænone à Phèdre[4].
Joas à Athalie[5].

    Etc., etc., etc.

Et ces expressions, madame Chimène, madame Cléopâtre, madame Andromaque, madame Phèdre, madame Athalie, ne paraissaient alors choquer personne[6]. Pas plus, d'ailleurs que le costume des artistes en scène, car il faut se souvenir que la Champmeslé, par exemple, jouait les rôles d'Iphigénie, de Monime et de Phèdre habillée comme madame de Montespan ou mademoiselle de Fontanges.

En 1713, un sieur d'Hénissart publia, sur le sujet qui nous occupe, un gros volume dont le titre attractif est fort trompeur. Le voici en entier : *Satyres sur les femmes bourgeoises qui se font appeler Madame. Avec une distinction qui sépare les véritables d'avec celles qui ne le sont que par le caprice de la fortune, la bizarrerie et la vanité du siècle.* Le tout développé en 492 pages

---

[1] *Andromaque*, 1667, acte I, sc. 4.
[2] *Bajazet*, 1672, acte II, sc. I.
[3] *Mithridate*, 1673, acte I, sc. 2.
[4] *Phèdre*, 1677, acte I, sc. 3.
[5] *Athalie*, 1691, acte II, sc. 7.
[6] Voy. pourtant S. Mercier, *Tableau de Paris*, t. V p. 50.

représentant environ douze mille mauvais vers dont il n'y a pas grand'chose à tirer. La première satire est intitulée : « L'origine de la première ambition des femmes. » J'en détache une vingtaine de vers, qui suffiront pour donner une idée du reste :

Pourquoi donc vous parer d'une robe étrangère,
Et d'une fausse gloire emprunter la lumière,
Vous qui n'avez dans l'âme et dans ses mouvemens
Que bassesse d'esprit et grossiers sentimens?
Lorsque dans votre cœur ce vain désir s'enflamme,
La fureur à l'instant vous prend d'être Madame,
De vous faire porter par un fort grand valet
La robe détroussée, avec le tabouret.
De ce désir ardent nuit et jour enflammée,
Vous voulez, quoi qu'on dise, être Dame damée.
Ne vous y trompez pas, une dame à Paris
Prise sur ce ton là n'est pas d'un fort grand prix.
L'on ne sépare point dame Anne la beurrière,
Dame Jeanne du coin, Perrette l'harangère
D'avec ces Dames-là, qui sans comparaison
S'appellent à la Cour Madame au chaperon.
Mais pour qu'à l'avenir aucun ne les confonde,
De ces distinctions instruisons tout le monde.

Aucune des satires suivantes [1] ne revient

[1] Voici le titre de quelques-unes : Que la noblesse des femmes doit estre dans leurs vertus. — Comme la fausse gloire s'est mise dans l'esprit des femmes. — Que la vanité des femmes vient souvent de la gloire ou de l'ignorance des hommes. — Que la mauvaise conduite des hommes est sou-

sur ce point. Mais la page que j'ai citée réclame quelques éclaircissements. L'on nommait *dame damée* toute fille noble, toute demoiselle officiellement présentée à la cour et que le roi avait, fût-ce par erreur, appelée Madame. Une *dame à tabouret* ou *à carreau* était la noble dame qui avait le droit de faire porter pour elle un tabouret ou un coussin à l'église, au temps où les sièges y étaient encore rares. Les mots *dame à chaperon* désignaient une bourgeoise, cette coiffure n'ayant plus été portée que par la bourgeoisie à dater du dix-septième siècle [1].

Comme je l'ai dit, l'emploi des mots Madame et Mademoiselle était une question résolue dans le sens actuel depuis le règne de Louis XIV. Mais les récriminations contre les empiètements de la bourgeoisie ne s'en suc-

---

vent cause de celle des femmes. — Précautions des filles contre les disgrâces de l'amour. Avec l'histoire de la belle aux deux amans, les conseils de la sage-femme et les avis salutaires du docteur en amour. — Histoire de deux femmes en brouette qui se rencontrent dans une petite rue et qui, pour le point d'honneur, ne veulent point reculer. — Histoire d'un plaideur qui trompa son juge par l'artifice des sollicitations d'une belle femme. — Les aventures du coche d'eau de Fontainebleau. — La description des Thuilleries, avec le caractère des petits-maistres et la peinture qu'ils font des belles qui reviennent de la Cour.

[1] Voy. *Les magasins de nouveautés*, t. III, p. 179.

cédaient moins, et ils se reproduisaient encore cent ans plus tard. J'en citerai deux exemples. On lit dans le Dictionnaire de Richelet, édition donnée en 1719 [1] :

MADAME. Quelques flatteurs du siècle donnent sottement la qualité de Dame damée à quelques femmes de riches commis ou partisans [2] de nulle naissance ; mais c'est un abus que le Roi corrigera par un bel édit quand tel sera son plaisir.

MADEMOISELLE. On appelle parfois de ce nom une femme ou une fille qui est belle et bien mise, ou qui paraît riche ; mais c'est un abus que l'amour et la flatterie ont introduit.

Je recueille enfin les lignes suivantes dans une sorte de *Civilité* publiée en 1741 [3] :

Le titre de Madame a été usurpé depuis quelque tems par un très grand nombre de personnes du sexe, qui n'y avoient point de prétention légitime. Il n'appartient qu'aux femmes des nobles ; mais il ne faut pas fâcher les autres qui s'y sont accoutumées, en le leur refusant mal à propos, et ce sera toujours mal à propos qu'on le leur refusera quand on ne sera pas d'un rang plus relevé. Cette usurpation est un des moindres désordres que la vanité a causés. Il y a des villes où cet abus est moins commun

---

[1] *Le nouveau dictionnaire françois contenant,* etc. 2 vol. in-folio.

[2] Financiers.

[3] *Le nouveau secrétaire de la Cour, ou lettres familières sur toutes sortes de sujets...,* p. 517.

qu'en d'autres, mais il n'est dans aucun lieu du monde aussi général qu'à Paris.

Lorsqu'il s'agissait des membres de la famille royale, les règles fort compliquées relatives à l'emploi des mots Madame et Mademoiselle étaient fixées avec précision par le cérémonial. Dans ce milieu, elles ont le mérite de n'avoir guère varié. Je vais m'efforcer d'établir clairement quelle était à cet égard l'étiquette de la Cour de France.

Jusqu'à la Révolution, les personnes, les princesses même, qui avaient l'honneur de parler à la reine la nommaient Madame, et continuaient en se servant des mots : Votre majesté. En parlant d'elle, l'on disait d'abord la reine, puis Sa majesté. Les lettres qui lui étaient adressées devaient porter pour suscription : « A la Reine, ma souveraine dame. »

Le titre de Madame appartenait encore aux filles, aux sœurs et aux belles-sœurs du roi.

Les filles ne possédant point d'apanage faisaient suivre le mot Madame de leur prénom seulement. Par exemple, les filles de Louis XV étaient dites madame Adélaïde, madame Louise, madame Sophie, madame Victoire. La

fille aînée prenait le titre de Madame royale :
c'est ainsi que l'on désignait Marie-Thérèse-
Charlotte de France, fille aînée de Louis XVI,
celle qui épousa le duc d'Angoulême.

Je rappelle que Napoléon donna à sa mère
titre de Madame mère.

Les filles naturelles légitimées de Louis XIV
eurent seulement le nom de Mademoiselle.
Les trois filles que lui donna madame de Montespan sont : Louise-Françoise de Bourbon,
dite mademoiselle de Nantes ; Louise-Marie
de Bourbon, dite mademoiselle de Tours ;
Françoise-Marie de Bourbon, dite mademoiselle de Blois.

La belle-sœur du roi avait droit au titre
de Madame. C'est celui que portèrent les
deux femmes qu'épousa Philippe, frère de
Louis XIV : Henriette d'Angleterre et la princesse Palatine.

Les petites-filles du roi se contentaient
d'être Mademoiselle. Madame Élisabeth,
petite-fille de Louis XV, ne prit le nom de
Madame qu'en devenant sœur du roi après
l'avènement de Louis XVI, son frère.

Toutefois, la fille aînée du Dauphin ou, s'il
n'y avait pas de Dauphin, la fille aînée la plus
rapprochée du trône, s'intitulait Madame dès

sa naissance, « pour l'asseurance de la couronne de leur père, » écrit du Tillet[1].

Les nièces du roi prenaient le titre de Mademoiselle, précédant le nom de leur apanage : mademoiselle d'Orléans, mademoiselle d'Alençon, mademoiselle de Valois, mademoiselle de Chartres étaient filles cadettes de Gaston, frère de Louis XIII.

A dater du dix-septième siècle, la fille aînée du frère du roi se fit appeler Mademoiselle tout court. La duchesse de Montpensier, fille aînée de Gaston, fut la première que l'on désigna ainsi. Mais la fille aînée de Philippe, frère de Louis XIV, était aussi et en même temps Mademoiselle tout court : la fille de Gaston, pour ne pas se voir confondue avec elle, fut désignée sous le nom de *la grande Mademoiselle.*

La duchesse de Berri, l'aînée des filles du Régent, petit-fils de Louis XIII et neveu de Louis XIV, fut nommée également Mademoiselle tout court, tandis que ses sœurs cadettes étaient mademoiselle de Valois, mademoiselle de Montpensier, mademoiselle de Beaujolais et mademoiselle de Chartres.

[1] *Recueil des roys de France,* édit. de 1607, p. 309.

LE PAIN BÉNIT. — LE VIATIQUE

Les origines. — Tableau de la cérémonie au seizième siècle. — Le pain bénit rendu par Henri IV après son sacre, par Louis XIII à l'âge de deux ans. — Sully entend le
prêche à Ablon, puis rend le pain bénit à Saint-Paul. —
Rite de cette cérémonie sous Louis XIII. — Sous Louis
XIV. Récit de Gui Patin. — On fait *l'essai* pour le roi,
non pour la reine. — Rôle de l'aumônier. — Le curé de
Passy et B. Franklin. — Dans les corporations ouvrières,
chaque maître doit à son tour rendre le pain bénit. —
Défense aux bourgeois de se faire représenter à l'église par
leurs servantes. — Carpentier de Marigny, son poème
sur le pain bénit. — Madame de Sévigné recommande ce
pamphlet à sa fille. — Protestations contre l'impôt du
pain bénit. — L'*Encyclopédie*. — Les curés restent intraitables. — Comment procédait l'Église. — Paroissiens
taxés par maisons et suivant leur fortune. — Les récal-
citrants poursuivis devant le Parlement. — La cérémonie
en 1782, d'après Sébastien Mercier. — Les corps constitués sont tenus de rendre le pain bénit. — La ville de
Paris. — Propriétés bienfaisantes attribuées au pain
bénit. — Le régime de la liberté.

Le viatique dans les rues de Paris. — Hommages qui lui
sont rendus. — Louis XV le rencontrant descend de carrosse et se met à genoux dans la boue. — Le viatique chez
les paroissiens opulents.

L'avocat Jean-Henri Marchand. — Son mémoire sur le
pain bénit. — Son pamphlet contre les billets de confession. — Son épigramme contre le pape Pie VI. — Sa
mort.

Aux premiers siècles du christianisme, tous
les fidèles présents dans le temple participaient
à la communion, à la distribution du pain
que le prêtre avait consacré. Mais il pouvait
se trouver parmi les assistants des gens indi-
gnes de prendre part à cette pieuse pratique,
aussi l'Église résolut-elle d'y admettre ceux-là
seulement qui s'y seraient préparés. Néanmoins, en souvenir de l'ancienne communion
générale, le clergé continua à partager entre
tous les fidèles un pain bénit à cette intention.

Avec le temps, ce pain fut converti en gâteaux, et chaque habitant de la paroisse dut, à
son tour, en faire les frais. Insignifiants d'abord,
des formalités accessoires les augmentèrent
peu à peu. La docilité des fidèles encouragea
l'avidité des curés, de sorte que la fourniture du
pain bénit finit par représenter une assez lourde
redevance et par soulever de nombreuses et
légitimes protestations.

La fervente piété du moyen âge semble
avoir accepté sans murmure une obligation
que l'Église ne rendait pas encore trop onéreuse. Mais la cérémonie, d'abord fort simple,
s'était déjà compliquée au seizième siècle.
Nous en possédons le tableau, tracé vers 1596
par un témoin oculaire, l'italien Francesco

Gregory d'Ierni, venu en France à la suite du nonce. Il écrit :

Le dimanche et aux grandes fêtes, deux ou trois paroissiens font faire chacun un pain de belle et bonne qualité, aussi grand que peut le porter un homme. Le prêtre bénit ces pains qui, à la grand'-messe, sont présentés à l'offrande, avec un cierge et un grand pot de vin. Puis à la sacristie, chaque prêtre et chanoine de l'église en prend une bonne tranche. Le reste, mis dans des paniers, est distribué aux paroissiens par petits morceaux : c'est un vieil usage français imité de la communion. Au moment où se célèbre la grand'messe, les dames parois-siennes qui ont donné les pains parcourent l'église en quêtant pour les pauvres dans de belles sébiles d'or : ce sont femmes de tout état, riches, nobles, jeunes, belles, mariées, filles [1].

Dès avril 1594, au jour de Pâques fleuries, Henri IV, qui avait été sacré le 25 février et avait reçu du pape l'absolution, rendit le pain bénit à Saint-Germain l'Auxerrois, sa paroisse. « En bon paroissien, dit le chroniqueur Les-toile [2], il assista tout du long à la proces-sion, tenant sa branche de rameau à la main comme les autres. » Sully, resté plus huguenot, s'arrangeait pour contenter tout le monde : le

---

[1] *Bulletin de la société de l'histoire de Paris*, 12ᵉ année (1885), p. 167.

[2] *Journal de Henri IV*, 3 avril 1594.

dimanche de Pâques de l'année 1604, il alla
faire ses dévotions au temple protestant d'A-
blon, et le même jour, rendit le pain bénit à
l'église Saint-Paul, sa paroisse[1].

Le petit Louis XIII, à peine âgé de deux
ans, imitait déjà son père. Seulement, en raison de son jeune âge il opérait à domicile, et
non sans danger parfois pour les assistants.
Son médecin Héroard écrivait le 8 septembre
1602 : « On porte le pain bénit au Dauphin.
Il tenoit le goupillon; fait ses affaires à crou-
peton sur le tapis : le goupillon qu'il tenoit s'y
mêle, et si l'aumônier n'y eut pris garde, en
donnant de l'eau bénite, il en eût donné[2]. »

L'aumônier de Henri IV et de Louis XIII
nous a tracé une esquisse de la pompe qui
accompagnait alors cette solennité. Le contrôleur général de la maison royale comman-
dait trois énormes pains que l'on ornait de
de vingt-cinq banderolles de satin bleu aux
armes du roi. Chacun de ces pains était porté
par deux gardes-suisses qu'entouraient de
nombreux hallebardiers, et le cortège sortait
du Louvre, tambours battants et fifres son-
nants. Le cierge du roi pesait douze livres et

---

[1] *Journal de Henri IV*, 11 avril 1604.
[2] *Journal de Louis XIII*, t. I, p. 34.

était garni de treize écus d'or, représentant l'aumône du souverain. Au moment de l'offrande, les tambours recommençaient à battre et les fifres à sonner [1]. Gui Patin ayant assisté à la grand'messe de Saint-Germain-l'Auxerrois un jour où Louis XIV avait rendu le pain bénit, se sentit ému surtout par le vacarme dont on honora le roi. Il écrivait, le 10 avril 1665, à son ami Falconet : « J'ai vu et entendu force tambours, fifres, clairons et trompettes. Je pense que cela a pu servir à augmenter la dévotion de quelques-uns ; mais pour moi, cela ne m'a fait ni bien ni mal, hormis que cela m'a étourdi pour un peu de temps. Il me sembloit que j'étois en Jérusalem, du temps de Salomon, et que je voyois toutes les cérémonies de la loi de Moïse... Je n'aime point tant de cérémonies, que les plus fins ont inventées pour les plus simples : ce sont petites inventions pharisiennes [2]. » Patin était un sceptique.

On faisait l'essai [3] du pain avant de le donner au roi, mais cette formalité n'était pas

[1] G. du Peyrat, *Histoire ecclésiastique de la Cour de France*, 1645, in-folio, p. 743.

[2] Édit. Réveillé-Parise, t. III, p. 523.

[3] Voy. *Les repas*, p. 21 et suiv.

observée pour la reine[1]. Chaque dimanche,
à la messe du roi, l'on offrait le pain bénit.
Le grand aumônier le présentait à Sa Majesté,
puis à la reine, puis aux fils, filles, petits-fils
et petites-filles de France. Les princes et
princesses du sang le recevaient des mains de
l'aumônier de quartier[2].

Pendant son séjour en France, Franklin,
qui habitait Passy, désira rendre le pain bénit.
En sa qualité d'étranger, il eût pu s'en dis-
penser, mais il se promettait de cette fête un
grand plaisir. Il voulait commander treize
brioches représentant les treize états de l'Amé-
rique, et comptait placer sur chacune d'elles
une banderolle dont la première eut porté le
le mot *Liberté*. Le curé trouva l'inscription
de mauvais goût, et il semble bien que Franklin ne put donner suite à son projet[3].

Dans presque toutes les corporations ouvrières, un article spécial des statuts avait été
consacré au pain bénit[4], qui était dû tour à

---

[1] Duc de Luynes, *Mémoires*, 4 septembre 1737, t. I,
p. 345.

[2] Duc de Luynes, 5 mars 1744, t. V, p. 352. — Voy.
encore t. IX, p. 82, et t. XI, p. 205.

[3] *Mémoires secrets*, dits de Bachaumont, 10 janvier 1778,
t. XI, p. 59.

[4] Postérieurement au treizième siècle, car on n'en trouve
pas trace dans le *Livre des métiers*.

tour par chaque maître. La communauté des pauvres pêcheurs en eau douce n'en était pas même exempte[1]. La formule employée par les statuts ne varie guère : « Les maîtres du métier, disent les brodeurs, seront unis en confrairie sous la protection de saint Clair, leur patron, et de la Purification de la Vierge. Ils payeront dix sols pour chacune des fêtes, et rendront le pain bénit suivant l'ordre du tableau[2]. » Les charcutiers s'expriment ainsi : « Seront tenus les maîtres et veuves de maître[3] de rendre un pain bénit les jours de fêtes de la Vierge, chacun à son tour, suivant leur réception[4]. » On n'admettait pas d'excuse, et toute résistance était punie d'une amende. Les tabletiers l'avaient fixée à dix livres : « Voulons que les maîtres reçus ou mariés dans le courant de l'année, rendent le pain à bénir le jour de saint Hildevert[5], et que tous les maîtres et veuves de maître le rendent le

---

[1] Statuts de 1515, art. 2.

[2] Statuts de 1704, art. 2. — Il est question ici de la liste des maîtres composant la communauté. Elle était en général dressée par ordre chronologique de réceptions. Voy. ci-dessus, p. 21 et suiv.

[3] Les veuves de maître étaient autorisées à continuer le métier de leur mari.

[4] Statuts de 1745, art. 20.

[5] Patron de la communauté.

jour de Notre-Dame de Pitié, à peine de dix
livres d'amende [1]. » En 1721, quelques fourbisseurs ayant refusé de s'exécuter, un arrêt
du Parlement les condamna à trente livres
d'amende [2].

Le Parlement et l'Église n'admettaient pas
que, tout en payant, l'on pût se soustraire
aux obligations qui s'associaient à cette redevance. Des arrêts rendus le 26 mars 1699, le
25 mai 1641, le 23 décembre 1671 sta-
tuaient que « tous bourgeois, marchans et artisans seront tenus de faire faire par leurs
femmes ou filles, s'ils en ont, sinon par des
personnes de condition égale à la leur, les
quêtes accoutumées des paroisses lorsqu'ils y
rendent les pains bénits, avec défenses d'y
envoyer leurs servantes, à peine de dix livres
d'amende applicables aux pauvres [3]. »

La mauvaise volonté, les résistances même
devenues chaque jour plus nombreuses, trouvèrent un écho dans la verve d'un ecclésiastique fort mondain, qui se compromit parfois
en de peu édifiantes aventures. Jacques Car-

---

[1] Statuts de 1741, art. 25.

[2] Voy. J. Brillon, *Dictionnaire des arrêts*, t. V, p. 3.

[3] Dans P. Néron, *Édits et ordonnances royaux*, t. II,
p. 769.

pentier de Marigny, à qui un canonicat permettait l'existence facile, prit une part active aux troubles de la Fronde et, resté le favori du cardinal de Retz, finit par être admis à la Cour, qu'il égayait par ses satires et ses folies. En 1673, les marguilliers de l'église Saint-Paul l'ayant désigné pour rendre le pain bénit, il répondit à cette invitation par un pamphlet[1] que j'aurais passé sous silence s'il n'abondait en détails curieux et en traits de mœurs. Je supprime tout le début, qui ne contient guère que de plates railleries à l'adresse des marguilliers de Saint-Paul. L'auteur poursuit ainsi :

> Selon vous autres désormais,
> Si vos bedeaux dans votre église
> Ne marchent courbés sous le faix
> D'un pain bien large et bien épais,
> Bien étoffé de beurre frais,
> Une offrande n'est pas de mise.
>
> Encor ne pouvez-vous souffrir
> Que le pain que l'on doit offrir
> S'achète ailleurs qu'en la boutique
> De Flechenes[2] qui, pour l'argent,

---

[1] *Le pain bénit de Monsieur l'abbé de Marigny*. In-12.
[2] Blégny, dans la première édition de son *Livre commode* le nomme Flechmer. Il était établi rue Saint-Antoine, près de l'église Saint-Paul : « Il fait, écrit Blégny, un grand débit de

Afin d'avoir votre pratique,
Se qualifie effrontément
De pâtissier de la Fabrique.

Que son pain soit grand ou petit,
Il est selon votre appétit
S'il vous donne une paraguante[1].
Et s'il fait bien boire Regnaut[2],
Votre fabrique est fort contente :
L'offrande est faite comme il faut.

L'avarice et la gourmandise
En font la distribution,
Qui, selon l'institution,
Se doit faire à toute l'Église.
L'on en coupe d'abord pour vous,
Pour vos gens, et pour le potage
Que l'on fait dans votre ménage
Et celui de Robert Piloux.

Il en faut pour tous vos confrères,
Aussi bien que pour vos commères,
Et pour tous vos petits garçons,
Pour Vendôme, le commissaire
Des gadouars et des maçons.

Après, il faut que la bedaine
Des ventres bénis des bedeaux
Le dimanche en soit toute pleine,
Et que, du reste des morceaux

fines brioches, que les dames prennent chez lui en allant au cours de Vincennes. » Page **27**.

[1] On dirait aujourd'hui : s'il vous fait une remise.
[2] Bedeau de la paroisse.

Ils se saoulent comme pourceaux
Les autres jours de la semaine.

. . . .

Le sieur Menant, un des marguilliers, se
dolente en ces termes :

A quoi bon d'être marguillier
Si l'on ne vit de la Fabrique?
Les pains bénits sont rétrécis,
Tous les jours on les diminue.
De beurre ils ne sont plus farcis;
Nous en sommes trop éclaircis!
Et si la chose continue,
L'œuvre périra dans nos mains.
J'en prévois la déconvenue.

. . . .

Jadis les chanteaux des cousins
Dans nos maisons servoient de miches,
Nous en fournissions nos voisins.
Maintenant l'on nous fait des niches;
Les principaux et les plus riches,
Inspirés par quelque Satan,
Deviennent si malins, si chiches
Qu'à peine voit-on dans un an
Quatre pains bénits à corniches.
J'en rougis, j'en suis tout confus.
Il faut réformer cet abus,
Faisant déclarer hérétiques
Ceux qui, dans les fêtes publiques,
Offriront des pains si petits.
Et pour moi je serois d'avis

Qu'on établit dans la Fabrique
Quelque mouleur [1] des pains bénits.

. . . .

Au cours de cette citation, j'ai eu soin d'omettre les inconvenances, les grossièretés, les injures dont Marigny émaille son pamphlet; il n'en eut pas moins grand succès, même à la Cour, puisque madame de Sévigné recommandait à sa fille la lecture de ce « petit ouvrage, » et lui prédisait qu'il « l'amuseroit fort [2]. »

La question fut reprise, avec plus de sérieux, par l'*Encyclopédie*, qui ne craignit pas de prêcher ouvertement la résistance aux prétentions du clergé :

Quel soulagement et quel épargne pour le public, si l'on retranchoit la distribution du pain béni [3]! C'est une dépense des plus inutiles, dépense néanmoins considérable et qui fait crier bien des gens. On dit que certains officiers des paroisses font sur cela de petites concussions, ignorées sans doute de la police, et que la loi n'ayant rien fixé là-dessus, ils rançonnent les citoyens impunément, selon qu'ils les trouvent plus ou moins faciles. Quoi qu'il en soit, il est démontré par un calcul exact que le

---

[1] Mesureur. — Sur les mouleurs de bois, voy. *La cuisine*, p. 222 et suiv.

[2] Lettre du 13 octobre 1673., t. III, p. 243.

[3] Sic.

pain béni coûte en France plusieurs millions par
an. Il n'est cependant d'aucune nécessité, il y a
même des contrées dans le royaume où l'on n'en
donne point du tout. En un mot, il ne porte pas
plus de bénédictions que l'eau qu'on employe pour
le bénir. Par conséquent, on pourroit s'en tenir à
l'eau, qui ne coûte rien, et supprimer la dépense
du pain béni comme onéreuse à bien du monde[1]...

On sait qu'il y a dans le royaume plus de quarante
mille paroisses où l'on distribue du pain béni, quelquefois même à deux grand'messes en un jour, sans
compter ceux des confréries, ceux des différens
corps des arts et du négoce. J'en ai vu fournir
vingt-deux pour une fête par les nouveaux maîtres
d'une communauté de Paris. On s'étonne qu'il y ait
tant de misère parmi nous; et moi, en voyant nos
extravagances et nos folies, je m'étonne qu'il n'y en
ait pas davantage [2]. »

En dépit de ces avertissements, les curés
continuaient à se montrer intraitables. Non
seulement ils imposaient à tout citoyen aisé
cette contribution, mais ils en fixaient très
arbitrairement le montant, et poursuivaient
devant les tribunaux ceux qui cherchaient à
s'y soustraire ou l'acquittaient avec parcimo-
nie. Le curieux mémoire qui va suivre nous
apprend cependant que, sur la paroisse Saint-

[1] Article *Épargne*, t. V, p. 748.
[2] Article *Pain béni* (et non *bénit*), t. XI, p. 751.

Roch, le tour de chaque habitant ne revenait guère avant neuf ans ; que les gens à fortune très modeste pouvaient s'en affranchir moyennant la somme de vingt-quatre livres versée aux marguilliers chargés de la convocation, mais que pour les autres, la dépense était d'environ cent livres, qui représentent bien deux cents francs d'aujourd'hui ; qu'en outre, l'Église procédait par maisons, et, sans trop tenir compte du nombre de ses locataires, la taxait suivant son apparence et sa valeur. Si la Fabrique rencontrait un refus, le récalcitrant recevait une sommation «juridique, » et s'il persévérait, l'affaire était portée devant le Parlement. En général, il autorisait la Fabrique à faire rendre le pain bénit au nom du condamné, mais d'après un tarif fixé par la Cour et qui paraît avoir varié, au dix-huitième siècle, entre dix et vingt livres.

Les protestants eux-mêmes étaient astreints à cette redevance; car, écrivait Sébastien Mercier vers 1782, « les curés soutiennent que, c'est une maxime reçue en France que tout Français est censé catholique. »

On devait rendre le pain bénit soi-même. Toutefois, en cas de maladie, l'Église avait fini par permettre qu'un domestique ou une servante vinssent porter l'oblation, tenir le cierge et baiser la patène. Dans la bourgeoisie, on chargeait très souvent de ce soin la femme du pâtissier qui avait fourni les gâteaux.

Les paroissiens riches étaient réservés pour les jours de fêtes solennelles. « Alors, ils mettent une sorte d'ostentation à se montrer généreux et magnifiques. Ils posent leurs armes sur de gros pains bénits, ils étalent leurs cordons fastueux devant les chantres et les acolytes. La large pièce frappe le bassin d'argent et retentit à l'oreille des spectateurs émerveillés. Le curé et les marguilliers s'inclinent, les suisses en gants blancs les précédent, des flambeaux de cire éclairent la pompe du spectacle. Ils ont dépensé cinquante louis pour ces pieuses futilités. Qu'en résulte-t-il? Les bedeaux, distributeurs discrets de ces fragmens consacrés, auront de quoi tremper leurs soupes pendant huit jours et pourront manger leurs potages au pain bénit [1]. »

J'ai à peine besoin de dire que les corps constitués n'étaient, pas plus que le roi, dispensés de rendre cet hommage à l'Église.

---

[1] *Tableau de Paris*, chap. 133, t. II, p. 90.

Ainsi, la ville de Paris offrait tous les ans le pain bénit à la chapelle du Louvre, le jour de la Saint-Louis; tous les trois ans, le jour de Pâques, à l'église Saint-Jean en Grève, sa paroisse; tous les cinq ans, à la chapelle des Tuileries, et tous les sept ans à l'hôpital du Saint-Esprit qui était situé place de Grève [1].

Suivant le R. P. Richard, « le pain bénit, mangé dans l'esprit de l'Église, c'est-à-dire dans l'esprit d'union et de charité, efface les péchés véniels par les bons mouvemens qu'il excite en ceux qui en mangent; il peut même chasser le diable et guérir les maladies du corps [2]. » De tout temps, l'on avait attribué au pain bénit, surtout à celui de la messe de minuit, de précieuses propriétés, par exemple celle de préserver hommes et chiens de la rage [3]. Au seizième siècle, toute bonne bourgeoise avait un morceau de pain bénit dans sa poche ou dans son sac [4]. On l'utilisait aussi comme mort aux rats dans les maisons [5]. Sous l'Empire encore, on vit les fidèles con-

[1] H. Monin, *L'état de Paris en* 1789, p. 630.

[2] *Dictionnaire des sciences ecclésiastiques*, t. IV, p. 231.

[3] Voy. *L'évangile des quenouilles*, édit. elzév., p. 75.

[4] *La chasse au vieil grognard de l'antiquité*, dans Éd. Fournier, *Variétés historiques*, t. III, p. 38.

[5] R. P. Ch.-L. Richard, t. IV, p. 232.

server pieusement quelques fragments des pains bénits en France par le pape Pie VII. « Les uns, écrit Collin de Plancy, portent ce préservatif cousu au couvercle de leur malle, pour éviter dans les voyages la main des voleurs ; d'autres le gardent enveloppé sur leur poitrine comme un remède à des maux divers [1]. »

Chacun est libre aujourd'hui, sans avoir à craindre aucun démêlé avec la justice, de rendre le pain bénit ou de s'en abstenir, et les curés ne s'adressent plus qu'aux paroissiens connus pour remplir assidûment leurs devoirs religieux. On a aussi cessé de voir circuler dans les rues le viatique destiné aux moribonds. Les descriptions de Paris écrites avant la Révolution nous ont conservé le souvenir du spectacle offert, en cette circonstance, à l'édification des fidèles. Précédé d'un bedeau et d'un porte-sonnette, le prêtre s'avançait sous un mauvais dais rouge, maintenu par deux bâtons que portaient des pauvres revêtus de robes bleues. Écoutons encore Sébastien Mercier :

La sonnette avertit le peuple de se mettre à genoux. Les fiacres et les équipages s'arrêtent, mais

---

[1] *Dictionnaire des reliques*, t. III, p. 368.

les maîtres ne descendent pas de voiture : on baisse les glaces et l'on s'incline légèrement à la portière. Quand les cochers sont sourds, le porte-sonnette redouble le son de sa petite cloche. L'hérétique ou celui qui craint de se crotter en est quitte pour un quart de génuflexion.

Tout le monde a droit de suivre le viatique dans la maison où il est entré, et jusque dans la chambre du malade. On a soin de voiler les miroirs, afin que le saint sacrement ne soit pas multiplié dans les glaces. Alors, le prêtre fait d'une console un autel ; il asperge d'eau bénite la chambre, en exorcisant les esprits malins... Tandis qu'il administre le malade, le porte-sonnette lève adroitement le chandelier et saisit la pièce d'argent qu'on y dépose ordinairement [1]. Le prêtre bénit l'assemblée et s'en retourne comme il est venu.

Quelquefois le trajet est long, une pluie abondante survient. Alors, le bon Dieu monte en fiacre, le porte-sonnette se met devant et sonne à la portière. Le bedeau devient laquais ; le cocher, par respect, met son chapeau sous le bras, fouette de l'autre et reçoit l'eau des gouttières sur sa tête nue. A la porte de l'église, on paie le fiacre, et le prêtre, en place du pourboire, lui donne sa bénédiction.

---

[1] « La première chose que faisait l'un des prêtres en entrant dans l'appartement du malade était de lever l'un des chandeliers qui était sur la table où l'on posait le viatique, pour prendre soit vingt-quatre sous, trois livres ou six livres, qu'on était dans l'usage d'y mettre. » L. Prudhomme, *Miroir de l'ancien et du nouveau Paris*, édit. de 1807, t. II, p. 106.

Il est sanctifié, lui et sa voiture, et de tout le jour il n'osera jurer après ses chevaux.

Quand le guet rencontre le bon Dieu, le soir, il l'accompagne, la baïonnette au bout du fusil, jusqu'au temple qu'il habite, et pour récompense il est béni sur les marches de l'autel [1].

Louis XV, revenant du Palais de justice, où il avait exercé un acte d'autorité envers le Parlement de Paris, rencontra, au bas du Pont-Neuf, le viatique de la paroisse Saint-Germain l'Auxerrois. Tout le cortège royal s'arrêta; il descendit précipitamment de son carrosse, se mit à genoux dans les boues, et le prêtre sortant de dessous son dais lui donna la bénédiction. Le peuple, émerveillé de cet acte pieux, oublia l'acte d'autorité qui lui déplaisait, et se mit à crier Vive le Roi! Et tout le long du jour il répéta : « Il s'est mis à genoux dans les boues! »

Quand on porte le viatique chez une personne de considération, alors l'appareil change. Tous les domestiques de la maison sont armés de flambeaux; le dais orné et propre sort de l'armoire; le porte-sonnette a un surplis blanc, deux clercs supportent le dais, le suisse de la paroisse précède le cortège, et le curé, mettant sa magnifique étole, vient administrer lui-même le malade. Cette faveur singulière est rare, et ne s'accorde qu'aux hommes en place ou fameux par leur opulence [2].

---

[1] « La troupe des corps de garde devant lesquels passait le viatique était obligée de présenter les armes, en se mettant à genoux. » L. Prudhomme, t. II, p. 105.

[2] *Tableau de Paris*, chap. 385, t. V, p. 86.

L'auteur du mémoire qui suit est l'avocat Jean-Henri Marchand. Après avoir plaidé pendant quelques années, il obtint une place de censeur royal, et à dater de ce moment il ne s'occupa plus guère que de littérature. Ceci au grand profit de ses lecteurs, car il avait beaucoup d'esprit, et au grand mécontentement du clergé, qui resta toujours l'objet de ses railleries. On s'explique ainsi que M. de Beaumanoir l'ait choisi pour plaider sa cause. Du reste, Marchand n'appartenait pas, comme Marigny, à l'Église, et ses satires, moins brutales que celles du chanoine frondeur, pouvaient être taxées d'irrévérence, mais non de trahison.

Voltaire a dit de Marchand qu'il fit « rire quelquefois par ses plaisanteries [1]. » C'est un peu froid, et notre avocat méritait mieux que cela; n'oublions donc pas de rappeler que sa verve n'avait pas toujours respecté le vindicatif philosophe. A coup sûr, son mémoire sur le pain bénit n'est pas un chef-d'œuvre; le style y est fort négligé, comme dans la plupart des innombrables factums de ce genre, faits pour éclairer des juges et des-

---

[1] Lettre de mars 1772, édit. Beuchot, t. LXVII, p. 374.

tinés à une publicité très restreinte. Mais le
sujet qui y est traité devait nécessairement
prendre place dans un tableau des mœurs et
coutumes de nos ancétres, et je ne crois pas
que l'on puisse trouver nulle part sur cette
matière des détails plus complets et plus
précis.

De 1745 à 1784, Marchand publia une vingtaine d'ouvrages qui doivent presque tous être
classés parmi les badinages littéraires. En
1752, il prit parti dans la querelle des billets.
de confession, proposa ironiquement qu'ils
fussent écrits sur papier timbré et soumis par
l'État à un droit d'enregistrement [1].

Il est, disait-il, du bien de l'Église comme de
l'intérêt public qu'on veille à la conservation des
billets de confession; et l'établissement du contrôle [2].
obligeant de tenir des registres exacts des écrits
contrôlés, les billets seront consignés dans un dépôt
public. Par là, on sera sûr de transmettre à la postérité des monumens de la discipline de l'Église au
dix-huitième siècle. Qu'il seroit à désirer que cette
sage précaution ne fut pas échappée à la piété des
premiers pasteurs qui ont exigé des billets de con-

---

[1] *Requête des sous-fermiers du domaine au Roy, pour
demander que les billets de confession soyent assujettis au
contrôle.* In-4°.

[2] C'était le nom donné alors à la formalité de l'enregistrement.

fession! Leurs successeurs n'éprouveroient pas
l'embarras affligeant où ils sont pour prouver l'ancienneté d'un usage si important...

On trouve dans le glossaire de Ducange, au mot
intestatio, qu'au treizième siècle, les biens meubles
de ceux qui mouroient sans s'être confessés étoient
confisqués au profit du seigneur[1]. Sans doute que,
la lumière augmentant de jour en jour dans l'Église,
on ne tardera pas à renouveler une pratique si
sage. Or, n'est-il pas important, pour faire valoir
cette confiscation, que la preuve de la confession
ne puisse être acquise que par un billet en forme
probante, bien et duement contrôlé, et qu'on ne
s'en rapporte, pour priver Votre Majesté des droits
qui lui sont acquis sur les biens de ceux qui meu-
rent inconfès, qu'à des écrits authentiques et au-
dessus de tout soupçon...

Et les supplians continueront leurs prières pour
la santé et la prospérité de Votre Majesté, et pour
l'augmentation de ses finances.

En 1782, lors du différend survenu entre

---

[1] La citation est exacte, mais dans cet article Ducange
s'occupe surtout des intestats, qui étaient tenus pour infâmes
et voués à la damnation éternelle. En effet, écrit-il, plusieurs
conciles ont déclaré que nul ne pouvait être sauvé s'il ne
léguait à l'église une partie de ses biens, le dixième, suivant
le chroniqueur Mathieu Paris. Les prêtres avaient ordre
d'en avertir les moribonds, de refuser l'absolution et le viatique à ceux qui n'obéiraient pas, de les menacer même d'un
refus de sépulture en terre chrétienne: «Jubentur sacerdotes
morituros adhortari ut et peccata sua sacramentali confes-
sione eluant, et de rebus suis in Ecclesiarum vel pauperum
favorem ad animæ salutem disponant... »

Pie VII et l'empereur Joseph II, Marchand était déjà bien âgé. Il composa encore cette épigramme anodine, la dernière sans doute qu'il ait commise :

> Le pape, autrefois un tyran,
> Avec l'empereur entre en lice,
> Mais les foudres du Vatican
> Ne sont plus que feux d'artifice.
> Notre pontife en ses sermons
> Éclatera de vains reproches ;
> On sait qu'à Rome les canons
> Ont été convertis en cloches [1].

Marchand mourut à la fin du mois de novembre 1785. Il s'éteignait de vieillesse et, resté impénitent, refusait d'ouvrir sa porte au curé de Saint-Nicolas, sa paroisse. Il finit par tomber en enfance et, prétendent les mémoires de Bachaumont, « le curé de Saint-Nicolas eut beau jeu [2]. » Tout est bien qui finit bien. Accordons aussi à Marchand l'absolution, en faveur de son esprit et de sa vie toute consacrée à la culture des lettres.

[1] Bachaumont, 20 avril 1782, t. XX, p. 193.
[2] Bachaumont, 5 et 27 novembre 1785, t. XXX, p. 43 et 82.

MÉMOIRE POUR MESSIRE JEAN-BAPTISTE GAIL-
LARD DE BEAUMANOIR, ÉCUYER, CHEVALIER
DE L'ORDRE MILITAIRE DE SAINT-LOUIS, ANCIEN
CAPITAINE DE DRAGONS, DÉFENDEUR; CONTRE LES
SIEUR CURÉ ET MARGUILLIERS DE L'OEUVRE ET
FABRIQUE DE LA PAROISSE DE SAINT-ROCH, A PARIS,
DEMANDEURS.

Un ancien militaire, qui n'a jamais craint que
les procès et qui est tout-à-fait novice dans ce genre
de combats, est sans doute étonné de se trouver
actionné par un curé vénérable [1] et par une cohorte
de marguilliers, pour la prestation d'une redevance
à laquelle il ne s'est jamais refusé.

La présentation d'un pain à bénir est le sujet
primitif de la guerre. Le sieur de Beaumanoir a
toujours offert, et offre encore, de rendre à l'Église
ce tribut religieux; mais lorsque son goût ne le
porte à présenter ses hommages à la paroisse que
dans une forme décente et modeste, peut-on lui
imposer des loix arbitraires, doit-on l'assujétir à
une somptuosité inutile ? Enfin est-il permis de le
traduire en justice comme un paroissien rebelle et
réfractaire aux loix de l'Église et du Royaume?
Assurément c'est une insulte qui ne peut être
enfantée que par l'esprit de domination ou de ver-
tige.

On convient que chaque paroissien aisé doit rendre le pain béni à son tour, mais on nie que les

[1] Jean-Baptiste Marduel. Il était en fonctions depuis
1749.

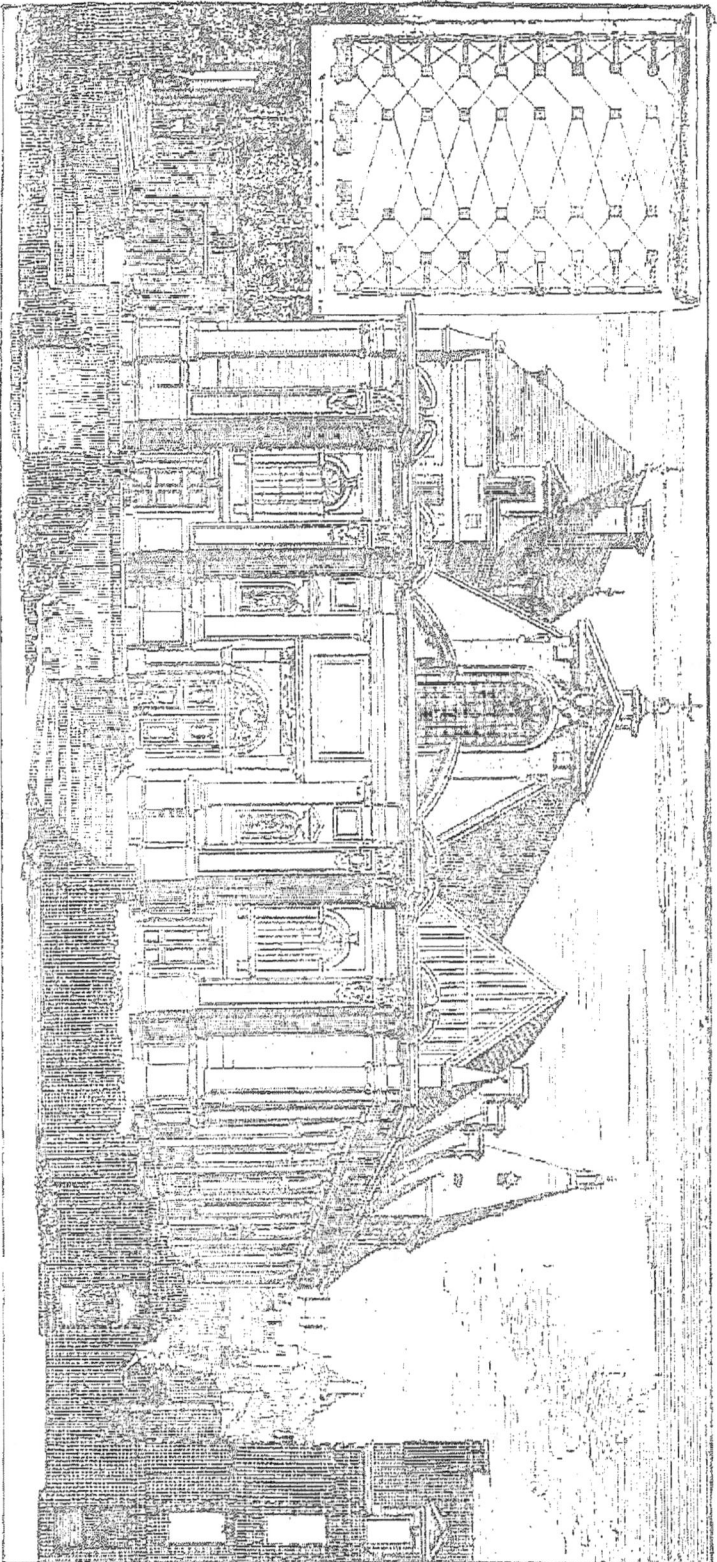

Jean Marot fecit.

Veue et plan de l'Eglise de St Roc

P. Mariette excud.

marguilliers soient en droit de fixer le degré de magnificence que chacun doit attacher à la cérémonie. Heureusement, nous ne sommes plus dans ces siècles d'ignorance, où, confondant les droits essentiels de la religion avec l'intérêt pécuniaire de ses ministres, l'on se faisoit des titres de la crédulité des peuples pour mettre leurs biens et leurs personnes à contribution. Des maximes plus sages nous éclairent et nous guident. On verra donc aisément, par le simple récit des faits, que la conduite des demandeurs est aussi injuste au fond qu'elle est injurieuse dans la forme pour le sieur de Beaumanoir.

FAIT. — Le sieur de Beaumanoir occupe depuis peu de temps un appartement dans un hôtel qui appartenoit à Madame la princesse de Conty, douairière, rue Neuve-Saint-Augustin[1]. Cette maison est située sur la paroisse de Saint-Roch, où l'usage est de ne rendre le pain béni que tous les neuf ans au plus.

Il n'y avoit qu'environ dix-huit mois que le principal locataire avoit satisfait à ce devoir, ainsi ses sous-locataires devoient être affranchis de ce cérémonial pour quelques années. Mais les marguilliers ont sans doute un privilège qui leur permet d'extravaguer, c'est-à-dire de choisir arbitrairement de côté ou d'autre qui bon leur semble pour figurer à la solennité des fêtes.

Le 13 février 1756, deux marguilliers et le trésorier des pauvres se rendirent chez le sieur de Beaumanoir, et ils dirent à la dame son épouse

---

[1] Aujourd'hui rue Saint-Augustin.

qu'on l'avoit choisie par préférence pour rendre le pain béni le vendredi 5 mars suivant, fête des Cinq-Plaies[1], titulaire de la paroisse de Saint-Roch.

On la prévint aussi qu'on lui associoit solidairement pour la même cérémonie le sieur de Saint-Amaranthe, fermier général, et le sieur Dubocage, habitant de la même maison.

La dame de Beaumanoir, fort peu au fait du rituel, avoit ignoré jusqu'alors qu'on rendît le pain béni en société ou en commandite. Elle croyoit que c'étoit une oblation que chaque paroissien avoit droit de faire en son particulier, suivant son état, sa fortune ou son inclination. Cependant elle demanda un mémoire de ce qu'on entendoit exiger de chacun des contribuables.

Les deux marguilliers revinrent le lendemain, et ils présentèrent à la dame de Beaumanoir un mémoire dont le détail peut être curieux et instructif pour ceux qui sont dans le cas de rendre le pain béni à Saint-Roch[2].

---

[1] Il existait, au seizième siècle, dans le faubourg Saint-Honoré deux petites chapelles. L'une, dont on ignore l'origine, était dédiée à sainte Suzanne; l'autre, fondée vers 1521, était placée sous l'invocation des Cinq-Plaies de Jésus-Christ. En 1578, s'éleva sous le vocable de Saint-Roch une nouvelle chapelle, destinée à remplacer les deux autres. D'abord acceptée comme succursale de Saint-Germain l'Auxerrois, elle fut, dès 1633, érigée en paroisse. La population toujours croissante du quartier la rendit bientôt insuffisante, et l'on songea à la rebâtir. Louis XIV et sa mère posèrent, en 1635, la première pierre de l'église Saint-Roch actuelle, qui ne fut achevée qu'en 1740.

[2] Un différend de même nature que celui-ci, mais où fi-

Il est intitulé : *Défense du pain béni* :

Six pains bénis, à 15 liv..........	90 liv.
Trente-sept livres de cire, à 45 s..	83 liv. 5 s.
Les offrandes....................	96 liv.
Porteurs de Suisse...............	15 liv.
Bedeaux et suisse d'Église........	15 liv.
TOTAL...............	299 liv. 5 s.

Les marguilliers prièrent la dame de Beaumanoir de signer ce mémoire et de se soumettre à en payer le tiers. Mais elle le refusa, sous prétexte qu'il s'accordoit mal avec les vues de l'honnête simplicité qu'elle s'étoit proposée. Elle représenta aux marguilliers que le pain béni étoit une oblation plus personnelle que réelle, et que, quoiqu'elle eût l'honneur d'occuper une portion de maison habitée anciennement par une grande princesse, elle ne se croyoit nullement obligée d'étaler dans l'église une pompe et une décoration qui ne sympathisoient point avec sa façon de penser.

Les marguilliers cherchèrent à réchauffer son désintéressement sur les honneurs de l'Église; mais elle persista, et offrit constamment de rendre le pain béni seule, et au jour qui lui seroit indiqué.

Cependant la dame de Beaumanoir se rappela que

gurent seulement des femmes, est raconté par d'Hénissart, qui place la scène dans l'église Saint-Roch. Cette église semble donc s'être montrée toujours exigeante en ce qui touche le pain bénit. Voy. d'Hénissart, *Les pains bénits de Saint-Roch*, dans *Satyre sur les femmes bourgeoises qui se font appeler Madame*, p. 497.

nombre de personnes lui avoient dit qu'elles se débarrassoient d'un détail inutile moyennant une rétribution qu'elles payoient. Elle offrit à un marguillier de lui remettre vingt-quatre livres, pour lesquelles elle avoit appris que nombre de maisons honorables de sa connoissance, dans sa paroisse, s'étoient affranchies d'un soin embarrassant. Alors le marguillier crut sa dignité offensée. Il brusqua la dame de Beaumanoir, et lui dit d'un ton piqué, « qu'il n'étoit ni pâtissier, ni cirier; qu'il avoit l'honneur d'être marguillier et marchand de bas; que des propositions comme les siennes n'étoient bonnes à faire qu'à des serviteurs mercenaires de l'Église, et qu'on les lui auroit envoyés en personnes si l'on eût prévu son esprit d'arrangement. » Le trésorier des pauvres, apothicaire de la maison, voulut tranquilliser la bile de son confrère; mais il sortit en protestant qu'on sauroit bien forcer le sieur de Beaumanoir à contribuer pour son tiers dans le montant du mémoire. On le fit agréer aux sieurs de Saint-Amaranthe et Dubocage dans la présupposition que la dame de Beaumanoir y avoit accédé.

Quelques jours après, les deux marguilliers revinrent, et ils s'adressèrent directement au sieur de Beaumanoir. Il leur dit poliment qu'ayant toujours demeuré chez le sieur son père, il n'avoit jamais rendu le pain béni; mais qu'il s'étoit informé de l'usage, et qu'en conséquence il offroit de rendre le pain béni au jour qui lui seroit indiqué, ou en son particulier, ou avec qui l'on voudroit, si mieux on aimoit qu'il remît un louis au bedeau pour être débarrassé d'un détail importun. Le marguillier ré-

Les deux Marguilliers revinrent et lui présentèrent
un mémoire dont le détail peut être curieux et instructif.

D'après l'édition de 1749.

pliqua que le locataire d'une aussi grande et belle maison que la sienne, ne devoit pas se borner à la dépense d'un pain béni de vingt-quatre livres. Mais le sieur de Beaumanoir répondit qu'il falloit l'envisager comme un petit particulier qui occupoit une vaste maison, et que lorsqu'il vouloit faire des oblations ou des charités, il n'étoit pas dans l'usage de chercher des témoins.

Ces raisons ne furent point goûtées. On insista pour qu'il représentât pompeusement pour son tiers le jour des Cinq-Plaies. Mais il ne voulut prendre aucun engagement, ni accepter le morceau de brioche que l'on appelle chanteau [1].

Ce refus ne manqua pas d'être annoncé comme une affaire très importante. On fit, le 25 février 1756, une convocation extraordinaire de tous les marguilliers. Le rapport fut fait avec la dignité requise en pareil cas. Il fut représenté par le sieur B...., marguillier comptable, « qu'il s'étoit transporté à l'hôtel de la Vallière [2], rue Neuve-Saint-Augustin, le 13 du mois, pour inviter les sieurs de Saint-Amaranthe, Dubocage et de Beaumanoir à rendre le pain béni le jour de la fête des Cinq-Plaies, titulaire de la pa-

---

[1] « Morceau de pain bénit qu'on envoie à la personne qui doit rendre le pain bénit le dimanche suivant. » Littré.

[2] Les jardins s'étendaient jusqu'aux boulevards actuels. — Ce fut d'abord l'hôtel de Lorges. En 1713, la princesse douairière de Conti le loua par bail à vie. En 1720, il fut vendu 800,000 livres à M. Lelai de Villemaré, secrétaire du roi. Il passa ensuite au duc de la Vallière. — Le plan de Lacaille (1714) le nomme hôtel de Conti, nom qu'il porte encore sur le plan de Turgot (1739). Il devient hôtel de la Vallière sur celui de Deharme (1763).

roisse; que le 22 du même mois il avoit présenté en
personne et laissé auxdits sieurs de Saint-Amaranthe,
Dubocage et de Beaumanoir la brioche qu'il est
d'usage d'offrir aux personnes distinguées; que les
sieurs de Saint-Amaranthe et Dubocage l'avoient
acceptée, et que le sieur de Beaumanoir avoit refusé
d'y contribuer pour son tiers. En conséquence de
quoi, la compagnie a autorisé les sieurs B... et D...;
marguilliers en charge, comptables, à faire toutes
les poursuites et diligences nécessaires pour faire
rendre audit sieur de Beaumanoir son tiers dans la
présentation des pains bénis; et où il persisteroit
dans son refus, à fournir par la Fabrique la part
qui auroit dû être fournie par ledit sieur de Beaumanoir, et à faire contre lui toutes les poursuites
qu'il conviendroit pour lui faire payer et rembour-
ser ce que la Fabrique aura avancé pour lui, pour
satisfaire au devoir de paroissien. » Cette délibération
est honorée de quinze signatures. Il est étonnant
que parmi tant de bonnes têtes, il n'y en ait pas eu
une qui se soit souvenu qu'une sommation juridique
auroit été plus essentielle qu'une délibération sur
le registre, dont le sieur de Beaumanoir ne pouvoit
pas avoir la moindre connoissance. Il n'est pas moins
étonnant que le curé, qui présidoit l'assemblée,
n'ait pas employé les ressources d'une prudente
charité, pour arrêter dans l'origine les progrès d'une
vivacité qui tendoit à altérer l'harmonie dans sa paroisse, pour un objet de la plus légère conséquence.

Le pain béni fut rendu au jour indiqué, et le sieur
de Beaumanoir, ni personne de sa part, n'assista à
la cérémonie. Les sieurs de Saint-Amaranthe et Du-

bocage trouvèrent l'état de dépense assez fort; mais on les assura qu'on leur avoit encore fait grâce, en ce qu'on avoit oublié d'y comprendre quinze ou dix-huit livres pour les gants blancs qu'il étoit du bon air de distribuer. On leur apporta un chanteau, et l'on en glissa un clandestinement dans l'antichambre du sieur de Beaumanoir, sans parler à qui que ce soit de la maison.

Le lendemain 6 de mars, le sieur de Beaumanoir reçut une assignation à la requête des curés et marguilliers, à l'effet de comparoître dans trois jours à la chambre civile [1], « pour voir dire que, faute par lui d'avoir satisfait à la réquisition et invitation qui lui avoient été faites par les marguilliers le 13 février précédent, et faute d'avoir en conséquence rendu le pain à bénir dans l'église de Saint-Roch le 5 du mois de mars; et encore sur le refus par lui fait lors de la présentation de la brioche le 22 février (ce qui est non seulement contraire aux loix et usages, mais encore qui marque un manque de respect et un mépris pour l'Église d'autant plus constaté que les sieurs de Saint-Amaranthe, fermier général, et Dubocage, ancien receveur général des finances, ont satisfait à ladite invitation chacun pour leur tiers, et en conséquence ont fait rendre leur pain béni ledit jour, fête titulaire de la paroisse de Saint-Roch), il sera condamné à rendre et remettre auxdits sieurs curé et marguilliers la somme de 72 livres qu'ils ont été obligés de payer, pour pain béni, cire, offrande,

[1] La chambre civile du Châtelet jugeait les *référés*, les affaires sommaires au-dessous de mille livres, etc.

porteurs, bedeaux et suisses, pour satisfaire à ce dont il étoit tenu conformément aux autres; qu'il lui sera fait défenses, et à tous autres qu'il appartiendra, de plus à l'avenir faire aucune difficulté de rendre le pain à bénir lorsqu'il y sera invité et requis; en conséquence tenu à la première invitation d'y satisfaire : sinon permis auxdits sieur curé et marguilliers de le faire rendre aux frais et dépens des refusans et contestans; en conséquence remboursés du coût d'icelui sur leurs simples quittances et les refusans condamnés aux dépens.

Ces conclusions étoient plus que suffisantes vis-à-vis de quelqu'un qui n'avoit jamais réfusé le pain béni dans une forme décente. Cependant, par un effort de génie, l'on ajoute :« Et pour, par ledit sieur de Beaumanoir, avoir refusé de satisfaire auxdites réquisitions et invitations, il sera condamné en 1,000 livres d'amende applicable aux pauvres de la paroisse de Saint-Roch, et en tels dommages et intérêts qu'il plaira à la Cour de fixer; et en outre, que la sentence qui interviendra sera imprimée, lue, publiée et affichée partout où besoin sera : le tout aux frais et dépens du sieur de Beaumanoir, qui sera en tout événement condamné à tous les dépens de l'instance. »

Cette assignation parut d'autant plus ridicule qu'elle n'étoit nullement conforme à la délibération dont on avoit donné copie en tête. L'aréopage assemblé avoit simplement autorisé les marguilliers comptables à faire les poursuites et diligences nécessaires pour faire payer au sieur de Beaumanoir son tiers dans la reddition du pain béni, et, en cas de refus à l'actionner pour le remboursement des sommes qu'on auroit avancées pour lui; mais il n'étoit nullement question de le taxer injurieusement « de manque de respect et de mépris pour l'Église. » On n'avoit point statué non plus qu'on demanderoit contre lui une amende de 1,000 livres de dommages et intérêts, ni l'affiche scandaleuse d'une sentence pour la publication d'un tort qu'il n'avoit pas eu. On ne pouvoit donc regarder ces conclusions révoltantes que comme l'effet de l'enthousiasme d'un marguillier possédé d'un zèle outré pour la Fabrique.

Le sieur de Beaumanoir a depuis très longtems sur la paroisse de Saint-Roch une famille aussi étendue que recommandable; il a eu lui-même des relations directes avec l'Église, qui n'ont point laissé ignorer son exactitude à satisfaire aux devoirs d'un paroissien. Il se flatta donc que le curé pourroit mettre un frein à l'indiscrétion de son marguillier et qu'il arrêteroit par la sagesse des tempéramens un éclat toujours désagréable.

En conséquence il se rendit chez lui. Le pasteur l'aborda affectueusement, et lui fit les protestations les plus démonstratives d'une considération marquée pour lui et pour sa famille. Le sieur de Beaumanoir lui porta ses plaintes de l'indécence de la délibération et de l'assignation qu'on lui avoit donnée. Il le supplia ensuite de faire cesser la contestation en lui indiquant un jour pour rendre le pain béni. Le curé fit réponse que cette indication ne le regardoit pas, que c'étoit l'affaire des marguilliers; qu'à l'égard de la délibération, quoiqu'il y eût présidé, c'étoit un ouvrage de communauté auquel il n'avoit nulle part, et que les injures contenues dans l'assignation n'étoient qu'une bagatelle de style.

« Mais, dit le sieur de Beaumanoir, j'ai demandé jour aux marguilliers, ils me l'ont refusé. Je vous le demande à vous-même, et vous me renvoyez également; quel parti puis-je donc prendre? De plus, personne dans la paroisse ne s'imaginera que vous n'ayez pas été le maître d'empêcher la procédure injurieuse faite contre moi. »

« Eh bien! qu'on croye ce que l'on voudra, reprit vivement le curé, cela m'est égal. »

Le sieur de Beaumanoir ne trouvant dans sa sollicitude pastorale aucune ressource pour sortir d'affaires, prit le parti de lui dire qu'il rendroit le pain béni le jour que la justice elle-même lui indiqueroit, puisqu'il ne pouvoit pas faire autrement. Ainsi l'entrevue se termina infructueusement avec de grandes politesses réciproques.

Le sieur de Beaumanoir n'eut plus lieu de douter que les poursuites dirigées contre lui ne fussent l'ouvrage d'un concert de Fabrique, et que le pasteur n'eût encouragé ses brebis, dociles pour lors à sa voix, à soutenir fermement des intérêts communs entre eux.

Ainsi le sieur de Beaumanoir, réduit à la nécessité de plaider, a constitué procureur. Il a fourni ses défenses et a demandé que la cause, communiquée à Messieurs les gens du Roi, fût renvoyée de la Chambre au Parc civil [1]. Premièrement, parce qu'il

---

[1] Une des chambres du Châtelet. Sa compétence s'éten-

y a un intérêt public à empêcher que les citoyens
soient mis à contribution dans la forme de rendre
le pain béni et dans la dépense arbitraire à laquelle
on prétend les assujettir. Secondement, parce c'est
une indécence caractérisée d'avoir conclu, contre
un père de famille connu, à une demande de 1,000
livres, à des dommages-intérêts et à l'impression
d'une sentence, sur la fausse imputation d'un
manque de respect et d'un mépris pour l'Église.

Cette accusation odieuse et peu réfléchie a donné lieu au sieur de Beaumanoir d'en conclure, à ce
qu'attendu les offres qu'il a toujours faites aux
curé et marguilliers, et qu'il réitère, de rendre le
pain à bénir au jour qui lui sera indiqué, les curé
et marguilliers soient déboutés purement et simplement de leurs demandes. Au surplus, il a demandé
incidemment, qu'attendu l'insulte à lui faite et la
diffamation inscrite, tant dans l'assignation que dans
l'acte de délibération du 25 février dernier, il soit
ordonné que cette délibération sera rayée des registres de la paroisse par tel huissier qui sera commis; que défense soit faite aux curé et marguilliers
de plus à l'avenir insulter le sieur de Beaumanoir
ni de prendre de semblables conclusions, et que
pour l'avoir fait, ils soient condamnés personnelle-
en 1,000 livres de dommages et intérêts applicables
aux religieuses Capucines [1] de la place de Louis-le-

---

dait sur les contestations élevées à l'occasion des testaments,
promesses, matières bénéficiales et ecclésiastiques, etc., etc.
En somme, le parc civil semblait plus désigné que la chambre
civile pour juger l'affaire en question.

[1] C'est sur l'emplacement de ce couvent que fut percée,

Grand, et que la sentence qui interviendra soit imprimée, publiée, affichée et transcrite sur le registre de la paroisse. Sauf à Messieurs les gens du Roi à prendre telles conclusions qu'ils aviseront pour garantir à l'avenir les habitans de la paroisse de la taxe à laquelle les curé et marguilliers veulent les imposer pour raison du pain à bénir.

Les curé et marguilliers ont aussi donné une requête, par laquelle, en ajoutant à leurs premières conclusions, ils ont encore demandé incidemment que la sentence qui interviendroit contre le sieur de Beaumanoir fût lue et publiée au prône de la paroisse de Saint-Roch, pour servir de règlement à l'avenir.

Tel est l'état actuel de la procédure. Il ne s'agit plus que de discuter les demandes de part et d'autre, et de les peser au poids de la raison et de la justice.

Moyens. — Le pain béni a succédé aux anciennes eulogies, qui étoient une portion de la consécration que l'évêque envoyoit aux curés en signe d'unité.

La commune opinion est que le pain béni a commencé à être en usage vers l'an 500, et l'on ne voit point que, dans la primitive église, il ait excité des contestations. L'ambition et l'intérêt étoient des mobiles que les premiers chrétiens se faisoient gloire de ne point connoître.

Dans l'origine, le pain béni étoit une offrande

vers 1807, la rue Napoléon, qui prit, en 1814, le nom de rue de la Paix. — La place Louis-le-Grand est aujourd'hui la place Vendôme.

volontaire. Mais par la suite, la justice a été obligée
d'user de rigueur contre ceux qui refusoient de le
rendre, pour empêcher que cette cérémonie ne
s'abolît insensiblement.

Mais la forme dans laquelle l'oblation doit être
faite est restée libre, pourvu qu'elle soit décente.
Chacun a le droit de consulter son goût, ses facul-
tés, et il est très permis de ne point faire d'une cérémonie religieuse un spectacle de vanité et d'ostentation. Ces principes seront universellement reçus, et il est facile d'en faire ici l'application.

Le sieur de Beaumanoir n'a jamais refusé de
rendre le pain béni. Au contraire, quoique le principal locataire de la maison où il loge l'eût rendu
il n'y avoit que dix-huit mois, il a perpétuellement
insisté auprès du curé, des marguilliers et même du
bedeau, pour qu'on lui indiquât un jour moins solemnel que le jour des Cinq-Plaies, où on avoit résolu de l'assujettir à une décoration qui lui parois-
soit déplacée.

Assurément, il n'y a rien de répréhensible dans
une telle conduite. Si la Fabrique eût été bien con-
seillée, elle auroit substitué sans bruit au sieur de
Beaumanoir un paroissien plus jaloux de la repré-
sentation extérieure, et elle auroit invité le sieur
de Beaumanoir à rendre le pain béni dans un jour
moins solemnel, où il auroit pu suivre la modestie
de son goût. Mais, tout au contraire, on effraie la
simplicité du sieur de Beaumanoir par un mémoire
exorbitant, qui annonce une pompe représentative
de la grandeur des seigneurs qui ont occupé la
maison dont il habite une partie. Il lui étoit permis

alors de se refuser à une invitation plus solemnelle qu'il ne le vouloit. Les sieurs de Saint-Amaranthe, Dubocage et de Beaumanoir n'étoient point obligés de faire entre eux trois ce que Madame la princesse de Conty jugeoit à propos de faire seule. La grandeur des pains à bénir, l'abondance de la cire, la fixation des offrandes, les suisses, les gants blancs, ont pu légitimement paroître des superfluités qui ont déplu au sieur de Beaumanoir. Ainsi il a pu, sans encourir le moindre blâme, persister à ne point rendre le pain béni au jour indiqué, dans la forme qui lui étoit prescrite.

Les marguilliers auroient pu savoir (mais les marguilliers ne sont pas obligés de savoir tout) que lorsqu'un paroissien refuse de rendre le pain béni à son tour, on doit lui faire une sommation juridique, après laquelle la Fabrique est autorisée à le faire rendre en son nom. Mais alors la dépense est réglée, et l'on ne permet pas aux marguilliers de s'abandonner à un faste dont ils veulent faire retomber les frais sur un autre.

On pourroit citer nombre d'exemples des précautions que la justice prend en pareil cas; mais on se contentera d'en rapporter deux, qui établissent la jurisprudence du Châtelet à cet égard.

En l'année 1711, les marguilliers de Saint-Germain l'Auxerrois demandèrent que Me Nicolas Chevalier, substitut de M. le Procureur général au Grand-Conseil, fût condamné, le 26 avril suivant, à rendre le pain à bénir, avec cierges et offrandes, sinon qu'il leur fût permis d'en avancer les frais, sauf à les répéter. La cause fut plaidée contradictoirement, et

par sentence du 10 juin, le sieur Chevalier fut condamné à rendre le pain à bénir en la manière ordinaire le dimanche d'après la signification de la
sentence. Et faute par lui de le faire, on permit aux
marguilliers de le rendre en son lieu et place, d'en
avancer les frais, et d'y employer jusqu'à la somme
de quinze livres.

L'année suivante, pareille contestation se renou-
vela de la part des marguilliers contre le sieur le
Roy de Royaumont, conseiller au Châtelet; les sieurs
des Bouleaux, président à Tours; Aubry, contrôleur
des rentes; Catelan, bourgeois; le Tellier, procureur
au Châtelet, et Petit, tapissier de M. le duc d'Orléans.

Par sentence du 30 avril, M. le Lieutenant civil
signala cet esprit de sagesse et d'équité dont il est
encore animé, en les condamnant à rendre le pain
béni avec décence. Sinon permis à la Fabrique de le
faire rendre pour eux, et d'en avancer les deniers
jusqu'à concurrence de dix livres chacun.

Ainsi il est constaté par ces jugemens :

1º que les paroissiens doivent être constitués ju-
ridiquement en demeure.

2º que les marguilliers ne sont pas les maîtres de
se livrer aux dépens d'autrui à une ostentation su-
perflue, et que lorsqu'ils s'éloignent de la décence
évangélique, le juge a l'attention de les y rame-
ner.

Ainsi, le sieur de Beaumanoir ne faisoit pas une
proposition révoltante, lorsqu'il offroit vingt-quatre
livres pour que le bedeau le soulageât d'un détail
minutier. Ce n'étoit pas l'esprit d'économie qui le

faisoit agir, puisque cette somme excède de beaucoup celle qui est arbitrée par la justice. Le bedeau
s'en seroit volontiers accommodé, mais les marguilliers surveillans vouloient, par obstination, imposer la loi au sieur de Beaumanoir, et subjuguer
sa répugnance sur le jour et la manière de rendre
le pain béni.

Un militaire connoît mieux que personne les loix
de subordination, mais la résignation aveugle doit-
elle s'étendre jusqu'au décret de l'œuvre? Une Fabrique est nécessairement un assemblage confus de
personnes formées diversement par la nature et par
l'éducation. La concorde y établit rarement son
siège. Il se trouve même quelquefois des marguilliers à qui les vapeurs de l'encens, qu'ils reçoivent
de la première main, portent à la tête : de là résul-
tent des délibérations souvent tumultueuses, quelquefois peu raisonnées.

Le sieur de Beaumanoir est persuadé que l'œuvre
de Saint-Roch est aussi bien composée qu'une Fabrique puisse l'être, et il est prêt à rendre justice à
l'esprit de sagesse et de probité dont chacun des
membres est sûrement animé. Mais relativement à
la confusion qui entraîne la généralité, il soutient
qu'il a à se plaindre dans l'ordre de la justice et
dans l'ordre du procédé.

En effet, malgré ses offres réitérées de rendre le
pain béni seul ou en compagnie, malgré les ins-
tances qu'il a faites pour obtenir un jour moins
solennel que celui qui lui étoit indiqué et d'en supporter convenablement la dépense, on prétend vio-
lenter la modestie de son goût, et l'on fait contre lui

une délibération pour le forcer à entrer dans une dépense de près de trois cents livres, à laquelle on n'a droit d'assujettir aucun citoyen. Des marguilliers ont-ils pouvoir pour faire une imposition forcée et convertir une oblation en une rétribution onéreuse et arbitraire?

C'est de leur autorité privée qu'ils se subrogent pour avancer la dépense à laquelle ils l'ont taxé, et dès le lendemain ils le font assigner pour payer une somme de soixante-douze livres à laquelle ils ont évalué sa cotisation.

Pour sentir tout le ridicule d'une pareille démarche, il ne faut que décomposer le mémoire sur lequel on a fabriqué la taxe du sieur de Beaumanoir.

Un curé, des marguilliers sont-ils en droit de faire assigner un paroissien toutes les fois qu'il n'aura pas rendu deux pains bénis à quinze livres pièce, et qu'il ne les aura pas éclairés de douze livres de cire? Lui fera-t-on un procès parce qu'il ne donnera pas un louis à l'offrande et qu'il refusera de faire porter son oblation par des suisses en gants blancs! Or si l'on n'a pas d'action contre lui quand il n'a pas voulu faire cette dépense en son particulier, on n'en doit pas avoir davantage lorsqu'on l'a faite sans sa participation sous un nom collectif. Le sieur de Beaumanoir n'est pas plus assujetti au tiers de la dépense qu'on a voulu rendre solidaire entre trois personnes, qu'il ne seroit contraint de la supporter en son particulier.

Mais, dira-t-on, l'objet est modique et ne valoit pas la peine de soutenir un procès dont l'éclat est

toujours disgracieux. C'est ainsi que l'on raisonne
dans les affaires où l'on n'a pas un intérêt direct,
lorsque soi-même on y mettroit peut-être plus de
chaleur et de sensibilité si l'on étoit personnellement actionné. Personne ne veut être dupe, personne n'aime à être injustement maîtrisé ; les abus,
les exactions s'établissent par une tolérance déplacée.
Peut-être s'est-il déjà introduit secrètement dans
quelques paroisses des monopoles répréhensibles,
sans qu'on ait pu y remédier, faute par ceux qui
avoient à s'en plaindre d'avoir eu le courage ou la
force de se faire entendre et de réclamer contre la
violence d'une Fabrique accréditée. Quoi! si un
homme entreprenant vouloit établir de son autorité
privée un péage de trois deniers par tête sur les chemins de sa terre, oseroit-on blâmer le premier qui
pour s'y soustraire entameroit un procès? Pour-
roit-on dire raisonnablement qu'il a tort de plaider
pour une si modique redevance? Non, assurément;
il faudroit le louer au contraire comme un citoyen
généreux. Les impositions arbitraires, quelque mo-
diques qu'elles soient, tirent toujours à conséquence,
et l'on en a fait, dans des tems moins éclairés, l'ex-
périence funeste. Personne n'ignore que les ministres des autels ont exercé longtems une tyrannie
dangereuse à l'occasion des mariages, des sépultures, des testamens et de nombre d'autres choses
qui n'étoient ni de leur ministère ni de leur ressort.
Ils mettoient la fortune des citoyens à contribution.
Il a fallu livrer des combats pendant plusieurs siècles pour rétablir la discipline. Nous ne courons
plus le risque de voir renouveler de pareils excès

sous les yeux de pasteurs recommandables par leurs lumières et leur désintéressement, mais la prudence ne permet pas de dissimuler ce qui tend à troubler l'ordre public et la règle. Une Fabrique ne doit pas aspirer à exercer un pouvoir coactif sur le nombre et la grandeur des pains bénis, le volume des cierges, la force des offrandes : ces oblations sont volontaires, et l'on peut sans scandale les réduire au taux de la décence et de la simplicité chrétienne.

Les marguilliers de Saint-Roch ne craignent-ils pas qu'on leur adresse ce que disoit un poëte du siècle dernier [1] à quelques-uns de leurs anciens confrères :

> Avez-vous vu dans quelque lieu
> De saint Jérôme ou saint Ambroise
> Qu'on doit mesurer à la toise
> Les offrandes qu'on fait à Dieu?...
> Depuis quel règlement nouveau
> Avez-vous un droit de censure
> Pour juger dans votre Bureau
> De leur forme et de leur figure?...
> Selon vous autres désormais,
> Si vos bedeaux dans votre église
> Ne marchent courbés sous le faix
> D'un pain bien large et bien épais,
> Bien étoffé de beurre frais,
> Une offrande n'est pas de mise.

Les offrandes qu'on fait à l'Église sont un tribut de respect qui ne doit pas se mesurer sur l'intérêt. Il n'appartient point aux officiers de la Fabrique d'en prescrire le taux, suivant l'idée qu'ils se forment eux-mêmes de l'état et de la fortune de chaque par-

---

[1] L'abbé de Marigny. Voy. ci-dessus.

ticulier. Il en résulteroit trop d'abus pour que la
justice ne refuse pas de se prêter à une entreprise si
déplacée. Mais les marguilliers ne se sont pas bornés
à imposer le sieur de Beaumanoir de soixante-douze
livres, ils ont accompagné cette exaction d'une insulte à laquelle il ne lui est pas permis d'être insen-
sible.

En effet, la Fabrique, toujours jalouse de faire
des gratifications aux dépens d'autrui, a encore conclu contre le sieur de Beaumanoir en une amende
de 1,000 livres, en des dommages-intérêts, et aux
dépens, avec impression, affiche et publication de
la sentence. Les marguilliers n'avoient sans doute
d'autre objet que de rendre publique la résistance
du sieur de Beaumanoir, et c'est ce qui l'a obligé à
publier aussi dans un mémoire les justes raisons
qu'il a eues pour ne pas déférer aveuglément aux
loix qu'on vouloit lui prescrire. Ils ont demandé par
un second acte que la sentence fût lue au prône, en
sorte que, s'ils ajoutent encore à leurs conclusions,
il y a tout lieu de craindre qu'ils ne requièrent des
peines déshonorantes.

Or, quel crime a donc commis le sieur de Beaumanoir? A-t-il refusé de rendre le pain béni? point
du tout. A-t-il maltraité, injurié quelqu'un? nullement. Il a refusé simplement de s'associer pour un
tiers dans une dépense de deux cent quatre-vingt-
dix-neuf livres cinq sous, et il a voulu restreindre à
un louis les frais d'un acte public qu'il désiroit faire
sans ostentation. Est-ce là un crime digne de la cen-
sure publique et de la sévérité de la justice? Ce n'est
qu'à des yeux de marguilliers qu'on peut paroître

coupable pour avoir eu des sentimens de modestie que des personnes du premier ordre se font gloire de partager. Si les marguilliers craignent la pratique de la simplicité chrétienne comme préjudiciable à leurs intérêts, du moins le curé doit la louer comme conforme aux préceptes évangéliques.

Cependant on a craint que cet exemple ne fût imité, et pour en imposer par une accusation grave, on a eu la témérité de taxer ledit sieur de Beaumanoir « de manque de respect et de mépris pour l'Église. »

C'est cette calomnie odieuse qui devient le point capital de la contestation. Manque-t-on de respect à l'Église lorsqu'on ne remet pas sa bourse à la discrétion des marguilliers? Est-ce un mépris que de se borner dans la dépense d'une cérémonie extérieure? Faut-il confondre l'Église avec les officiers d'une Fabrique? Et sera-ce un attentat à la religion que de s'opposer aux foiblesses ou au caprice d'un marguillier, dont le manteau n'est pas toujours celui de la religion? N'est-ce pas plutôt un délire que de s'autoriser du nom de l'Église pour enhardir l'affection qu'un marguillier porte aux intérêts de sa Fabrique? L'Église est simple, charitable, désintéressée : un marguillier peut n'avoir pas les mêmes principes. Il ne faut donc pas mélanger ces différens caractères et identifier tellement l'un avec l'autre qu'on ne puisse déplaire à une Fabrique sans manquer à l'Église.

Le sieur de Beaumanoir, dans ses réponses, dans ses procédés, a conservé un souverain respect pour l'Église. Il n'a point refusé aux marguilliers la con-

sidération qu'ils méritent : ainsi c'est une calomnie
répréhensible que de l'accuser de manque de respect et de mépris pour l'Église. C'est une témérité,
que de le citer en justice sous des prétextes aussi
dénués de fondement ; enfin c'est une indiscrétion
aux marguilliers que d'exiger des droits qui ne leur
sont pas dûs, dans la présupposition qu'ils vengent
les droits de l'Église, qu'on n'a point offensée. Ce sont
ces objets essentiels qui ont révolté le sieur de Beaumanoir, et qui l'ont déterminé à se rendre incidemment demandeur, à l'effet d'obtenir réparation de
l'injure qui lui est faite.

Il a conclu à ce que la délibération du 25 février
1756 soit rayée du registre de la paroisse par un
huissier commis à cet effet, et qu'il soit fait défense
aux curé et marguilliers de lui faire à l'avenir pareille insulte, ni de prendre contre lui de semblables
conclusions.

En effet, la délibération du 25 février et l'assignation qui y est relative sont des monumens de scandale, dans lesquels on présente le sieur de Beaumanoir comme ayant manqué de respect et ayant témoigné du mépris pour l'Église. Ces imputations
sont aussi fausses qu'insultantes ; et comme il est
important de les supprimer jusque dans leur source,
le sieur de Beaumanoir a demandé qu'elles soient
effacées des fastes de la paroisse. Ce seroit en imposer à la postérité que de laisser douter que le sieur
de Beaumanoir n'ait été perpétuellement soumis à
l'Église. Des registres de paroisse doivent être consacrés à l'établissement de la vérité. Ceux de Saint-
Roch se trouveroient infectés de mensonge si l'ori-

ginal de l'exploit donné au sieur de Beaumanoir étoit joint à la délibération.

Les curé et marguilliers avoient demandé contre le sieur de Beaumanoir une amende de 1,000 livres applicable aux pauvres de la paroisse, avec des dommages et intérêts. Il n'a pas voulu se montrer moins · généreux et moins charitable qu'eux, c'est pourquoi il conclut en 1,000 livres de dommages et intérêts applicables aux Capucines. La Fabrique ne reproche au sieur de Beaumanoir aucune injure personnelle, il démontre au contraire qu'il a été vivement insulté par écrit. C'est donc à lui seul qu'est dû une réparation. Et comme il ne seroit pas juste que la Fabrique souffrît de l'indiscrétion de ses administrateurs, on a demandé que la peine fut supportée personnellement par ceux qui, sans ménagement, avoient provoqué le sieur de Beaumanoir sous les qualifications les plus fausses et les plus outrageantes.

Enfin, le sieur de Beaumanoir a conclu à ce que la sentence qui interviendroit fût imprimée, publiée et transcrite sur le registre de la paroisse.

Le sieur de Beaumanoir ne peut prendre trop de précaution pour ne laisser ignorer à qui que ce soit qu'il n'a jamais témoigné de manque de respect ni de mépris pour l'Église; plus l'injure qu'on lui a faite est grave, plus il doit se montrer jaloux d'en rendre la réparation publique et authentique.

Mais un point qui n'est pas moins essentiel, c'est celui de l'intérêt public, qui se trouve lié à celui du sieur de Beaumanoir, et qui ne peut manquer d'exciter la vigilance de Messieurs les gens du Roi.

En réparant ici l'injure et la calomnie faite au sieur de Beaumanoir, il s'agit encore de garantir tous les citoyens contre une exaction pour laquelle ils courroient risque d'être injustement persécutés. Le devoir de paroissien est de nécessité absolue, mais la forme de le remplir est libre et de pure bienséance quant à la dépense. Il s'agit donc d'affranchir le public du despotisme et de la férule des marguilliers, qui ne sont pas sûrs, avec les meilleures intentions du monde, de prendre toujours la raison et la justice pour guides dans les impositions arbitraires qu'on les laisseroit maitres de faire.

Me MARCHAND, avocat [1].

[1] La Cour donna raison à M. de Beaumanoir.

LES INSIGNES RELIQUES DES ÉGLISES DE PARIS

AVANT-PROPOS.

I

L'Apocalypse. — Les reliques au ivᵉ siècle. — Difficulté de s'en procurer. — Leur fractionnement constitue une irrévérence. — Corps entiers conservés sous les autels. — Radegonde envoie chercher des reliques en Orient. — Reliques fausses, trafic qui en est fait. — Don de Childebert à l'abbaye Saint-Germain des Prés. — Reliques provenant de Brunehaut. — Catalogue des reliques possédées par l'église Notre-Dame au xᵉ siècle. — Plusieurs corps entiers d'un même saint conservés en diverses églises. — Protestations de Guibert de Nogent contre le colportage des saintes reliques. — Les croisades. — Reliques de la Passion retrouvées par sainte Hélène. — Baudouin vend à saint Louis la couronne d'épines de Jésus-Christ. — Il en existait déjà à Paris deux au moins. — Saint Louis achète le reste des reliques de la Passion. — Les vraies croix. De quel bois étaient-elles faites? — Le sang de Jésus-Christ. — Saint Louis fait bâtir la Sainte-Chapelle pour y conserver ces précieuses reliques. — Comment elles y étaient gardées. — Qui en possédait la clef. — Immense quantité de reliques existant à Paris. — Dons de reliques faits aux Carmes par les reines Jeanne de Boulogne et Blanche de Navarre, aux Chartreux par le duc de Berri. — Nos rois quittent le palais de la Cité. Reliques réunies par Charles V et Charles VI au château du Louvre. — Richesse des reliquaires. — Translation de reliques. — Rôle des reliques dans la vie privée : Serments prêtés sur elles. Sauvegarde en duel. Préservatif contre la foudre, contre le poison, contre les maladies. La côte de sainte Opportune. — La fête des reliques dans les couvents.

Dès le quatrième siècle, toute église tenait à honneur de posséder quelques ossements des saints martyrs du christianisme. l'Apocalypse contient cette phrase : « Je vis sous l'autel les âmes de ceux qui avaient souffert la mort pour la parole de Dieu [1] ; » aussi les évêques hésitaient-ils à consacrer un édifice religieux dont l'autel n'était pas sanctifié par la dépouille de quelque confesseur de la foi.

Il était difficile de s'en procurer, car leur fractionnement semblait alors constituer, sinon une profanation, du moins une irrévérence. Des corps entiers reposaient dans de véritables tombeaux, et le clergé les entourait d'hommages d'autant plus fervents qu'au sentiment religieux qui les faisait chers se joignait l'attrait des avantages matériels dûs au concours empressé des fidèles.

La pieuse Radegonde, femme de Clotaire 1er, envoya au loin plusieurs clercs chargés d'acquérir des reliques (VIe siècle); ils

[1] Chap. VI, v. 9.

lui rapportèrent des ossements provenant des apôtres et des martyrs, et même un fragment de la vraie croix [1]. Mais ces objets étaient-ils bien authentiques? Nous savons, par Grégoire de Tours, que déjà commençait un honteux trafic des choses saintes. Ainsi, l'évêque Ragnemod, soupçonnant d'imposture un individu qui lui offrait des reliques espagnoles, les fit examiner, et l'on trouva les ossements sacrés représentés par des dents de taupe, des squelettes de souris, des ongles et de la graisse d'ours [2].

Les souverains, les grands seigneurs s'efforçaient aussi d'obtenir de saintes dépouilles, qu'ils renfermaient dans des reliquaires où l'or, l'argent et les perles étaient prodigués.

M. Léopold Delisle a publié un des plus anciens catalogues de reliques qui nous ait été conservés. Il date du dixième siècle, et nous prouve que l'église Notre-Dame de Paris avait réuni dès cette époque de bien précieux souvenirs. Je citerai entre autres le cilice de saint Denis, des fragments de la tête et des genoux, la barbe et le cilice de saint Germain, le cilice de saint Éloi, une pierre du sépulcre

---

[1] Grégoire de Tours, *Historia Francorum*, lib. IX, cap. 40.
[2] — — lib. IX, cap. 6.

de Jésus-Christ, une des pierres qui servirent
à lapider saint Étienne [1].

Au siècle suivant, un pieux Bénédictin,
l'abbé Guibert de Nogent, se plaint que la
même relique soit vénérée à la fois dans plusieurs églises différentes. « Les unes, écrit-il,
se vantent d'avoir le corps d'un martyr ou
d'un confesseur, tandis que d'autres se tar-
guent également de le posséder ; cependant,
un corps entier ne saurait exister simultanément en deux endroits [2]. Certes, il faut attribuer à une noble pensée l'usage où l'on est de
conserver des restes sacrés dans des châsses
couvertes d'or et d'argent, mais l'habitude de
les colporter dénote une trop évidente avidité [3]. » Guibert nous révèle en effet, dans un
autre ouvrage, que les clercs d'une église où l'on
honorait quelque relique célèbre, chargeaient
la châsse sur leurs épaules, et s'en allaient
de ville en ville l'exhiber pour de l'argent. Il
lui arriva même d'assister au boniment fait
par le chef d'une de ces fructueuses tournées.
« Sachez, s'écriait-il, que dans cette petite

---

[1] *Mémoires de la société des antiquaires de France*, année
1857, p. 169.

[2] « Cum duo loca non valeat occupare integer unus. »

[3] *Gesta Dei par Francos*, lib. I, cap. 5, dans les *Opera*,
édit. d'Achéry, p. 375.

boîte est renfermé un morceau du pain que notre Seigneur a broyé de ses propres dents [1]. Et si vous hésitez à me croire, voilà un éminent personnage (c'est de moi qu'il osait ainsi parler) qui pourra vous confirmer mes paroles [2]. »

Les croisades donnèrent une extension considérable à ce commerce, sans affaiblir la confiance qu'on lui accordait. Vers le milieu du treizième siècle, Paris ouvrit ses portes aux plus insignes reliques dont le souvenir soit resté dans la mémoire des hommes.

On raconte que sainte Hélène, mère de Constantin, ayant entrepris un voyage à Jérusalem, s'efforça de retrouver sur le Calvaire l'endroit où Jésus-Christ avait été crucifié. En fouillant le sol, l'on mit au jour le sépulcre du Sauveur et plusieurs objets mentionnés dans le récit de son supplice. Tous furent soigneusement transportés à Constantinople.

Le dernier empereur français d'Orient, Baudouin de Courtenay, menacé de toutes parts, assiégé deux fois déjà dans sa capitale, vint en France (an. 1239) pour solliciter le

---

[1] « Sciatis quod intra hanc capsulam de pane illo quem propriis Dominus dentibus masticavit habetur. »

[2] *De pigneribus sanctorum*, lib. I, cap. 3, p. 335.

secours de Louis IX. Il exposa au saint roi et
à sa pieuse mère, la reine Blanche, que, faute
d'argent, il allait être forcé de mettre en
vente la couronne d'épines qu'avait portée
Jésus-Christ. Les Vénitiens en offraient un
bon prix, mais c'est à la France qu'un trésor
si vénéré devait appartenir. Saint Louis,
transporté de joie, s'empressa de conclure le
marché. Il oubliait que l'on connaissait depuis longtemps à Paris deux exemplaires de
la couronne d'épines; l'une, entière, donnée
à l'abbaye de Saint-Denis par Charles le
Chauve [1]; l'autre, incomplète, léguée par
saint Germain à son abbaye [2]. Il eut pourtant dû savoir que la première avait figuré
trois fois dans des processions solennelles : en
1191, pour demander au ciel la guérison du
jeune roi Louis VIII, en 1196 et en 1206,
pour obtenir la fin d'une inondation qui menaçait la ville [3].

Saint Louis paya, dit-on, la troisième cou-

___

[1] « Attulit ad ecclesiam Beati Dionysii clavum et spineam
coronam. Rigord, *Gesta Philippi Augusti*, § 38, édit. De-
laborde, t. I, p. 60.

[2] Il lui avait légué un bras de saint Georges, la jambe d'un
des saints Innocents et un fragment de la couronne d'épines.
Voy. dom Bouillart, *Histoire de l'abbaye Saint-Germain
des Prés*, p. 4, 6 et 8.

[3] Rigord, § 77, 109 et 148, t. I, p. 111, 134 et 165.

ronne d'épines vingt mille livres d'argent fin [1]. Affaire fructueuse pour Beaudouin ; aussi ne tarda-t-il pas à la renouveler. En 1247, il proposa à Louis IX de lui vendre tout le reste des reliques conservées à Constantinople, et qui, lui écrivait-il, étaient engagées à des particuliers pour 13,075 hyperperes : mais nous ne savons pas ce que valaient les hyperperes [2]. Le roi, rempli d'une sainte allégresse, conclut encore ce second marché, qui lui procura les objets suivants [3] :

Une grande partie de la très sacrée croix sur laquelle Jésus fut supplicié [4].

[1] Le Nain de Tillemont, *Vie de saint Louis*, t. II, p. 342.

[2] Voy. pourtant : Comte Riant, *Les dépouilles religieuses enlevées à Constantinople au treizième siècle*, p. 8. — Séb. Mercier estimait sans preuves, en 1782, que cette somme équivalait à 2,800,000 livres. *Tableau de Paris*, t. II, p. 252.

[3] Voy. la lettre de Baudouin à saint Louis, datée de juin 1247. — Cette lettre a été très fréquemment publiée. tant en latin qu'en français. Je citerai seulement : Bibliothèque Mazarine, manuscrit nº 4,373. — Dubreul, *Théâtre des antiquitez de Paris*, édit. de 1639, p. 103. — Malingre, *Antiquitez de Paris*, édit. de 1640, p. 81. — Morand, *Histoire de la Sainte-Chapelle*, pièces justificatives, p. 7.

[4] Lors des fouilles faites par ordre d'Hélène, l'on retrouva en terre les trois croix mentionnées dans le drame du Calvaire, mais rien ne désignait celle qu'avait sanctifiée le corps de Jésus-Christ. On « fit porter les trois croix chez une dame de qualité, malade depuis longtemps et réduite à l'extrémité ; on lui appliqua chacune des croix, en faisant des prières,

Du sang de Notre Seigneur Jésus-Christ[1].

Les langes dont Notre Sauveur fut enveloppé en son enfance.

Du sang miraculeusement distillé d'une image de Notre Seigneur frappée par un infidèle[2].

La chaîne de fer dont on croit que Notre Seigneur fut lié.

La nappe de la Cène.

Un grand fragment de la pierre du sépulcre où Jésus-Christ fut enseveli.

Du lait de la sainte Vierge.

Le fer de la lance dont Notre Seigneur fut percé.

Une croix dite *de Triomphe*, parce que les empereurs avaient coutume de la porter les jours de bataille.

---

et sitôt qu'elle eut touché la dernière, elle fut entièrement guérie. » Morand, p. 5.

De quel bois était la croix de Jésus-Christ? On n'est pas d'accord sur ce point. Saint Anselme affirme que quatre essences différentes y étaient représentées. Juste Lipse la croyait en chêne, contre le sentiment des Pères de l'Église, qui déclarent que le chêne et le cèdre y avaient été employés. Morand, écrivait en 1789 : « Je demande qu'un jour les naturalistes soient mis à même de déterminer l'espèce de bois qui compose la croix de la Sainte-Chapelle. » Page 11.

[1] « La Faculté de théologie de Paris, consultée pour savoir si l'on pouvait croire qu'il fût resté sur la terre quelque partie du sang que Jésus-Christ avoit répandu sur la croix, répondit que cette opinion n'étoit pas contraire à la piété. » Morand, p. 19.

[2] Par un juif. « L'évêque du lieu fit remplir, de l'eau et du sang qui en sortit, une grande quantité de fioles, dont il fit présent à toutes les Eglises de la chrétienté. » Morand, p. 16.

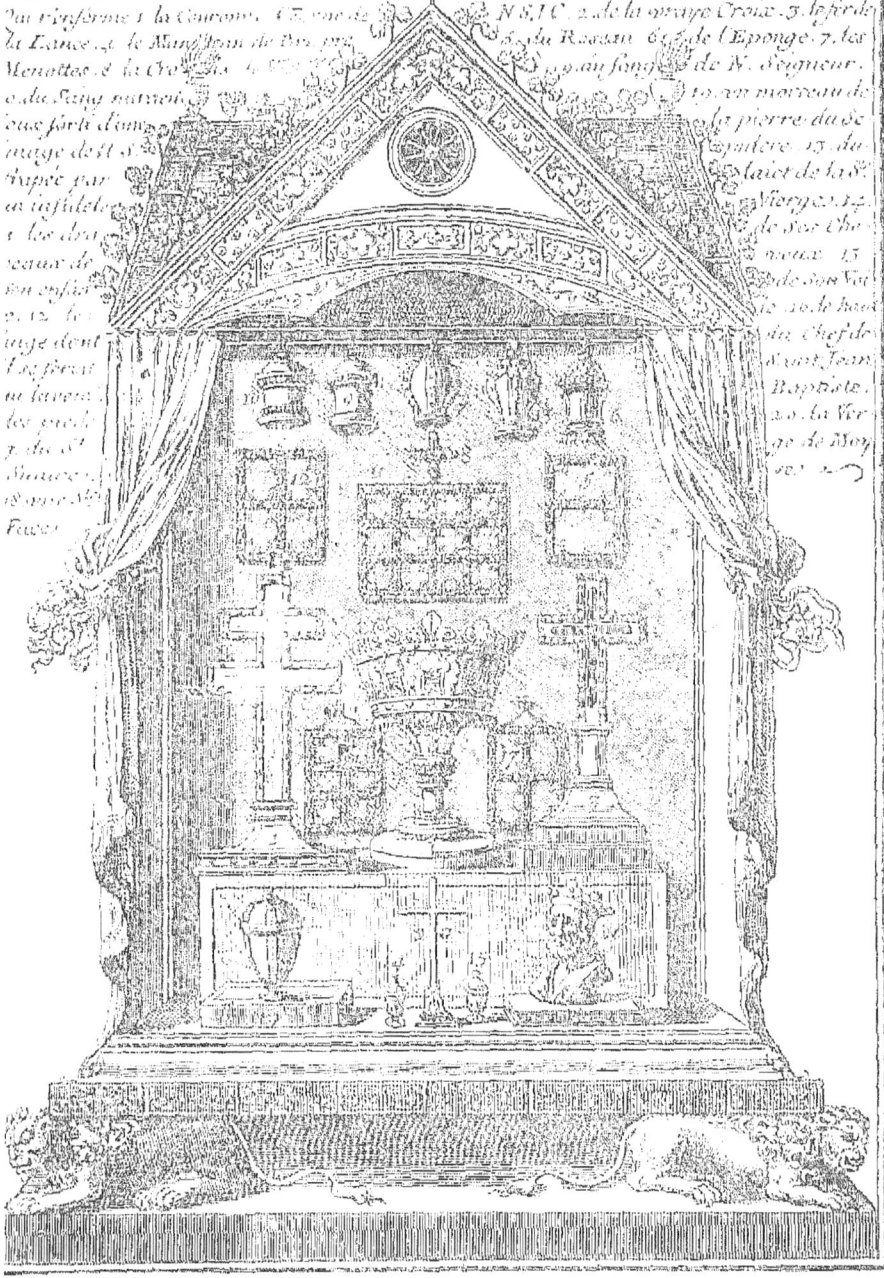

La GRANDE CHASSE DE LA Ste CHAPELLE

Bibliothèque Mazarine, manuscrit coté 4373.

D'après Morand.

La robe de pourpre dont on revêtit Notre Seigneur par dérision.

Le roseau que l'on mit dans la main du Sauveur en manière de sceptre.

L'éponge vinaigrée qu'on lui présenta.

Un morceau de son suaire.

Le linge dont il se servit pour laver et essuyer les pieds de ses apôtres.

La verge de Moïse.

Le sommet du crâne de saint Jean-Baptiste.

La tête de saint Blaise, celle de saint Clément et celle de saint Simon.

A ce moment, Paris possédait plus de reliques qu'il n'en existe aujourd'hui dans le monde entier [1]. Pour abriter celles qui lui avaient coûté si cher, Louis IX fit édifier l'admirable église de la Sainte-Chapelle [2], car il tenait à les avoir toujours sous la main. Nos rois s'en éloignèrent sans doute à regret quand ils quittèrent le palais de la Cité pour se fixer au Louvre. Aussi voulurent-ils conserver la clef du sanctuaire où reposaient les reliques, qui ne durent plus être montrées sans un ordre exprès du souverain ou en vertu de

[1] Rohault de Fleury, *Mémoires sur les instruments de la Passion*, p. 120.

[2] La première pierre en fut posée le 19 août 1239, et la dédicace eut lieu le 26 avril 1248. Voy. les *Comptes rendus des séances de l'académie des inscriptions pour* 1899, p. 9.

lettres patentes [1]. Après l'incendie de 1630,
la clef fut déposée chez le premier président
de la chambre des comptes [2], qui, comme
on sait, était installée dans un bâtiment con-
tigu à la chapelle [3]. Louis XIV écrivait, le
1er septembre 1694, au président Nicolaï :
« Mon frère le roi d'Angleterre [4] et ma sœur
la reine, sa femme, désirant de voir les
reliques qui sont dans ma Sainte-Chapelle, je
vous écris cette lettre pour vous dire que mon
intention est que vous fassiez l'ouverture de la
châsse en la manière accoutumée, le jour qu'ils
le désireront [5]. »

Suivant une coutume qui devint bientôt
générale, nos rois, une fois logés au Louvre,
réunirent dans leur nouvelle demeure de nombreux souvenirs des premiers temps chrétiens.
Ils y puisaient parfois pour enrichir les églises
et les couvents qui se fondaient ou auxquels
ils avaient voué une particulière affection.
C'est ainsi que les Carmes reçurent, en 1353,
du lait de la Vierge et des cheveux de Jésus-
Christ, dons de la reine Jeanne, femme de

---

[1] Sauval, *Antiquités de Paris*, t. I, p. 444.
[2] Morand, p. 205.
[3] Il fut brûlé en 1737.
[4] Jacques II.
[5] A. Jal, *Dictionnaire critique*, p. 362.

Jean II ; puis, en 1398, un des clous de la sainte croix, don de la reine Blanche, veuve de Philippe VI [1]. Charles V avait rassemblé plusieurs châsses « pleines de reliques, » dit l'inventaire qui fut dressé après sa mort [2]. C'étaient, sans compter un morceau de la vraie croix [3], des cheveux de la Vierge [4], un bras de saint Lucien [5], un fragment de la tête de saint Louis [6], le menton de saint Nyco-strate [7], des restes de sainte Agnès, de sainte Madeleine, de saint Barthélemy [8], etc., etc. Son successeur Charles VI ne fut pas moins bien partagé. L'inventaire dressé en 1418 [9] nous révèle qu'il possédait : des fragments de la vraie croix et de la couronne d'épines [10], quelques gouttes du sang de Jésus-Christ [11], un fragment du gril sur lequel saint Laurent

---

[1] Dubreul, p. 431. — Cl. Malingre, p. 263.

[2] Voy. J. Labarte, *Inventaire du mobilier de Charles V.* 1879, in-4°.

[3] N° 3008 de l'inventaire.

[4] N° 864.

[5] N° 173.

[6] N° 1875.

[7] N° 929.

[8] N°ˢ 907, 960 et 2595.

[9] Dans Douët-d'Arcq, *Pièces inédites relatives au règne de Charles VI*, 1863-64, 2 in-8°.

[10] Pages 330, 331 et 345.

[11] Page 345.

fut rôti [1], une chemise de saint Louis, complète, à l'exception d'une manche [2], etc., etc.

L'or et l'argent, les pierres les plus précieuses et les perles furent, de bonne heure, prodigués sur les reliquaires qui renfermaient de si édifiants souvenirs. Dans la châsse de sainte Geneviève, refaite en 1242, il entra 193 marcs d'argent et $8^{1}/^{2}$ marcs d'or [3]. Vers la même date, les religieux de Saint-Germain des Prés transportèrent les restes de saint Leufroy dans une châsse « couverte de lames d'argent [4]. » Dom Bouillart nous a conservé le texte d'un marché conclu en 1408 par l'abbaye, avec un orfèvre chargé de reconstituer la châsse qui renfermait le corps de saint Germain. Il fournit pour ce travail 26 marcs d'or, 250 marcs d'argent, 260 pierres précieuses et 197 perles [5].

Le duc de Berri [6], fils du roi Jean et grand ami des Chartreux, leur légua deux inestimables trésors, les sandales et le menton de saint Jean-Baptiste, renfermés dans des reli-

[1] Page 330.
[2] Page 290.
[3] Dubreul, p. 199.
[4] Dom Bouillart, pièces justificatives, p. LIV.
[5] Ibid., p. 166 et LXXXIV.
[6] Mort en 1416.

quaires d'argent, dont le premier pesait
25 marcs et le second 7 à 800 marcs. Il est
vrai que ce dernier ne fut pas délivré aux religieux [1].

Le corps de sainte Aure, d'abord conservé
par les Barnabites dans une châsse de bois,
fut, en 1421, placé dans une riche châsse
d'argent [2].

Quand avaient lieu les translations de ce
genre, les ecclésiastiques présents dressaient
un procès-verbal qui était déposé dans la nouvelle châsse [3]. En 1601, le clergé de la Madeleine [4] ayant ouvert le principal reliquaire de
l'église, on y trouva « une petite carte men-
tionnant le temps qu'il avoit été fait et par qui
les saintes reliques y avaient été posées [5]. »
Notez qu'elles étaient vraiment dignes d'un
riche écrin, car on y trouvait des cheveux de
sainte Marie-Madeleine, et aussi un fragment
de peau provenant du front de la même sainte,
à l'endroit où Jésus-Christ la toucha en lui

---

[1] Ducange, *Traité historique du chef de saint Jean-Baptiste*, 1665, in-4°, p. 152. — Dubreul, p. 354.

[2] G. Corrozet, *Antiquitez de Paris*, édit. de 1586, p. 36
recto.

[3] Bouillart, p. LIV.

[4] Dans la Cité.

[5] Dubreul, p. 81.

disant : « Noli me tangere ». L'église des Saints-Innocents possédait « un Innocent entier enchâssé d'or et d'argent, » dit Guillebert de Metz[1].

Les reliques jouaient un grand rôle, même en dehors de la vie religieuse. Aucun serment n'était plus solennel que celui qu'on prêtait sur les reliques des saints. Dans un grand nombre de corps d'état, l'apprenti du treizième siècle avant d'être admis à l'atelier, l'ouvrier avant d'obtenir la maîtrise juraient « sur seinz » de toujours observer les statuts de leur métier[2].

En 1420, lors de la rentrée à Paris de Charles VI avec le roi d'Angleterre, les ecclésiastiques venus au devant d'eux leur présentèrent de saintes reliques à baiser, « et premièrement au roy de France, lequel se tourna vers le roy d'Angleterre, en lui faisant signe qu'il voulsist premier baiser[3], et le roy d'Angleterre, en mectant la main à son chaperon, faisant révérence au roy de France, lui fist signe qu'il baisast. Et, en ce faisant, baisa ledit roy de France, et après lui le roy d'Angleterre[4]. »

[1] *Description de Paris*, édit. Le Roux de Lincy, p. 192.
[2] Voy. *Comment on devenait patron*, p. 10 et 162.
[3] Qu'il voulût baiser le premier.
[4] Monstrelet, *chronique*, chap. 232, édit. Douët-d'Arcq, t. IV, p. 16.

On n'était pas blâmé pour porter des reliques en duel. Les témoins devaient seulement veiller à ce que l'un des adversaires ne s'en trouvât pas « plus chargé que l'autre[1]. »

Elles constituaient un sûr préservatif contre la foudre. On en remplissait une boîte de plomb et celle-ci, placée « dans une concavité de la flèche de l'église, » la protégeait « contre les foudres et le tonnerre, » écrit l'abbé Lebeuf[2].

J'ai dit ailleurs[3] quelles précautions le moyen âge, toujours hanté de la crainte du poison, avait imaginées pour écarter ce danger. Bien des siècles après, l'on attribuait encore des vertus prophylactiques aux cornes de licorne, aux crapaudines, aux agates, aux langues de serpent. Ces dernières accompagnaient en général les salières, dont on se méfiait tout particulièrement. Le duc de Berri avait eu l'idée plus chrétienne de faire enchâsser une relique, un os tiré de la tête de saint Denis, dans une salière de cristal montée en argent[4].

---

[1] Brantôme, *Des duels*, édit. Lalanne, t. VI, p. 305.
[2] *Histoire du diocèse de Paris*, t. I, p. 183.
[3] Voy. *Les repas*, p. 21 et suiv.
[4] Douët-d'Arcq, *Comptes de l'argenterie*, p. 398.

Dès le temps de Grégoire de Tours, l'on portait volontiers au col un petit fragment de saint, enfermé dans un médaillon de métal précieux [1], car les reliques produisaient de continuels miracles, étaient une indéniable panacée contre une foule de maladies. Pour n'en citer qu'un exemple, voici quel parti le clergé de Sainte-Opportune tirait, au dix-septième siècle encore, d'une côte de cette sainte, côte qui reposait dans un reliquaire en forme de croissant : « Le prêtre qui la garde l'applique à la gorge d'un chacun qui se présente, pour protestation contre l'esquinancie; aux aisselles, contre les maux de côté et fièvres continues; et sur l'estomac, aux uns pour estre préservés de l'oppression, aux énergumènes pour estre délivrés du démon, et aux femmes enceintes pour une heureuse couche [2]. »

De là, outre le mérite d'une bonne action, honneur et profit pour la maison disposant de si merveilleux spécifiques. Aussi veillait-on sur eux avec un soin jaloux. A l'abbaye de Saint-Victor, l'on célébrait, le 17 juillet de chaque année, la grande fête des reliques conservées

---

[1] *Historia Francorum*, lib. VIII, § 15.
[2] Nicolas Gosset, *La vie et miracles de sainte Opportune*, 1655, p. 407.

LA COSTE DE Ste OPPORTVNE
portée aux malades

D'après Nicolas Gosset.

dans le monastère [1]. Chez les Chartreux, le couvent était rassemblé dans la salle du Chapitre, et l'un des pères lisait solennellement le catalogue des reliques appartenant à la communauté [2].

II

Échanges entre monastères. — Origine suspecte d'un grand nombre de reliques. — Histoire des reliques de Saint-Germain des Prés. — Les reliques, cadeaux royaux. Mazarin et les Théatins, Anne d'Autriche et les religieux de la Charité. — Miracles qu'opèrent les reliques. La nourrice de Louis XIV. La duchesse d'Albe et son fils. — Les reliques peu respectées par les armées en campagne. — Les huguenots regardent comme un devoir de les détruire. — Henri III vend un fragment de la vraie croix. — Presque toutes anéanties pendant la Révolution. — Tentatives faites pour en sauver quelques-unes. — Les reliques de de la Sainte-Chapelle. Les cœurs du Val-de-Grâce. — La chemise de saint Louis brûlée en pleine séance de la Commune. — Les reliques de sainte Geneviève brûlées sur la place de Grève.

D'un bout à l'autre de l'Europe, entre monastères, entre églises, entre particuliers, se donnaient, se vendaient, s'échangeaient en grande dévotion des milliers de reliques, d'origine souvent fort suspecte, puisque le corps

[1] Comte Riant, p. 147.
[2] Abbé Lebeuf, t. I, p. 182.

entier d'un même saint continuait à exister à
la fois dans plusieurs endroits. On connaissait
au moins :

30 corps de saint Georges.
20   —   sainte Julienne.
18   —   saint Paul.
16   —   saint Pierre.
12 têtes de saint Jean-Baptiste[1].
9   —   sainte Anne.
8   —   saint Étienne.
18 bras de saint Jacques.
17   —   saint André.
60 doigts de saint Jean-Baptiste.
20 mâchoires de saint Philippe.
11   .   —   saint Jacques.
6 mamelles de sainte Agathe.
3 dents de Jésus-Christ[2].
7 prépuces de Jésus-Christ[3].

---

[1] Michel de Marolles se souvenait d'en avoir baisé cinq
ou six. Voy. ses *Mémoires*, t. I, p. 248.

[2] Le vertueux et savant J.-B. Thiers, curé de Vibraye,
dont le livre fait encore autorité, écrit à ce sujet : « Notre-
Seigneur est ressuscité avec toutes ses dents, n'en a jamais
perdu aucune. C'est ce que le vénérable Guibert prouve
par de bonnes raisons dans son troisième livre *De pignoribus
sanctorum*, contre les moines Bénédictins de Saint-Médard
de Soissons, qui se glorifioient d'avoir une dent de Notre
Seigneur, qu'ils disoient qu'il avoit jetée à l'âge de quatorze
ans. » J.-B. Thiers, *Traité des superstitions qui regardent
les sacremens*, t. II, p. 414.

[3] « Jacques de Voragine croit que le fils de Dieu ressus-
cita avec son prépuce, et Suarès affirme que Notre Seigneur

2 nombrils de Jésus-Christ [1].

19 fragments de la sainte Croix [2].

560 épines de la couronne de Jésus-Christ [3].

Etc., etc., etc.

a présentement son prépuce dans le ciel, parce qu'il est ressuscité avec un corps parfait. Il est donc vrai de dire que Jésus-Christ ressuscitant reprit le prépuce qui avoit été coupé le jour de sa circoncision : Or, s'il l'a repris, comment peut-il être aujourd'hui sur la terre, puisque l'Écriture n'en dit rien ? » J.-B. Thiers, t. II, p. 416.

[1] « Le Père Charles Rapine, gardien des Récollets de Paris, prétend avoir prouvé qu'il y a une parcelle du nombril de Jésus-Christ à Châlons en Champagne. Il suppose qu'après qu'on eut coupé le nombril (sic) au fils de Dieu, la sainte Vierge le prit et le conserva. Après la mort de la sainte Vierge, il fut porté à Constantinople. A Constantinople, on le donna à Charlemagne. Charlemagne étant à Rome pour se faire couronner empereur, en fit présent au pape Léon III, qui le fit mettre dans l'église de Saint-Jean de Latran. Environ 1310, sous le pontificat de Clément V, on le partagea en trois parcelles ; il en demeura une à Saint-Jean de Latran, on porta l'autre à Constantinople, et l'on donna la troisième à l'église Notre-Dame de Châlons. » J.-B. Thiers, t. II, p. 417.

Le reliquaire où était gardée cette dernière ayant été ouvert en 1707, on y trouva seulement : « de petites pierres enfermées dans un morceau de soie rouge. » L'évêque voulut supprimer cette étrange relique et le culte qui lui était rendu, mais les habitants ne le permirent pas. Sur ce sujet, voyez cinq pièces curieuses conservées à la bibliothèque Mazarine, recueil coté 42, 672.

[2] A Paris seulement.

[3] Voir une communication faite à l'Académie des inscriptions par M. de Mély en février 1899. Ces 560 épines pourraient, dit-il, à peine se trouver sur une branche de 3 mètres 50. Comptes rendus des séances de l'académie des inscriptions pour 1899, p. 126 et 156.

Et chaque église prouvait par abondantes raisons qu'elle possédait seule la vraie, l'authentique relique.

Pour donner une idée de l'importance accordée aux reliques dans les couvents, prenons comme exemple l'abbaye de Saint-Germain des Prés, dont un docte religieux a écrit l'histoire au dix-septième siècle.

On a vu qu'au début du treizième siècle, les reliques de saint Leufroy avaient été transférées de leur ancienne châsse très simple dans une nouvelle, couverte de lames d'argent. A cette occasion, l'abbé donna un ossement du saint à l'évêque de Carcassonne, qui avait présidé la cérémonie, un os du bras à l'abbé qui l'avait assisté, et une côte aux habitants de Suresnes, vassaux de l'abbaye [1].

En 1267, l'on retrouva, cachées derrière un autel les reliques de saint Amand. L'ambassadeur d'Espagne ayant appris le fait en sollicita quelques fragments pour son roi, et il obtint le menton du saint évêque. Deux abbés eurent aussi quelques côtes et quelques dents [2].

En 1577, les habitants de Suresnes viennent

---

[1] Dom Bouillart, pièces justificatives, p. LV.
[2] *Ibid.*, p. lxij.

se plaindre que leur relique de saint Leufroy
a disparu. L'abbé leur envoie un os de la
cuisse du bienheureux et la mâchoire inférieure, à laquelle adhéraient encore trois gros-
ses dents. La même année, le couvent acquiert
partie d'une côte de saint Médard, et deux
fragments de doigts, provenant l'un de saint
Sébastien et l'autre de saint Grégoire [1].

En 1592, l'église Saint-Leufroy obtient de
l'abbaye un morceau d'une côte de son saint
patron. Ce don lui fut consenti, dit Dubreul,
« à l'instante et dévotieuse requeste des habitans voisins, et spécialement du sire Denys
Tostée, orfèvre, nostre intime amy [2]. »

En 1597, les Feuillants, qui viennent de
s'établir à Paris, recherchent des reliques pour
sanctifier leur couvent, et l'abbé leur octroie
une côte de saint Aurèle, un doigt de saint
Amand, un doigt de saint Leufroy, etc., etc.
Quelques jours après, on voit reparaître les
habitants de Suresnes. Ils exposent que les
huguenots ont méchamment brûlé les reliques
dont l'abbé les avait gratifiés : on leur accorde
un petit os de la jambe de saint Leufroy. La
même année, les religieux concèdent encore

[1] Bouillart, p. xcix.
[2] Dubreul, p. 593. — Voy. aussi Bouillart, p. 206.

au secrétaire du légat un os de saint Luce, un os du bras de saint Thuriave et un os de saint Chrysante ; à l'abbé de Lérins un os de l'épaule de saint Thuriave ; à Alex. de Larochefoucault un os d'un doigt de saint Leufroy, etc., etc.[1].

En 1601, trafic de petits ossements ayant appartenu à saint Vincent de Valence[2].

En 1639, l'abbaye offre à Louis XIII, pour servir de sauvegarde au château de Saint-Germain en Laye qu'il habitait alors, la clavicule droite de saint Germain[3].

La plus humble relique semblait don inestimable. Les souverains en acceptaient donc volontiers, et volontiers aussi en enrichissaient leurs églises préférées.

Lors du sacre de Louis XIII, Marie de Médicis donna à Notre-Dame de Reims un os de saint Louis, souvenir d'autant plus précieux qu'il était richement enchâssé[4]. Toutefois, il est bon de remarquer que les libéralités de ce genre n'étaient pas absolument gratuites, en ce sens que très souvent l'établissement gratifié s'engageait, par acte passé

[1] Bouillart, p. xcv.
[2] *Ibid.*, p. xci.
[3] *Ibid.*, p. xcvii.
[4] Le Nain de Tillemont, t. V, p. 224.

devant notaires[1], à faire dire des messes annuelles pour le repos de l'âme de son bienfaiteur.

Anne d'Autriche paraît avoir réuni beaucoup de reliques dont, au reste, elle n'était point avare. Nous la voyons offrir à l'église Saint-Germain l'Auxerrois un ossement de saint Vincent[2]; à l'église Saint-Eustache des os de sainte Reine [3]; à l'hôpital de la Charité un os du bras droit de saint Jean de Dieu, qu'elle obtint de son frère [4] Philippe IV, car le corps

[1] Voy. un acte de ce genre en faveur d'Anne d'Autriche, dans Le Maire, *Paris ancien et nouveau*, t. I, p. 547.

[2] Lebeuf, t. I, p. 48.

[3] G. Viole, *Vie de sainte Reine, vierge et martyre*, p. 33.

[4] Cette relique arriva au Louvre le 11 septembre 1660. Les supérieurs de la Charité y furent convoqués par la reine. « Elle commanda qu'on apportât la caisse qui contenoit le reliquaire, et sur laquelle ces paroles étoient écrites en espagnol : « A la Reine très chrétienne, ma très chère sœur et dame. » Et après que le Roy, suivi de Monsieur, son frère unique, des princes du sang et de plusieurs seigneurs, fut arrivé, elle avertit l'évêque d'Amiens d'en faire l'ouverture. On y trouva une relique qu'on reconnut pour avoir été tirée du bras droit du saint, et qui est l'ossement que les chirurgiens nomment radius. Leurs Majestés s'étant prosternées en terre, la vénérèrent, et à leur exemple toute la Cour fit la même chose. » Quel spectacle ! Et il faut bien admettre que presque tous ces personnages étaient de bonne foi.

Le reliquaire fut d'abord mis en dépôt dans l'église Saint-Germain des Prés ; puis, le 24 novembre, on le transféra à la Charité en grande pompe. Il y eut par les rues de Paris longue procession, à la Cour hymnes, *Te Deum*, musique,

du bienheureux était conservé à Grenade. Dans l'inventaire des biens de cette princesse figurent deux épines de la sainte Couronne.

Mazarin ayant reçu d'Urbain VIII le corps de saint Saturnin, l'offrit galamment à la femme d'Émery, son surintendant des finances, qui finit par le donner aux Minimes [1]. Un peu plus tard, quand les Théatins, que le cardinal avait appelés en France et installés sur le quai Malaquais, inaugurèrent leur couvent, il se chargea de le fournir de reliques, et il leur fit remettre :

Un fragment de la crèche de Jésus-Christ.
Des vêtements de saint Joseph.
Un doigt de saint Jean-Baptiste.
Un doigt de sainte Agnès.
Une dent de saint Alexis.

messe solennelle où la reine mère, le roi, les princes, les seigneurs, les ambassadeurs, etc. assistèrent en ardente piété.

Cette sainte journée se termina par un miracle. « On remarqua comme une chose bien extraordinaire que les jours précédens ayant été pleins de brouillards épais qui ne promettoient que du froid et de la pluie, le tems fut néanmoins fort beau et tempéré le jour de la procession, de sorte qu'on croyoit presque être en printems : ce qui fut attribué aux mérites du saint et regardé comme un effet visible de sa protection et de sa puissance auprès de Dieu. » Girard de Ville-Thierri, *La vie de saint Jean de Dieu*, 1691, in-4°, p. 407.

[1] Baillet, *Vies des saints*, **29** novembre, t. XI, p. 916.

Un doigt de sainte Françoise.

Des nerfs du bras de sainte Anne.

Un fragment du crâne de saint Antoine de Padoue.

Des ossements de saint Sébastien.

Des ossements de saint Chrysostome.

Des ossements de saint Roch [1].

Anne de Gonzague qui, après une vie fort peu exemplaire, mourut pieusement en 1684, légua à Saint-Germain des Prés des reliques de saint Casimir, de saint Stanislas, de saint Fare et de saint Placide, du sang de Jésus-Christ, un clou et du bois provenant de sa croix : « J'atteste, dit-elle dans son testament, l'avoir vue dans les flammes sans brûler [2]. » L'abbaye en prit possession très solennellement, car le récit de la cérémonie fut imprimé sous ce titre *Procez-verbal de la translation d'une portion de la vraye croix, d'une partie d'un clou de Notre Seigneur et de quelques reliques de saint Casimir, faite de l'hostel de feuë madame la princesse Palatine en l'abbaye de Saint-Germain des Prez* [3].

Louis XIV portait, suspendues à son cou,

[1] Le Maire, t. II, p. 299.

[2] Bouillart, p. 278.

[3] Bibliothèque Mazarine, recueil coté A 15,229, 17ᵉ pièce.

des reliques qu'il ne quittait jamais, même la nuit [1]. J'ai raconté [2] que, tout enfant, il mordait ses nourrices jusqu'au sang. Perrette du Four, l'une d'elles [3], ayant été assez grièvement blessée par lui, la reine appliqua une relique de sainte Anne sur le sein de Perrette, qui fut aussitôt guérie [4]. La duchesse d'Albe soignant son fils malade, lui faisait prendre, en potions et en lavements, des reliques pulvérisées. L'enfant n'en mourut pas moins, au grand étonnement de sa mère [5].

Les reliques partagèrent le sort réservé aux objets précieux en temps de guerre. Les soudards n'hésitaient pas à violer les plus vénérables sépultures, à forcer les plus saints reliquaires, à jeter au vent le contenu pour s'emparer du contenant, « pour l'argent avoir qui autour étoit, » dit un journal tenu au quinzième siècle [6]. Il s'agit ici des Anglais, mais les Français en faisaient tout autant. Ainsi, lors de la prise de Soissons par les troupes de

[1] Trabouillet, *État de la France pour* 1712, t. I, p. 265.

[2] Voy. *L'enfant*, t. II, p. 100.

[3] Il en eut au moins neuf.

[4] Jal, p. 828.

[5] De la Place, *Pièces intéressantes et peu connues pour servir à l'histoire*, t. I, p. 190.

[6] *Journal d'un bourgeois de Paris sous Charles VII*, année 1436, édit. Tuetey, p. 313.

Charles VII, « furent violées casses [1], relic-
quaires rompus, les ocellemens [2] des corps
sains gectez dehors, le corps de Jhésu-Christ
hosté hors des vaisseaux qui estoient dedans le
tabernacle, pour avoir yceulx vaisseaux [3]. »
C'est bien de cette façon qu'agissait le vaillant
capitaine dont parle Brantôme [4], et qui, du
prix des reliques qu'il avait pillées, s'était fait
confectionner un riche collier.

Les huguenots regardaient comme un devoir de les détruire, et une foule d'entre elles
disparurent durant les dissensions civiles du
seizième siècle. Mais, des religieux bons ména-
gers se dirent alors que, perdues pour perdues,
mieux valait qu'au moins l'Église en tirât profit, et ils se mirent à en vendre sous main,
« faisant accroire que les huguenots les
avoient prises par force [5]. » On accusa aussi,
et non sans raison, la Cour de les avoir imités.
En 1575, un fragment de la vraie croix déposé
à la Sainte-Chapelle disparut. Le bruit fut
répandu qu'il avait été volé, mais il est plus
vraisemblable que Catherine de Médicis ou

[1] Cassettes.
[2] Ossements.
[3] Jean le Fèvre, *Chronique*, édit. Morand, t. I, p. 165.
[4] Tome II, p. 206 et 435.
[5] Brantôme, t. IV, p. 332.

son digne fils Henri III avaient trouvé moyen
d'en trafiquer [1].

Au moment où éclata la Révolution, les
maisons religieuses qui possédaient le plus de
reliques étaient la Sainte-Chapelle, l'église
Notre-Dame, celle des Quinze-Vingts, l'abbaye de Saint-Victor, le Val-de-Grâce, l'église
des Feuillants et le couvent des Minimes de
la place Royale.

Presque toutes les reliques conservées à
Paris furent anéanties lors de la confiscation
des biens ecclésiastiques. Les officiers municipaux firent alors envoyer à la Monnaie châsses
et reliquaires, sans se soucier des glorieux
ossements qu'ils renfermaient. On n'en put
sauver qu'un bien petit nombre, et encore les
rares débris qui passent pour avoir échappé à
la destruction ne sont-ils pas tous bien authentiques.

Louis XVI ayant appris (1791) que la municipalité allait saisir les incomparables reliques
de la Sainte-Chapelle, les réclama, et elles lui

[1] « Le mardi 10ᵉ jour de mai, fut dérobée la vraie croix
estant en la Sainte-Chapelle du Palais; de quoi le peuple
et toute la ville furent fort émeus... La commune opinion
estoit qu'on l'avoit envoïée en Italie, pour gage d'une grande
somme de deniers, du consentement tacite du Roy et de la
Roine, sa mère. » Lestoile, *Journal de Henri III*, t. I, p. 58

furent remises. Il espéra les sauver en les réunissant au trésor de l'abbaye de Saint-Denis, mais elles n'y jouirent pas d'un long repos. En 1793, la municipalité de cette ville, « estimant que de pareils objets étaient de nature à entretenir dans le peuple des idées superstitieuses, » crut devoir les enlever. La Convention en accepta l'hommage, puis les expédia à la Monnaie, où on les dépouilla de l'or, de l'argent et des perles dont ils étaient enrichis. Lorsqu'on eut retiré de leurs châsses les fragments de la vraie croix, la couronne d'épines, etc., un sieur Auguste, habile orfèvre qui faisait partie de la commission, pria ses collègues de les lui laisser emporter, afin de les donner à sa femme qui avait le ridicule d'être très pieuse. Personne n'y vit le moindre inconvénient. Survint la Terreur, l'orfèvre craignit une dénonciation, et n'osant conserver chez lui des objets si compromettants, il attendit une nuit noire, et s'en alla les enterrer dans un jardin qu'il possédait à l'Hay, près de Paris. Vaine précaution. Après le rétablissement du culte par Napoléon, Auguste songa à se défaire des précieux souvenirs enfouis dans sa proprieté, et résolut de les offrir à l'église Notre-Dame. Il convoqua donc quel-

ques ecclésiastiques pour venir avec lui déter-
rer son trésor et en reconnaître l'authenticité.
Une déception les attendait, car on eut beau
multiplier les recherches, toutes restèrent infructueuses. On supposa que quelque servi-
teur infidèle, ayant vu ses maîtres occupés
dans le jardin à une heure indue, les avait
épiés et trahis [1].

La perte semblait irréparable. Mais presque
aussitôt, un sieur Oudry, vint déclarer que,
lors de l'ouverture des châsses à la Monnaie,
il avait pu dérober la couronne d'épines. A
moins que l'orfèvre n'eût menti, cela supposait un miracle, bien admissible d'ailleurs en
pareille circonstance. Le cardinal de Belloy,
archevêque de Paris, réclama donc la couronne, et elle figure encore aujourd'hui parmi
les reliques vénérées à Notre-Dame [2]. On y
a joint un fragment de la vraie croix, dont
un sieur Bonvoisin avait, paraît-il, réussi aussi
à s'emparer [3].

Ce n'est pas tout. L'abbaye de Saint-Denis
avait possédé un des clous provenant du sup-

---

[1] Voy. la *Revue archéologique*, V* année (1848), p. 173.

[2] Voy. A.-P.-M. Gilbert, *Description historique de la
basilique métropolitaine de Paris*, 1821, in-8°, p. 334.

[3] Gosselin, *Notice historique sur la sainte couronne
d'épines*, p. 65.

plice de Jésus-Christ; il fut restitué en 1827 par le chimiste Claude Lelièvre, qui attesta par serment qu'il avait pu l'arracher à la destruction [1]. Enfin, le fragment de la vraie croix légué jadis à Saint-Germain des Prés par Anne de Gonzague reparut à son tour ; celui-là avait été sauvé en 1793, dit l'abbé François Martin, par M. Roussineau, ancien curé de la Sainte-Chapelle [2].

Quelques reliques furent brûlées en pleine séance de la Commune [3]. Mais l'endroit consacré pour les exécutions de ce genre était la place de Grève. Le journaliste Prudhomme écrivait à la fin de l'année 1792 : « Les cœurs des tyrans, embaumés et déposés au Val-de-Grâce, sont déjà gisans pêle-mêle sur le pavé de la chapelle funèbre qui les renfermait, et

[1] F. Martin, *Étude sur les reliques de la Passion*, p. 76. — En 1804, l'on déposa à Notre-Dame les reliques suivantes provenant également de l'abbaye de Saint-Denis, et qui avaient, dit-on, été sauvées aussi : Un fragment de la vraie croix, une cheville de bois arrachée à la même croix, un morceau de l'éponge présentée à Jésus-Christ, un fragment d'une des pierres de son sépulcre, une chemise de saint Louis et sa discipline. Voy. Gilbert, p. 354.

[2] Page 50. — Faisons remarquer qu'il n'y eut jamais de curé à la Sainte-Chapelle. Voy. dans cette collection : *Devant les tribunaux*, p. 194.

[3] Voy. le *Moniteur universel* du 28 brumaire an II. — Prudhomme, *Révolutions de Paris*, n° 216, p. 274. — Buchez et Roux, *Histoire parlementaire*, t. XXX, p. 200.

dépouillés de leur enveloppe d'argent et d'or.
Ce n'est pas assez ; requérons qu'ils soient transportés dans un tombereau sur la place de Grève
et jetés au feu [1]. » Je rappelle que, depuis
Anne d'Autriche, les cœurs de tous les princes
et princesses de la famille royale étaient conservés au Val-de-Grâce. Chacun d'eux reposait
dans un cœur de plomb, enfermé lui-même
dans un cœur de vermeil surmonté d'une
couronne de même métal.

C'est sur la place de Grève que furent mises
en cendres les reliques de la patronne de Paris,
sainte Geneviève, dont le tombeau avait été
déjà détruit et brûlé par les Normands en l'an
857 [2]. Transportée à la Monnaie le 8 novembre
1793 [3], la châsse y fut ouverte, et le procès-
verbal de dépouillement [4] envoyé au pape.
L'on arrêta enfin que « les ossemens et guenil-
les qui s'y trouvoient seroient brûlés sur la
place de Grève, pour expier le crime d'avoir
servi à propager l'erreur et à entretenir le luxe

---

[1] *Révolutions de Paris*, n° 182.

[2] « Cremarunt incendio, nec sacro loco parcentes, nec
beatæ virgini aliisque sanctis qui ibi requiescunt. » Dans le
Recueil des historiens, t. VII, p. 72.

[3] *Moniteur universel*, n° du 9 novembre.

[4] On le trouvera au complet dans le *Bulletin de la Société
de l'histoire de Paris*, t. XII (1885), p. 113.

d'une foule de fainéans [1]. » De l'aveu des écrivains ecclésiastiques, il fallut vraiment un miracle pour que quelques restes de la sainte pussent de nouveau être offerts à la vénération des fidèles [2].

LES RELIQUES

ADORATION PERPÉTUELLE (Bénédictines de l'), *rue Cassette.* — Le corps de s^te Ide, mère de Godéfroy de Bouillon [1].

ANGLAISES [2] (Augustines), *rue des Fossés St-Victor.* — Une dent de s. Cuthbert [3].

ASSOMPTION (Augustines de l'), *rue St-Honoré.* — Le corps entier de s^te Théodore, don du cardinal A. Barberini [4].

AUGUSTINS DÉCHAUSSÉS, *place des Victoires.* — Rel. de s^te Thérèse [5]. — Une chasuble ayant servi à Claude Bernard [6], don de la présidente de Lamoignon [7].

---

[1] *Histoire de la Révolution, par deux amis de la liberté*, t. XII, p. 79.

[2] Sur ce sujet, voy. Ouin-Lacroix, *Histoire de l'église Sainte-Geneviève*, p. 58 et 115. — Abbé Faudet, *Notice historique sur la paroisse Saint-Étienne du Mont*, p. 74. — Lefeuve, *Histoire de Sainte-Geneviève*, p. 261.

[1] *Almanach spirituel pour* 1735, p. 30. — [2] Dites de N.-D. de Sion. — [3] Godescart, *Vies des saints* de A. Butler, traduites en français, 1763-82, 12 vol. in-8°, t. III, p. 86. [4] Le Maire, *Paris ancien et nouveau*, 1685, 3 in-12, t. I, p. 302. — [5] *Alm. spirituel*, p. 75. — [6] Dit *le pauvre prêtre*, mort en 1641. Il avait employé en aumônes un héritage de 400,000 livres. — [7] Piganiol de la Force, *Description de Paris*, 1765, 10 in-12, t. III, p. 109.

AUTUN (Collège d'), *rue St-André des Arts*. — Un fragment du bois de la vraie croix [1].

AVE MARIA (Filles de l'), *rue des Barres*. — Le menton de ste Cécile. — Un bras de ste Christine. — Un doigt de s. Jean Chrysostome. — Un pied d'un Innocent. — Trois têtes des 11,000 vierges. — Un os de s. Candide et un os de s. Luc [2]. — Le chef de s. Adrien [3].

BARNABITES, *rue St-Éloi*. — Le corps et une chemise de ste Aure [4]. — Un soulier de s. Éloi. — « Une couverture de lit, piquée et tachée de sang que l'on croit estre de s. Éloi, qui estoit sujet à saigner du nez [5]. » — Un fragment de la vraie croix. — Un os du doigt de s. Fiacre [6]. — Un os du bras de s. Éloi [7].

BEAUVAIS (Collège de), *rue St-Jean de Beauvais*. — La tête de s. Donat [8].

BERNARDINS (Collège des), *rue des Bernardins*. — La tête de s. Jean Chrysostome [9].

BLANCS-MANTEAUX, *rue des Blancs-Manteaux*. — Deux têtes des Macchabées [10]. — Une épaule de s. Laurent. — Rel. de s. Guillaume, de s. Benoît,

---

[1] Cl. Malingre, *Antiquitez de Paris*, 1640, in-folio, p. 326. — [2] Malingre, p. 593. — [3] Le Maire, t. I, p. 303. — [4] Corrozet, *Antiquitez de Paris*, 1586, in-18, p. 36. — [5] Malingre, p. 133. — Toute mention non accompagnée d'une note a pour source l'ouvrage indiqué dans la note suivante. — [6] Cocheris, *Notes et éclaircissements sur l'histoire du diocèse de Paris* de l'abbé Lebeuf, t. III, p. 415. — [7] *Alm. spirituel*, p. 87. — [8] Lebeuf, *Histoire du diocèse de Paris*, 1754,15 in-12, t. II, p. 601. — [9] Baillet, *Vies des saints*, 1704, 24 in-12, t. I, p. 740. — [10] Dubreul, *Théâtre des antiquitez de Paris*, 1639, in-4°, p. 667.

de s. Roch[1]. — Un fragment de la vraie croix[2].

Bons-Enfants (Collège des), *rue S*ᵗ*-Victor.* — La chasuble de s. Charles Borromée[3].

Calvaire (Filles du), *rue des Filles-du-Calvaire.* — Le cœur du cardinal de Retz, supérieur de la congrégation[4].

Capucines, *place Louis-le-Grand.* — Le corps de s. Ovide, offert par le duc de Créqui, qui l'obtint en 1665 du pape Alexandre VII[5].

Capucins, *rue d'Orléans, au Marais.* — Un fragment de la vraie croix[6].

Capucins, *rue S*ᵗ*-Honoré.* — Une vierge en bois sculpté, dite de N. D. de la Paix[7].

Carmélites de l'Incarnation, *rue S*ᵗ*-Jacques.* — Un doigt de sᵗᵉ Thérèse, don de Marie de Médicis[8]. — Rel. de s. Baudin, évêque de Tours[9].

Carmes, *place Maubert.* — Du lait de la Vierge et des cheveux de J.-C. donnés en 1353 par la reine Jeanne, femme de Jean II[10]. — Un fragment d'un des clous de la vraie croix, donné en 1398 par Blanche de Navarre, veuve de Philippe VI[11]. — Rel. de s. Marcou[12].

Carmes réformés, *rue des Billettes.* — Le canif

---

[1] Malingre, p. 624. — [2] *Alm. spirituel*, p. 69. — [3] Baillet, t. XI, p. 138. — [4] F. Bournon, *Additions à l'hist. du diocèse de Paris* de l'abbé Lebeuf, 1890, in-8°, p. 61. — [5] *Annales des Capucins de la province de Paris*, Biblioth. Mazarine, ms. n° 2,418, f° 516. — [6] *Alm. spirituel*, p. 69. — [7] Cocheris, t. III, p. 543. — [8] Baillet, t. X, p. 480. — [9] *Alm. spirituel*, p. 81. — [10] « Une image d'argent, tenant d'une main un petit vase de crystal contenant du laict de la glorieuse Vierge, et de l'autre un autre vase de crystal où il y a des cheveux du précieux chef de N. S. J. C. ». Malingre, p. 263. — [11] Dubreul, p. 431. — [12] Baillet, t. V, p. 41.

avec lequel un juif perça une hostie consacrée[1].

CÉLESTINS, *quai des Célestins*. — Le manteau du cardinal Pierre de Luxembourg, év. de Metz.[2] — Rel. de s. Maurice[3].

CHARITÉ (Hôpital de la), *rue des Sts-Pères*. — Un os du bras droit de s. Jean de Dieu, donné en 1660 par Anne d'Autriche[4].

CHARTREUX, *rue d'Enfer*. — Une des sandales de s. Jean-Baptiste, donnée par le duc de Berri, fils du roi Jean[5]. — Rel. de s. Quentin, de s. Lubin, de ste Preuve[6] et de ste Rose de Viterbe[7].

CORDELIÈRES, *rue de Loursine*. — « Un petit habit de bure grise dont elles prétendent que s. Louis se servoit sous ses habits royaux. Elles en ont aussi un manteau royal dont elles ont fait une chasuble et des tuniques[8]. » — Rel. de s. Aventin et de ste Hoilde ou Holde[9].

CORDELIÈRES, *rue des Cordelières*. — Fragment de la mâchoire inférieure de s. Bonaventure, donné par Anne d'Autriche en 1662[10]. — Rel. de s. Pie[11].

---

[1] Thiéry, *Guide des amateurs et des étrangers voyageurs à Paris*, 1787, 2 in-12, t. I, p. 567. — H. Estienne écrit à tort que ce canif était conservé à Saint-Jean en Grève. *Apologie pour Hérodote*, édit. Ristelhuber, t. II, p. 342. — [2] *Alm. spirituel*, p. 47. — [3] Baillet, t. IX, p. 552. — [4] Voy. ci-dessus, p. 195. — [5] Dubreul, p. 354. — Il leur avait promis aussi le menton du même saint, qui ne leur fut pas délivré. Voy. Ducange, *Traité histor. du chef de s. Jean-Baptiste*, 1665, in-4°, p. 152. — [6] Lebeuf, t. I, p. 182. — [7] *Alm. spirituel*, p. 22. — [8] Le Nain de Tillemont, *Vie de s. Louis*, 1847-51, 6 in-8°, t. V, p. 225. — [9] Cl. Chastelain, *Martyrologe universel*, 1709, in-4°, p. 207. — [10] R. P. Boule, *Hist. de la vie, des vertus et du culte de s. Bonaventure*, 1747, in-8°, p. 177. — [11] Cocheris, t. III, p. 320.

Doctrine chrétienne (Frères de la), *rue des Fossés-S*-Victor*. — Rel. de s[to] Agnès [1].

Écoles chrétiennes (Frères des), *rue N.-D. des Champs*. — Des fragments de la vraie croix, du voile de la Vierge et du manteau de s. Joseph. — Rel. de s. Exupère [2].

Feuillants, *rue S*-Honoré*. — Ce monastère acquiert successivement : En 1597, une côte de s. Aurèle, un doigt de s. Leufroy, un doigt de s. Amand, une vertèbre de s. Évilase, donnés par l'abbaye de St-Germain des Prés [3]. — En 1598, un os du chef de s. Bernard, un fragment de l'épaule de s[to] Apolline, et des rel. de sept bienheureux. — En 1604, un fragment de la ceinture et de la robe de s[to] Anne, des rel. de s. Bernard et de s[to] Anne. — En 1605, un fragment de la ceinture de s[to] Marguerite, et des rel. de onze saints. — En 1610, un fragment de la vraie croix. — En 1650, un fragment de la ceinture de s. Joseph. — En 1664, le corps de s. Zénon, donné par Louis XIV. — En 1665, une vertèbre de s. Robert, abbé de Molême. — En 1669, un os du chef de s[to] Marguerite. — En 1672, des rel. de quatre saints [4].

---

[1] *Alm. spirituel*, p. 15. — [2] Cocheris, t. III, p. 245. — « Le corps de s. Exupère, admirablement modelé en cire, renferme les parties conservées, telles que les dents, l'os de l'avant-bras, plusieurs côtes, etc. » Note fournie par le P. Philippe, supérieur général. — [3] D. Bouillart, *Hist. de l'abbaye de S*-Germain des Prés*, 1722, in-folio, pièces justificatives, p. xcv. — [4] *Chronique du monastère roial de s*-Bernard des Feuillans*. Bibl. Mazarine, ms. n° 3,334, f°s 16, 24, 25, 26, 34, 113, 159, 167, 193 et 218.

FILLES - DIEU, *rue St-Denis.* — Un doigt de
s. Louis[1]. — Une rel. de s. Magloire, év. de Dol[2].

HOTEL-DIEU (Chapelle de l'). — Rel. de s. Laurent, archev. de Dublin[3].

JACOBINS, *rue St-Honoré.* — Rel. de s. Hyacinthe
de Pologne, donnée par Anne d'Autriche[4].

JACOBINS, *rue St-Jacques.* — Un bras de s. Thomas d'Aquin, envoyé par Urbain V, en 1366[5]. —
Un os de la main de s. Louis[6]. — Un des doigts
de s. Pierre, martyr, et le couteau qui le frappa[7].

JÉSUITES (Maison professe des), *rue St-Antoine.* —
Un flacon rempli de sang provenant de s. François
Xavier[8]. — Rel. de s^{te} Rosalie[9].

LONGCHAMP (Abbaye de). — Le corps de s^{te} Isabelle, sœur de s. Louis et fondatrice du couvent[10].
— Un oreiller, une chemise, une tunique et un bas
de laine qui ont servi à cette sainte[11].

---

[1] Le Nain de Tillemont, t. V, p. 224. — [2] Baillet, t. X,
p. 760. — [3] *Alm. spirituel*, p. 83. — [4] Godescart, t. VII,
p. 363. — [5] « Le roi, avec tous les princes et seigneurs de
la Cour, les cardinaux, archevêques, évêques qui se trouvoient à Paris, tout le clergé séculier et régulier, l'Université en corps, et un peuple infini se rendit à l'abbaye de
Ste-Geneviève, où la relique avoit été déposée, pour
être portée de là en procession à l'église du couvent de
St-Jacques... Le roi reçut la sainte relique à genoux et
la baisa avec respect... Tous les royaumes chrétiens ont
envié à la France le bonheur qu'elle a de posséder cette
précieuse dépouille. » A. Touron, *La vie de s. Thomas
d'Aquin*, 1737, in-4°, p. 348. — [6] Tillemont, t. V, p. 224.
— [7] *Alm. spirituel*, p. 66. — [8] Daurignac, *Histoire de
s. François Xavier*, 1881, in-18, t. II, p. 252. — [9] *Alm.
spirituel*, p. 66. — [10] Lebeuf, t. III, p. 29. — [11] Thiéry, t. I,
p. 23.

Louis-le-Grand (Collège), *rue St-Jacques*. — Rel. de s. Maurice [1].

Mathurins, *rue des Mathurins*. — Un pouce de s. Jérôme [2]. — Un pouce de s. Mathurin [3]. — Une côte de s. Laurent. — Une rel. de s. Roch. — Les gants et l'écritoire de s. 'Louis. Son manteau royal, « dont on a fait une chasuble qui ne sert que pour le jour de la fête du saint roi [4]. »

Minimes, dits de Nigeon, *rue de Chaillot*. — Un bonnet de laine brune ayant servi à s. François de Paule [5]. — Rel. de s. Côme et de s. Damien [6].

Minimes, *place Royale*. — La moitié d'un bonnet, deux morceaux d'un manteau et une vertèbre de s. François de Paule. — Six corps saints. — Rel. de quatorze saints. — Deux fragments de la vraie croix [7]. — Une vertèbre et une côte de s. Jean de Dieu, envoyées en 1667 par le supérieur des Minimes de Grenoble [8]. — Une partie du manteau sur le lequel s. François de Paule a passé à sec le détroit de Sicile [9]. — Le bois de lit dont se servait

---

[1] Baillet, t. IX, p. 553. — [2] J. Martianay, *La vie de s. Jérome*, 1706, in-4°, p. 521. — [3] Lebeuf, t. I, p. 180, et t. III, p. 127. Et non le corps entier. Voy. E. Thoison, *S. Mathurin, étude historique*, 1889, in-8°, p. 57. — [4] Piganiol, t. VI, p. 291. — [5] F. Giry, *La vie de s. François de Paule*, 1681, in-18, p. 211. Voy. aussi Cocheris, t. IV, p. 323. — [6] Baillet, t. IX, p. 691. — [7] *Annales des Minimes de France*. Bibl. Mazarine, ms. n° 2,429, f° 139. — [8] Girard de Ville-Thierri, p. 416. — [9] « Le saint étendit paisiblement son manteau sur les ondes du golfe de Caribde, et estant monté dessus avec ses deux disciples, il s'en servit comme d'une barque assurée pour traverser le détroit si dangereux. » F. Giry, p. 94.

s. Charles Borromée quand il faisait la visite de son diocèse. — La mitre de taffetas blanc trouvé sur la tête de s. François de Sales lorsqu'on ouvrit son tombeau en 1632[1].

MISÉRICORDE (Hospitalières de la), *rue Mouffetard.* — Un fragment du crâne de s. Julien dit l'Hospitalier qui avait été apporté d'Orient à la reine Brunehaut.[2] — Un fragment du crâne de s[te] Basilisse[3].

MISSION (Prêtres de la), dit LAZARISTES, *faubourg St-Denis.* — Deux dents de s. Lazare[4]. — Le corps de s. Vincent de Paul[5].

MONTAIGU (Collège de), *rue des Sept-Voies.* — Rel. de s. Spérat[6], de s[te] Valère, des s[ts] soldats maures martyrisés à Cologne[7].

MONTMARTRE (Abbaye de). — Rel. de s. Benoît, données en 1625, et de s. Aigulfe, archev. de Bourges[8].

NAVARRE (Collège de), *rue de la Montagne-S[te]- Geneviève.* — Une côte de s. Guillaume, archev. de Bourges[9]. — Rel. de s. Didier, év. de Langres[10].

---

[1] Le Maire, t. II, p. 171. — [2] Lebeuf, t. II, p. 415. — [3] Godescart, t. I, p. 165. — [4] Lebeuf, t. II, p. 483. — [5] Collet, *Vie de s. Vincent de Paul,* 1748, in-4°, t. II, p. 565. Soustrait à la destruction en 1793, il fut transporté en 1830 dans la chapelle St-Vincent de Paul, rue de Sèvres, maison mère de la congrégation de St-Lazare. Voy. *Description et histoire de l'église St-Vincent de Paul, par un paroissien,* s. d., in-12, p. 11, et M. de Bussy, *St-Vincent de Paul,* Limoges, s. d., p. 284. — [6] Baillet, t. VII, p. 496. — [7] *Alm. spirituel,* p. 76 et 90. — [8] Lebeuf, t. III, p. 103. — [9] Chastelain, p. 20. — [10] *Alm. spirituel,* p. 39.

NAZARETH (Franciscains de), *rue du Temple.* — Un fragment de la vraie croix [1]. — Rel. de s. Sinier, év. d'Avranches [2].

NOTRE-DAME (Église). — Du lait, une dent et la ceinture de la Vierge. — Des pierres du sépulcre de J.-C. — Plusieurs morceaux de la vraie croix. — Des pierres dont fut lapidé s. Étienne. — Le chef, le genou, le cilice et des vêtements de s. Denis. — Le cilice de s. Éloi. — Le genou, la barbe, le cilice et la soutane de s. Germain, év. de Paris. — Une manche et le cilice de s. Germain, év. d'Auxerre. — Le cierge de s[te] Geneviève. — Un doigt de s. Jean-Baptiste [3]. — Une côte de s. Louis, donnée par Philippe le Bel [4]. — Les corps de s. Marcel, de s. Lucain, de s. Justin, de s. Gendulfe, etc. — Un doigt de s. Nicolas et de s. Blaise. — Fragment d'un doigt de s. Vincent de Paul, donné en 1730. — Un os du pied droit de s. Babolein donné en 1751. — Un bras de s. Siméon, donné par Philippe-Auguste. — Une vertèbre du cardinal Pierre de Luxembourg, donnée en 1632 par la duchesse de Ventadour. — La crosse, la mitre et l'étole d'Eudes de Sully, év. de Paris, qui acheva la construction de N.-D. — La crosse d'Étienne Tempier et celle de Denis du Moulin, tous deux év. de Paris [5]. — Des cendres, cheveux, ossements et vêtements de plus de trente saints.

NOTRE-DAME DES PRÉS (Bénédictines de), *rue de*

---

[1] *Alm. spirituel*, p. 69 et 78. — [2] Chastelain, p. 472. — [3] Dubreul, p. 29 et suiv. — [4] Tillemont, t. V, p. 223. — [5] Gueffier, *Curiosités de l'Église de Paris*, 1763, in-12, p. 271, 273, 291, etc.

Vaugirard. — Rel. de s. Libérat [1], de s. Acace, de s. Géréon, de s. Maurice [2].

PANTEMONT (Abbaye de), *rue de Grenelle S¹-Germain.* — Rel. de s. Mammès [3].

PICPUS (Franciscains de), *rue de Picpus.* — Rel. de s. Prix et de s. Cot [4]. — Un fragment de la vraie croix. — Une côte de s. Jude [5].

PORT-ROYAL, *faubourg S¹-Jacques.* — Quand Port-Royal des Champs fut évacué, l'archevêque de Paris délégua un vicaire de S¹-Nicolas pour opérer la translation des reliques qui y étaient honorées. « On assure que deux litières du Roi furent employées à ce transport [6]. » On déposa ces reliques à Port-Royal de Paris. Dans le nombre figurait la sainte épine qui avait fait de si nombreux miracles en 1656 [7]. Elle fut réunie à celle que conservait déjà la maison de Paris, et qui lui avait été donnée par la duchesse d'Orléans, abbesse de Chelles. Il s'y trouvait aussi des reliques de s. Thomas de Cantorbéry, don de l'abbé de S¹.-Victor [8]. Il est moins sûr que le couvent ait eu en sa possession des ossements de s. Vigile [9], le corps de s. Quentin et une des cruches ayant servi aux noces de Cana. On connaît au moins douze de ces précieuses reliques, celle qu'aurait eue Port-Royal était, dit-on, énorme, il aurait fallu trois hommes pour la porter à vide.

---

[1] Bournon, p. 276. — [2] *Alm. spirituel,* p. 44, 70 et 75. — [3] *Alm. spirituel,* p. 60. — [4] Godescart, t. IV, p. 602. — [5] *Alm. spirituel,* p. 69 et 78. — [6] *Mémoires histor. sur l'abbaye de Port-Royal des Champs,* t. VI, p. 154. — [7] Voy. Sainte-Beuve, *Port-Royal,* édit. de 1860, t. III, p. 108. — [8] Sainte-Beuve, t. V, p. 93. — [9] *Alm. spirituel,* p. 46.

PRÉCIEUX-SANG (Bernardines du), *rue de Vau-girard.* — Quelques gouttes du précieux sang sorti du crucifix percé par un juif[1].

PRÉMONTRÉS (Collége des), *rue Hautefeuille.* — Rel. de s. Gilbert[2].

QUINZE-VINGTS, *rue St-Honoré.* — Du bois de la vraie croix. — Une pierre du sol dans lequel fut plantée cette croix. — Une pierre et des rameaux provenant du mont Olivet. — Une pierre du saint Calvaire. — Une branche du figuier sous lequel se reposa la Vierge. — Une dent de s. Pierre. — Un fragment du chef et du bras de s. Nicolas. — Le chef de sᵗᵉ Christine. — Un morceau de la ceinture de s. Thomas et du suaire de sᵗᵉ Anne. — Un frag-ment de la croix de s. André. — Des reliques de dix-huit saints et de quatre saintes[3].

Sᵗ-ANDRÉ DES ARTS (Église), *rue St-André des Arts.* — Rel. de s. François de Sales[4].

Sᵗ-ANTOINE (Abbaye de), *faubourg St-Antoine.* — « Un couvre-chef filé de la main de sᵗᵉ Isabelle, sœur de s. Louis, pour les pauvres[5]. »

Sᵗ-BARTHÉLEMY (Église), *dans la Cité.* — Un os du bras de s. Barthélemy. — Un peu de la terre sur laquelle fut placé Jésus descendu de la croix[6]. — Rel. de huit à neuf saints et saintes[7].

Sᵗ-BENOIT (Église), *dans la Cité.* — Un os de s.

---

[1] Thiéry, t. II, p. 420. — [2] Godescart, t. IX, p. 346. — [3] On en trouve la liste dans Dubreul, p. 725, et dans Ma-lingre, p. 533. — [4] Baillet, t. I, p. 800. — [5] *Alm. spirituel,* p. 65. — [6] Malingre, p. 79. — [7] Le Maire, t. I, p. 361, et Lebeuf, t. I, p. 281.

Benoît [1]. — Rel. de s. Maurice, de s. Serge et de s. Bacque [2].

St-Bon (Église), *dans la Cité.* — Rel. de s. Bon, év. de Clermont [3], et de s[te] Colombe [4].

St-Come (Église), *rue des Cordeliers.* — La mâchoire inférieure de s. Côme [5].

St-Denis de la Chartre (Église), *dans la Cité.* — On prétendait que s. Denis y avait été incarcéré, d'où le nom de S.-Dyonisius de Carcere. L'on montrait aux fidèles les chaînes dont le saint aurait été chargé et le guichet par lequel ses cruels geôliers lui auraient transmis ses aliments [6]. En outre, « on voit dans la cave une grosse pierre noire, percée par le milieu comme pour y mettre le col d'un homme, et aux deux côtés il y a des trous pour passer des cordes. Les bourreaux ont attaché ces machines au col de s. Denis pour l'empêcher de prendre du repos dans sa prison [7]. » — Le crâne de s. Honest [8]. — Un fragment de la vraie croix [9].

St-Denis du Pas (Église), *dans la Cité.* — Rel. de s. Demestre et de s. Sabas [10].

St-Étienne des Grés (Église), *rue St-Jacques.* — Le bâton de la crosse de s. Denis [11]. — Une côte

---

[1] S. Millet, *Translation du corps de s. Benoist,* 1624, in-8°, p. 898. — [2] Baillet, t. IX, p. 552, et Godescart, t. IX, p. 479. — [3] Baillet, t. I, p. 386. — [4] Lebeuf, t. II, p 516. — [5] Lebeuf, t. II, p. 466. — [6] Bournon, p. 168. — [7] Le Maire, t. I, p. 501. — [8] Baillet, t. IX, p. 646. — [9] *Alm. spirituel,* p. 69. — [10] *Alm. spirituel,* p. 74 et 84. — [11] La crosse était à l'abbaye de St-Denis. Calvin dit, par erreur, la crosse de s. Pierre, *Traité des reliques,* édit. de 1599, p. 54.

de s. Étienne[1]. — Rel. de huit ou dix saints[2].

St-Eustache (Église), *rue du Jour*. — Rel. de ste Reine, donnée par Anne d'Autriche[3], de ste Agnès[4] et de s. Eustache[5]. — Un os de la tête et le métacarpe de s. Amadour[6].

St-Germain l'Auxerrois (Église). — Une sainte épine. — Rel. de s. Vincent, donnée par Anne d'Autriche en 1644[7]. — Plusieurs ossements de la main de s. Germain, év. d'Auxerre[8]. — Rel. de dix à onze saints ou saintes[9].

St-Germain des Prés (Abbaye de). —Divers fragments de la vraie croix, de l'éponge, des sandales, des habits, du sépulcre et de la crèche de J.-C. — Plusieurs épines de sa couronne. —'Un fragment de la colonne sur laquelle il fut flagellé. — Un linge teint de son sang. — Un morceau de la ceinture de la Vierge. — Un doigt de s. Casimir. — Le menton de ste Marguerite. — La jambe d'un Innocent. — Des os provenant des bras de s. Serge et de s. Turiaf. — Des os provenant des doigts de ste Madeleine et de s. Doctrovée. — La tête de s. Amand et celle de ste Nathalie. — Un fragment du tombeau de ste Madeleine. — Un linge qui a

---

[1] J. Doublet, *Histoire du protomartyr s. Estienne*, 1648, in-8°, p. 341. — [2] *Alm. spirituel*, p. 15, 16 et 73. [3] G. Viole, *La vie de ste Reine*, 1649, in-8°, p. 33. — [4] *Notice histor. sur l'église St-Eustache*, 1855, in-8°, p. 49. — [5] Godescart, t. IX, p. 4. Elle provenait de l'église St-Eustache de Rome. Piganiol, t. III, p. 203. — [6] Lebeuf, t. I, p. 97. — [7] Lebeuf, t. I, p. 45. — [8] « Que j'ay eu l'honneur de voir et de vénérer, » écrit G. Viole, *La vie et les vertus de saint Germain, évesque d'Auxerre*, 1656, in-4°, p. 207. — [9] Cocheris, t. I, p. 150. Le Maire, t. I, p. 547.

touché les reliques de l'apôtre s. Pierre. — Les corps de s. Germain, év. de Paris, et de six autres saints. — Des reliques de plus de soixante saints ou saintes [1].

St-GERMAIN LE VIEUX (Église), *dans la Cité.* — Un os du bras de s. Germain, év. de Paris [2].

St-HILAIRE (Église), *rue de la Montagne Ste-Geneviève.* — Rel. de s. Hilaire, év. de Poitiers [3].

St-HIPPOLYTE (Église), *faubourg St-Marcel.* — Rel. de s. Hippolyte, données en 1662 par l'abbé de St-Denis [4].

St-HONORÉ (Église), *rue St-Honoré.* — Rel. de s. Clair et de s. Honoré [5].

St-JACQUES LA BOUCHERIE (Église), *rue St-Jacques la Boucherie.* — L'étole de s. Charles Borromée [6]. — Rel. de s. Jacques et de s. Christophe [7].

St-JACQUES DU HAUT-PAS (Église), *faubourg St-Jacques.* — Rel. de s[te] Julienne [8].

St-JACQUES DE L'HÔPITAL (Église), *rue St-Denis.* — Un doigt de s. Jacques et le menton de s. Eustache, donnés par Jeanne d'Évreux, fille de Louis X, en 1327 [9]. — Le menton de s. Siméon [10].

St-JEAN EN GRÈVE (Église), *rue du Martroi.* — Un os du pied, une partie du foie, des gouttes de

---

[1] D. Bouillart, *Histoire de l'abbaye de Saint-Germain des Prez,* 1724, in-f[o]. *Description du trésor des saintes reliques,* p. 313.—[2] Sauval, *Antiquités de Paris,* 1724, in-f[o], t. I, p. 382. — [3] *Alm. spirituel,* p. 12. — [4] Lebeuf, t. I, p. 204. — [5] Lebeuf, t. I, p. 88. Mais non le corps entier, comme le prétend Dubreul, p. 599. —[6] Lebeuf, t. I, p. 319. — [7] Dubreul, p. 642. — [8] Baillet, t. II, p. 465. — [9] Le Maire, t. III, p. 176. — [10] Cocheris, t. I, p. 254.

sang, une mitre, des vêtements et un sermon manuscrit de s. François de Sales [1]. — La sainte hostie qui fut percée par un juif et saigna [2]. — Des bras de sept saints et diverses rel. de cinq à six autres [3].

St-Jean de Latran (Église), *rue St-Jean de Latran.* — Un des deniers reçus par Judas [4].

St-Josse (Église), *rue Aubry-le-Boucher.* — La moitié d'une vertèbre et un autre petit ossement de s. Josse [5].

St-Julien le Pauvre (Église), *rue de la Bûcherie.* — Rel. de s. Julien de Brioude, de s. François de Sales et de s. Vincent de Paul [6].

St-Landry (Église), *dans la Cité.* — Un os du doigt et un os du cou de s. Landry, év. de Paris [7].

St-Laurent (Église), *faubourg St-Laurent.* — Rel. de s. Laurent et de s. Domnole, év. du Mans [8].

St-Leu (Église), *rue St-Denis.* — Un fragment de la vraie croix [9]. — Le chef de s^{te} Cordule, une des 11,000 vierges [10].

St-Leufroy (Église), *à l'extrémité ouest du Pont-au-Change.* — « En l'an 1592, le 7e jour de juin, nous avons donné à la chapelle de sainct Leufroy une partie de l'une des costes dudit sainct [11]. »

---

[1] Lebeuf, t. I, p. 140, et Baillet, t. I, p. 800. — [2] Piganiol, t. IV, p. 111. — [3] Lebeuf, t. I, p. 140. — Dubreul, p. 606. — *Alm. spirituel*, p. 46. — Baillet, t. II, p. 81. — [4] Morand, *Hist. de la Ste-Chapelle*, 1790, in-4°, p. 171. — [5] Lebeuf, t. II, p. 489. — [6] A. Le Brun, *L'église St-Julien le Pauvre*, 1889, in-8°, p. 50 et 58. — [7] Dubreul, p. 70, et Le Maire, t. II, p. 52. — [8] Lebeuf, t. II, p. 477. — [9] *Alm. spirituel*, p. 56 et 69. — [10] Le Maire, t. II, p. 59. — [11] Voy. ci-dessus, p. 193.

St-Louis en l'Ile (Église). — Rel. de s. Flore, de s. Crescent, de s. Aurèle, de s^{te} Constance [1] et de s. François de Sales [2].

St-Louis du Louvre (Église), *rue St-Thomas du Louvre*. — Rel. de s. Nicolas [3] et de s. Thomas de Cantorbery [4].

St-Magloire (Abbaye de), *rue St-Jacques*. — Le corps presque entier de s. Magloire [5]. — Le chef de s. Gurval, év. de Guidalet [6]. — Un os du doigt de s. Gilles [7]. — Un fragment de la vraie croix [8]. — Rel. de s. Malo, de s^{te} Afre, etc. [9].

St-Marcel (Église), *faubourg St-Marcel.* — Le cercueil de s. Marcel [10]. — Rel. du pape s. Clément [11].

St-Martin des Champs (Prieuré de), *rue St-Martin*. — Le menton et l'anneau de s. Martin de Tours. — Une côte et le gril de s. Laurent. — Un bras de s. Apollinaire. — Une côte de s^{te} Odile. — Une joue de s^{te} Apollinaire. — Un fragment de la vraie croix. — Du lait de la Vierge [12]. — La tête et le calice de s. Chrodegand, év. de Séez [13]. — Rel. de divers saints [14].

---

[1] Abbé Pascal, *Notice sur l'île St-Louis*, p. 46. Abbé Collignon, *Hist. de la paroisse St-Louis en l'île*, p. 91. — [2] Baillet, t. I, p. 800. — [3] *Alm. spirituel*, p. 35. — [4] Baillet, t. XII, p. 599. Les Chapitres de St-Nicolas et de St-Thomas du Louvre avaient été réunis à celui de St-Louis. — [5] Giry, *Vie des saints*, 1719, 2 in-f°, t. II, p. 1532. — [6] Chastelain, p. 281. — [7] Lebeuf, t. I, p. 290. — [8] *Alm. spirituel*, p. 68. — [9] Godescart, t. X, p. 412, et t. XI, p. 219. — [10] Lebeuf, t. I, p. 195, et t. II, p. 15. — [11] Godescart, t. XI, p. 407. — [12] Inventaire dressé en 1342, dans Cocheris, t. II, p. 326. — [13] Lebeuf, t. I, p. 300, et Bournon, p. 149. — [14] Lebeuf, t. I, p. 300.

St-Médard (Église), *rue Mouffetard.* — Rel. de s. Médard, év. de Noyon [1].

St-Merri (Église), *rue St-Martin.* — Une dent molaire de s. Léonard [2]. — Les corps presque entiers de s. Merri et de s. Frou, son ami. — Une mamelle de s^{te} Agathe [3]. — Rel. de s. Léger, év. d'Autun, et de s^{te} Syre [4].

St-Nicolas-des Champs (Église), *rue St-Martin.* — Le chef de s^{te} Cécile [5].

St-Nicolas du Chardonnet, *rue St-Victor.* — Un fragment de l'humérus et une fiole contenant de l'eau qui coule des ossements de s. Nicolas [6].

St-Paul (Église), *rue St-Paul.* — Le corps de s. Quintinien [7].

St-Pierre des Arcis (Église), *dans la Cité.* — Un fragment de la vraie croix. — Rel. de s. Barthélemy et des 11,000 vierges [8].

St-Pierre de Chaillot (Église). — Rel. des martyrs de Montmartre [9].

St-Roch (Église), *rue St-Honoré.* — Le bras droit de s. Roch, donné en 1665 [10].

St-Sauveur (Église), *rue St-Denis.* — Rel. de s. Blaise [11] et de s. Léonard [12].

St-Sépulcre (Église du), *rue St-Denis.* — Un

---

[1] Godescart, t. V, p. 194. — [2] Abbé Oroux, *Hist. de la vie et du culte de s. Léonard*, 1760, in-12, p. 84. — [3] Dubreul, p. 614. — [4] Lebeuf, t. I, p. 258. — Chastelain, p. 284. — [5] Lebeuf, t. I, p. 329. — [6] Lebeuf, t. II, p. 558. [7] Malingre, p. 610. — [8] Cocheris, t. III, p. 426. — [9] Lebeuf, t. III, p. 45. — [10] Abbé Recluz, *Hist. de s. Roch et de son culte*, 1858, in-8°, p. 206. — [11] Baillet, t. II, p. 81. — [12] *Alm. spirituel*, p. 81.

clou de la porte dorée. — Rel. des s^{ts} Innocents, de
s. Georges et de s. Laurent [1].

St-Séverin (Église), *rue St-Séverin*. — Trois fragments du bois de la vraie croix. — Un morceau du
manteau de s. Martin, év. de Tours. — Rel. de
s. Séverin le solitaire, de s. Séverin, év. d'Agaune,
de s. Mammès, de s^{te} Brigide et du Pape s. Clément [2].

St-Sulpice (Église), *place St-Sulpice*. — Un bras
de s. Sulpice, év. de Bourges [3].

St-Symphorien (Église), *dans la Cité*. — Rel. de
s. Symphorien [4].

St-Victor (Abbaye de), *rue St-Victor*. — Le pied
droit, un os du bras et un os du chef de s. Victor
de Marseille. — Une côte de s. Louis. — Un œil
et l'anneau épiscopal de s. Leger, év. d'Autun. —
Le menton de s. Maclou. — La cuculle de s. Bernard.
— Un morceau de la chemise de s. Olaf, roi de
Norvège. — Le cilice, le peigne, les gants [5], la
coiffe de nuit de s. Thomas de Cantorbery [6]. —
Rel. de dix ou douze saints [7]. —Deux fragments de
la vraie croix [8]. — « La robe nuptiale de la reine
Blanche, de vraie pourpre, et distinguée de grands
compartimens d'or [9]. »

---

[1] Cocheris, t. II, p. 243. — [2] Lebeuf, t. I, p. 165. Godescart, t. XI, p. 407. — [3] Godescart, t. I, p. 339. — [4] Lebeuf,
t. I, p. 341. — [5] Le peigne était d'ivoire et les gants de
toile de coton, dit l'*Alm. spirituel*, p. 93. — [6] Objets laissés
par lui au couvent, lorsqu'il y séjourna en 1171. — [7] Dubreul, p. 331. —Lebeuf, t. II, p. 546. — Bournon, p. 382.
— Malingre, p. 479. —Godescart, t. VIII, p. 357.— [8] Dont
l'un avait été donné par Louis le Gros. Le Maire, t. II, p. 401.
— [9] Sauval, t. I, p. 408.

Ste-Barbe (Collège), *rue Charretière.* — La chambre de s. Ignace de Loyola, qui y avait étudié la philosophie pendant trois ans [1].

Ste-Catherine (Hôpital), *rue St-Denis.* — Un fragment de la vraie croix. — Rel. de s^{te} Marguerite [2].

Ste-Chapelle du Palais. — J'ai donné plus haut [3] la liste des reliques acquises par saint Louis. Un inventaire dressé vers 1789 [4] y ajoute :

Des cheveux de la Vierge. — La tête de s. Louis [5] et celle de s. Siméon. — Un ossement de la tête de s^{te} Ursule et de celle de s. Jean-Baptiste. — Un ossement du bras de s. Léger, [6], de celui de s. Georges, de l'épaule de s. Louis de Marseille, du genou de s. Aignan. — Le menton de s^{te} Ursule. — Une côte de s. Spire, de s^{te} Madeleine, de s. Nicaise, de s^{te} Élisabeth de Hongrie. — Le pied d'un Innocent. — Un morceau de la tunique de s. Louis, du manteau de J.-C., et de celui de s. François. — La tasse en bois dans laquelle buvait s. Martin de Tours. — De l'huile du tombeau de s. André. — L'étui dans lequel fut apporté de C. P. le fragment de la vraie croix, ainsi que le voile de lin qui l'enveloppait. — Des reliques de très nombreux saints.

Ste-Croix de la Bretonnerie (Église), *rue Ste-Croix*

---

[1] *Alm. spirituel*, p. 54. — [2] *Alm. spirituel*, p. 51, 56 et 69. — [3] Voy. ci-dessus, p. 174. — [4] Par le chanoine Morand, et publié dans son *Histoire de la Ste-Chapelle.* — [5] Moins la mâchoire inférieure. Voy. Tillemont, t. V, p. 223. — [6] Lebeuf dit : « Un bras de s. Léger, en chair et en os, dont le reliquaire a été donné en 1368 par Charles V. » Voy. t. I, p. 357.

de la Bretonnerie. — Rel. de s. Louis, donnée par les religieux de S¹-Denis, « en reconnoissance de ce que le couvent a plusieurs fois gardé leur riche trésor pendant les troubles de la Ligue et en d'autres occasions[1]. »

S¹ᵉ-Geneviève des Ardents (Église)[2], *dans la Cité.* — Rel. de s. Roch[3].

S¹ᵉ-Geneviève du Mont (Abbaye de). — Le corps de s¹ᵉ Geneviève. — Ceux de Prudence, év. de Troyes, et de s. Baudèle. — Une « chasuble que l'on disoit avoir avoir appartenu à s. Pierre[4] ». — La mitre de s. Laurent, archev. de Dublin[5]. — Les corps de s¹ᵒ Aude, compagne de s¹ᵒ Geneviève; de s¹ᵘ Clotilde, femme de Clovis; de s. Céraune, év. de Paris au vii⁰ siècle[6].

S¹ᵉ-Madeleine (Église), *dans la Cité.* — Un fragment de la peau provenant du front de s¹ᵘ Marie Madeleine, à l'endroit où Jésus la toucha lorsqu'il lui dit : « Noli me tangere.[7] » — Des cheveux de la même sainte. — Rel. de Marie Salomé, de Marie, mère de s. Jacques le Mineur, de s. Symphorien, etc.[8].

S¹ᵉ-Madeleine de Traisnel (Prieuré de), *rue de Charonne.* — Rel. de s¹ᵉ Bathilde, données par la duchesse d'Orléans, abbesse de Chelles[9].

S¹ᵉ-Marine (Église); *dans la Cité.* — Le corps de

[1] Le Rouge, *Curiosités de Paris*, 1723, 2 vol. in-12, t. I, p. 228. — [2] Citée ici pour mémoire, car elle avait été détruite en 1747. — [3] *Alm. spirituel*, p. 59. — [4] Lebeuf, t. II, p. 374. — [5] *Alm. spirituel*, p. 83. — [6] Malingre, p. 168. — [7] Dubreul, p. 81. — [8] Lebeuf, t. I, p. 346. — [9] Lebeuf, t. II, p. 538.

s^{te} Catherine [1]. — Rel. de s^{te} Marine, apportées de Grèce vers 1200 [2].

Ste-Opportune (Église), *rue Ste-Opportune.* — Deux côtes, le bras droit et la ceinture de s^{te} Opportune. — De la terre du mont Calvaire et du lieu où Jésus jeûna quarante jours. — La colonne près de laquelle il fut fustigé. — Un fragment de la vraie croix et une pierre du tombeau de la Vierge. — La verge de Moïse. — Un fragment du sépulcre « où les Innocens furent ensevelis ». — Un morceau du manteau de s. Herbland. — Un doigt de s. Étienne. — Rel. de s. Marcou, de l'apôtre s. Philippe, et de s^{te} Clotilde, femme de Clovis [3].

Ste-Perrine (Abbaye de), *à Chaillot.* — Rel. de s^{te} Perrine [4].

Sts-Innocents (Église des), *rue St-Denis.* — « Le corps entier d'un Innocent, encore en chair et en os, enfermé dans un crystal et enrichi par la magnificence du roi Louis XI [5]. » — Un fragment du suaire de s. Pierre [6]. — Une sainte épine. — Le chef de s. Richard [7]. — Une gencive de s. Gatien, év. de Tours [8].

Salpêtrière (Chapelle St-Louis de la). — Rel. de s. François de Sales [9].

Sorbonne (Église de la), *rue de la Sorbonne.* — Le chef de s^{te} Ursule [10]. — Rel. d'une des

---

[1] Malingre, p. 52. — [2] Du Saussay, *Martyrologium gallicanum*, t. I, p. 440. — Lebeuf, t. I, p. 352. — [3] Nicolas Gosset, *Vie et miracles de s^{te} Opportune*, 1655, p. 397. — [4] Cocheris, t. IV, p. 328. — [5] Giry, t. II, p. 2134. — [6] *Alm. spirituel*, p. 46. — [7] Dubreul, p. 623. — [8] Malingre, p. 540. — [9] *Alm. spirituel*, p. 16. — [10] *Alm. spirituel*, p. 77.

11,000 vierges [1]. — Rel. de s^te Euphémie [2].

TEMPLE (Prieuré du), *rue du Temple*. — Un des deniers de Judas [3]. — Rel. de s^te Benoite d'Origny [4].

THÉATINS, *quai des Théatins*. — La calotte de s. Charles Borromée [5]. — Le corps de s. Venant, donné par Anne d'Autriche. — Le corps de s. Arien, donné par le cardinal Ant. Barberini [6].

URSULINES, *rue St-Jacques*. — Rel. de s^te Bathilde, femme de Clovis II, de s. Euverte, év. d'Orléans, et de trois autres saints [7].

VAL-DE-GRACE. — Une chemise de s. Charles Borromée [8]. — Le chef de s. Canut, roi de Danemark. — Un fragment de la vraie croix. — Rel. de dix à douze saints ou saintes [9]. — Les cœurs des princes et princesses de la famille royale, depuis Anne d'Autriche [10].

VISITATION (Religieuses de la), *à Chaillot*. — Le corps de s. Victor [11].

VISITATION (Religieuses de la), *rue St-Antoine*. — Rel. de s. Apollinaire [12].

VISITATION (Religieuses de la), *faubourg St-Jacques*. — Rel. de s^te Euphrosine et de s^te Marthe [13].

---

[1] Lebeuf, t. I, p. 241. — [2] Chastelain, p. 708. — [3] Morand, p. 171. — [4] Baillet, t. X, p. 223. — [5] Baillet, t. XI, p. 138. — [6] Le Maire, t. II, p. 299. — Voy. plus haut la liste des reliques données aux Théatins par le cardinal Mazarin. — [7] *Alm. spirituel*, p. 17, 48, 66, 67 et 69. — [8] Baillet, t. XI, p. 138. — [9] Baillet, t. IX, p. 552 et 630. — Godescart, t. I, p. 442, et t. VIII, p. 31. — *Alm. spirituel*, p. 10, 11, 15, 43, 49, 69, 73 et 80. — Le Maire, t. II, p. 381. — Chastelain, p. 96 et 525. — [10] Voy. ci-dessus, p. 203. — [11] Cocheris, t. IV, p. 332. — [12] *Alm. spirituel*, p. 61. — [13] Lebeuf, t. I, p. 251.

ESSAI

DE STATISTIQUE RÉTROSPECTIVE

A défaut d'autre mérite, ce petit essai té-
moignera en faveur de la statistique, une
science toute moderne [1], dont on a beaucoup
médit, et bien à tort.

Elle seule possède l'autorité nécessaire pour
résoudre plusieurs problèmes fort intéressants,
elle seule a le don de jeter quelque lumière
sur certains sujets, et l'on va voir jusqu'où
peuvent aller les aberrations de l'historien
quand il est privé de son secours. Les hypo-
thèses, les calculs, les inductions, les déduc-
tions, les raisonnements, toutes les apprécia-
tions individuelles, qui pendant si longtemps
tinrent sa place, ont enfanté une foule d'erreurs, peu à peu enracinées à ce point que quelques-unes luttent encore contre l'évidence.

Même si l'on s'astreint à ne recueillir, avec

---

[1] Voy. J. Bertillon, *Cours de statistique administrative*,
p. 27.

les témoignages contemporains, que les chiffres fournis par des écrivains qui se sont livrés à des recherches sérieuses sur la statistique parisienne, Messance, Géraud et Dulaure, par exemple, on obtient parfois les résultats les plus étranges et les plus invraisemblables. Ainsi, la population de Paris eût été :

De 215,000 en 1292.
De 39,000 en 1213.
De 1,000,000 en 1672.
De 2,000,000 en 1673.
De 540,000 en 1675.

Et Paris aurait compté :

20,000 maisons en 1698.
50,000 — en 1700.
22,000 — en 1714.

Toutefois, en ce qui concerne la superficie de Paris et le nombre des rues qu'il renfermait, des documents assez nombreux et assez sûrs permettent d'arriver à une exactitude presque absolue, au moins depuis le treizième siècle. On connaît, en effet, avec précision le tracé de l'enceinte élevée par Philippe-Auguste sur la rive gauche, par Charles V et Charles VI sur la rive droite, et les accroissements de la ville depuis cette époque sont

assez faciles à déterminer. Il suffit donc d'o-
pérer la triangulation de ces surfaces pour en
obtenir mathématiquement l'étendue. Ce travail fut entrepris, à la fin du dix-huitième
siècle, par le patient Verniquet, l'auteur du
premier plan de Paris qui ait été dressé scien-
tifiquement [1].

Colbert, dont le vaste génie a laissé sa trace
dans toutes les branches de l'administration,
avait eu l'idée de faire imprimer chaque année un état sommaire des naissances, des mariages et des décès survenus à Paris. La publication commença en 1670 [2]. Quatre pages

[1] Ce plan coûta trente années de travail à Verniquet, qui
employa pour ses opérations trigonométriques jusqu'à
60 ingénieurs et plus de 80 aides à cheval. Lalande, chargé
d'en surveiller l'exécution, écrivait, le 25 vendémiaire an
IV : « Ce plan, dont j'ai suivi les travaux et dont j'ai ad-
miré l'exactitude, me paraît l'ouvrage le plus parfait qui
ait jamais été exécuté en ce genre. » Voy. A. F., *Les anciens plans de Paris*, t. II, p. 138.

[2] Voici le titre complet du premier fascicule : *Estat général des baptesmes, mariages et mortuaires des parroisses
de la ville et faux-bourgs de Paris. Avec les observations
sur les maladies qui ont eu cours pendant l'année 1670. A
Paris, chez Frédéric Léonard, imprimeur ordinaire du Roy,
rue S. Jacques, à l'escu de Venise.*
Chaque mois fournit à part les baptèmes, mariages et
décès des parisiens appartenant à « la religion p^e réf^{ée} » En
1670, elle fournit 242 baptêmes, 81 mariages et 318 décès.
En juin et en juillet, la maladie dominante fut le « cho-
léra morbus ».

étaient consacrées à chaque mois, et une ré-
capitulation générale suivait le mois de décembre. On lit en tête du premier fascicule :
« Estant important au public, pour la santé
et pour la subsistance des habitans, d'en con-
noistre l'estat en tout temps, et d'observer
soigneusement les causes qui augmentent ou
diminuent le peuple en chacun des quartiers
de Paris, il sera fait, tous les seconds jours des
mois, une feüille qui contiendra le nombre
des baptesmes, des mariages et des mortuaires
du mois précédent et de chacune des parroisses
en particulier [1]. »

I. SUPERFICIE

1re ENCEINTE [2].

Vers 56 avant J.-C..... 15 hectares 23 ares [3].
Ibid .... 17 ou 18 hectares [4].

---

[1] Sur cette publication, voy. *Histoire de l'académie des sciences*, année 1771 (publiée en 1774), p. 830 et suiv. — *Recherches sur la ville de Paris*, recueil de tableaux dressés d'après les ordres de M. le comte de Chabrol, 1823, in-4°. — Marius Barroux, *Les sources de l'ancien état civil parisien*, 1898, p. 38.

[2] Conquête de Jules César. — Je reproduis ici la division adoptée par Verniquet.

[3] 44 arpents, 54 perches, 8 toises. (Verniquet.) — L'arpent de Paris représentait 34 ares 19 centiares.

[4] A. Bonnardot, *Dissertation sur les anciennes enceintes de Paris*, p. 3.

2ᵉ ENCEINTE [1].

An. 358-375........... 38 hectares 78 ares [2].

3ᵉ ENCEINTE [3].

An. 1190-1211........ 252 — 87 — [4].

An. 1292............. 349.. — 61 — [5].

An. 1357............. Voir la note 6.

4ᵉ ENCEINTE [7].

An. 1367-1383........ 439 hectares 18 ares [8].

An. 1546............. Voir la note 9.

5ᵉ ENCEINTE.

An. 1553-1581........ 483 hectares 61 ares [10].

An. 1596............. Voir la note 11.

---

[1] Sous l'empereur Julien.

[2] 113 arpents, 44 perches, 3 toises. (Verniquet.)

[3] Dite de Philippe-Auguste.

[4] 739 arpents, 61 perches, 1 toise. (Verniquet.)

[5] H. Géraud, *Paris sous Philippe le Bel*, p. 471.

[6] « L'an 1357, la vigile de my-aoust, les habitans de Paris offrirent à Nostre-Dame une chandelle qui avoit la longueur du tour de la ville. » G. Corrozet, *Antiquitez de Paris*, édit. de 1561, p. 119 rº.

[7] Sous Charles V et Charles VI.

[8] 1,284 arpents, 55 perches, 3 toises. (Verniquet.)

[9] « Son enceinte est de 22,400 pieds (7 kilom. 276 mètres) ou peu plus. Mais la nouvelle enceinte embrassant les faubourgs est de 35,000 pieds (11 kilom. 370 mètres). » Marino Cavalli, dans les *Relations des ambassadeurs vénitiens*, t. I, p. 261.

[10] 1,414 arpents, 50 perches, 6 toises. (Verniquet.)

[11] « La ville de Paris, sans les faubourgs, compte en ligne droite 3,830 pas de long et 3,650 de large. Les faubourgs ont chacun à peu près mille pas. Le faubourg Saint-Jacques, par où on entre dans la ville, dépasse les autres de 1,740 pas, de même que le faubourg Saint-Marcel. Le

6ᵉ ENCEINTE.

An. 1634.............   567 hectares 83 ares [1].

An. 1657.............   Voy. la note 2.

    7ᵉ ENCEINTE.

An. 1672-1686........   1,103 hectares 94 ares [3].

An. 1685.............   Voir la note 4.

    8ᵉ ENCEINTE.

An. 1715-1717........   1,337 hectares 12 ares [5].

An. 1723.............   Voir la note 6.

faubourg Saint-Germain, le plus grand de tous, est comme une ville.

L'enceinte de la ville, mesurée au dehors en suivant les fossés, est de 12,860 pas. Le tour complet de la ville dure de deux heures trois quarts à trois heures au plus. » Gregori d'Ierni, *Paris en* 1596. Dans le *Bulletin de la société de l'histoire de Paris*, année 1885, p. 166 et 169.

Je rappelle que le pas commun était supposé de deux pieds et demi, et que la lieue de France se composait de 3,000 pas.

[1] 1,660 arpents, 83 perches, 5 toises. (Verniquet.)

[2] « Notre ambassadeur nous dit que Paris n'étoit pas aussi grand qu'on le dit communément, adjoustant qu'il avoit eu la curiosité de faire mesurer sa longueur, de la porte Saint-Martin à la porte Saint-Jacques, et qu'elle n'est que de 4,554 pas. » (3,643 mètres). A.-P. Faugère, *Journal d'un voyage à Paris en* 1657, p. 249.

[3] 3,228 arpents, 83 perches, 8 toises. (Verniquet.)

[4] « Paris contient 2 lieues communes de long (8 kilom. 88) sur 6 de pourtour (26 kilom. 64), y compris les fauxbourgs. » Le Maire, *Paris ancien et nouveau*, t. 1, p. 6.

[5] 3,910 arpents, 86 perches, 3 toises. (Verniquet.)

[6] Cette incomparable ville a 2 lieues de largeur et 6 de circonférence, y comprenant les fauxbourgs, dont il y en a quatre aussi peuplez qu'aucune des plus grandes villes de France. » Le Rouge, *Les curiositez de Paris*, t. 1, p. 9.

An. 1759............. Voir la note 1.

An. 1763............. Voir la note 2.

An. 1768............. Voir la note 3.

An. 1782............. Voir la note 4.

9ᶜ ENCEINTE.

An. 1785-1788........ 3,370 hectares 46 ares [5]

An. 1791............. 3,439 · · ·—· · 68 — [6]

Vers 1807 .... Voy. la note 7.

[1] « L'étendue de son enceinte est de quatre lieues environ. » (17 kilom. 76). Moréri, *Dictionnaire historique*, t. VIII, p. 74.

[2] « L'étendue de Paris est de 2 lieues communes de diamètre, et elle en embrasse 6 de circonférence...». *Almanach parisien en faveur des étrangers*, 2ᵉ partie, p. 177.

[3] Expilly donne les chiffres suivants :

Circonférence, 7,048 toises (13, 673ᵐ 12).

Du nord au midi, 2,600 toises (5,044 mètres).

De l'est à l'ouest, 2,900 toises (5,626 mètres).

(Non compris les faubourgs.)

Largeur de la Seine, 100 toises (194 mètres).

Dictionnaire des Gaules et de la France, t. V, p. 401.

Voici quelle est en réalité la largeur de la Seine :

Au pont d'Austerlitz, 166 mètres.

— Saint-Michel, 49 mètres.

— Neuf, 261 mètres.

— des Arts, 142 mètres.

[4] « La circonférence de Paris est de 10,000 toises (19,400 mètres). » Mercier, *Tableau de Paris*, t. IV, p. 201.

[5] 9,859 arpents, 3 perches. (Verniquet.)

[6] 10,060 arpents, 77 perches. (Dulaure, t. VII, p. 304.)

[7] Circonférence :

Non compris les faubourgs : 13,720 mètres.

Y compris les faubourgs : 17,516 mètres.

Surface totale : 8,084,040 mètres.

Prudhomme, *Miroir de l'ancien et du nouveau Paris*, t. I, p. 27.

An 1831.............. 3,403 hectares [1].
— 1861............. 7,802   — . [2].

II. POPULATION

AVANT J.-C.
Vers 56 [3]............ 5 ou 6,000 habitants [4].
APRÈS J.-C.
En 1292............. 215,861   — [5].
— 1313............. 39,775   — [6].
— 1328............. 274,941   — [7].
Vers 1380............ 275,000   — [8].
En 1393............. 299,941   — [9].
— 1467............. Voy. la note 10.

[1] *Annuaire du bureau des longitudes.*

[2] C'est encore la superficie actuelle. L'annexion des communes suburbaines eut lieu en 1860.

[3] Au temps de la conquête de Jules César.

[4] A. Bonnardot, *Dissertations*, p. 3.

[5] H. Géraud, *Paris sous Philippe le Bel*, p. 478.

[6] « Non compris les habitants des faubourgs. En leur accordant un cinquième de la population de la ville, on aurait 49,110 habitants. » Dulaure, t. III, p. 23.

[7] H. Géraud, p. 477.

[8] H. Géraud, p. 469.

[9] G. Fagniez, *Études sur l'industrie et la classe industrielle au XIIIe et au XIVe siècle*, p. 182.

Dureau de la Malle a prétendu établir que, vers la fin du quatorzième siècle, la population de la France s'élevait à 34,625,299 habitants. Voy. *Mémoire sur la population de la France au XIVe siècle*, dans les *Mémoires de l'académie des inscriptions*, 2e série, t. XIV (1845), p. 41.

[10] Jean de Roye, *Journal*, 14 septembre 1467, t. I, p. 180, dit que Paris comptait alors de 60 à 80,000 hommes de seize à soixante ans.

En 1467............   120,000 habitants [1].
— 1470............   Voy. la note 2.
— 1474............   Voy. la note 3.
— 1474............   150,000   —   [4]
— 1528............   3 à 400,000   —   [5]
— 1546............   500,000   —   [6]

Presque à la même date, Villon disait de Paris :

> ...Que chacun maintenoit
> Que c'estoit la ville du monde
> Qui plus de peuple soustenoit,
> Et où maintz estranges abonde.
>   *Ballade des escoulans*, p. 184.

De fait, au mois de juin, Louis XI, voyant Paris « fort dé-peuplé, tant pour les guerres, mortalitez et autrement », avait invité les étrangers de tous pays à venir demeurer en ladite ville, amnistiant d'avance « tous cas par eulx commis, comme de murdre, furt, larrecins, piperies et tous autres cas, réservé crime de lèse-majesté ». Jean de Roye, t. I, p. 174.

[1] Dulaure, t. III, p. 241.

[2] « L'an 1470, furent trouvez en nombre 70,000 hommes aptes aux armes. » G. Corrozet, *Antiquitez de Paris*, édit. de 1561, p. 146 recto.

[3] Paris renferme 80 à 100,000 hommes en état de por-ter les armes. Jean de Roye, 20 avril 1474, t. I, p. 310.

[4] Dulaure, t. III, p. 242.

[5] Andrea Navagero, dans les *Relations des ambassadeurs vénitiens*, t. I, p. 31.

[6] Marino Cavalli, dans les *Relations des ambassadeurs vénitiens*, t. I, p. 261.

« Charles-Quint demandant un jour au très chrestien Roy François quelles notables villes il avoit sur son roïaume, le Roy commença à luy nommer Lion, Orléans, Rouen, Troyes, Dijon, Tours, Grenoble, Bordeaux et toutes les autres, tai-sant néantmoins Paris. L'Empereur luy dist alors qu'il avoit oublié cette principale ville, mais le Roy luy fist res-

Vers 1559............	200 à·210,000 habitants [1].		
En 1575............	Voy. la note·[2].		
— 1577....... plus de	··1,000,000	—	[3].
— 1590............	····220,000	—	[4].
— 1596............	·· 350,000	—	[5].
— 1617............	··600,000	—	[6].

ponce que Paris n'estoit pas une ville, mais un monde. » Gabriel Chappuys, *La civile conversation*, p. 538.

[1] Dulaure, t. IV, p. 19.

[2] « Il s'est vu de mon temps, telle fois en saillir en monstre (revue) générale près de 100,000 hommes armez; et néantmoins dans la ville on eust dit qu'il n'en estoit pas sorty une douzaine, tant elle estoit encore pleine. » A. Thevet, *Cosmographie universelle*, t. II, p. 576 recto.

[3] « D'après·l'opinion commune, il se trouve continuellement dans cette ville plus d'un million de personnes. » Hieron. Lippomano, dans les *Relations des ambassadeurs vénitiens*, t. II, p. 605.

[4] Recensement fait pendant le siège de Paris. Dans Lestoile, *Journal*, 26 mai 1590.

« Un de nos rois a dit que cette tête du royaume étoit trop grosse, qu'elle étoit pleine de beaucoup d'humeurs nuisibles au repos de ses membres, et que la saignée, de temps en temps, lui étoit nécessaire. » Mme de Motteville, *Mémoires*, édit. Petitot, 2e série, t. XXXVII, p. 83.

Tallemant des Réaux nous apprend que Henri III était le roi à qui Mme de Motteville fait ici allusion. Il « disoit que Paris avoit la teste trop grosse, qu'il la luy falloit casser ». *Historiettes*, t. I, p. 17.

[5] Gregory d'Ierni, *Paris en 1596*, dans le *Bulletin de la Société de l'histoire de Paris*, année 1885, p. 169. « On me dit que, avant les dernières guerres, la population atteignoit le chiffre de 600,000. »

[6] Cardinal Bentivoglio, *Lettres*, traduites par Veneroni. Lettre du 8 juin, p. 110.

En 1647	900,000	habitants	[1].
— 1657	600,000	—	[2].
— 1665	1,000,000	—	[3].
— 1672	1,000,000	—	[4].
— 1673	2,000,000	—	[5].
— 1675	540,000	—	[6].
— 1685	232,230	—	[7].
— 1694	720,000	—	[8].
— 1698	1,000,000	—	[9].
— 1710	492,652	—	[10].

[1] Légende du plan de Paris dressé par G. Gomboust. La Société des bibliophiles françois l'a reproduite en 1858.

[2] A.-P. Faugère, *Journal d'un voyage à Paris en* 1657, p. 249.

[3] Boussingault, *La guide universelle de tous les Pays-Bas.* C'est ici la première édition de ce livre, que je vais encore citer deux fois.

[4] « J'estime que l'on trouvera bien un million de personnes de l'un et de l'autre sexe, tant grands que petits, au moins; mais point davantage, tout bien considéré, quoyque plusieurs croyent le contraire, mais sans aucun fondement raisonnable. Pour des hommes à porter armes, il s'en trouveroit deux cens mille ou environ. » Boussingault, 3e édit., 1672, p. 358.

[5] « J'estime que l'on trouvera bien deux millions de personnes. » Boussingault, 4e édit., 1673, p. 397.

[6] D'après Husson, *La consommation de Paris*, et les données de la *Statistique municipale*, dans l'*Annuaire du bureau des longitudes pour* 1881, p. 450.

[7] Le Maire, *Paris ancien et nouveau*, t. I, p. 6.

[8] Vauban, *Projet d'une dîme royale*, chap. VII.

[9] « Plus de 50,000 à 100,000 étrangers. » Un *habitant d'Udine à Paris et à Versailles en* 1698, lettre publiée par E. Rodocanachi, p. 5.

[10] Dulaure, t. V, p. 412.

En 1717	800,000	habitants	1.
— 1719.	509,640	—	2.
— 1723.	750,000	—	3.
— 1725.	800,000	—	4.
— 1736.	1,000,000	—	5.
— 1748.	553,000	—	6.
— 1762.	576,630	—	7.
— 1765.	800,000	—	8.
— 1767.	658,000	—	9.
— 1768.	600,000	—	10.
— 1777.	1,000,000	—	11.
— 1778.	900,000	—	12.

[1] Abbé de Saint-Pierre, *Avantages que doit produire l'agrandissement continuel de la ville capitale d'un État*, dans les *OEuvres*, édit. de 1733, t. IV, p. 149.

[2] Messance, *Recherches sur la population*, p. 176.

[3] « Environ 750,000 habitans, parmi lesquels 150,000 domestiques, malheureux effet de notre luxe. » Le Rouge, *Les curiositez de Paris*, édit. de 1723, t. I, p. 10.

[4] « Selon l'exacte recherche de plusieurs personnes versées dans ces sortes de choses. » G. Brice, *Description de Paris*, t. I, p. 24.

[5] *Étrennes mignonnes pour l'année* 1736. Sans pagination.

[6] D'après Husson et la *Statistique municipale*, dans l'*Annuaire des longitudes pour* 1881, p. 450.

[7] Messance, p. 176.

[8] Piganiol de la Force, *Description de Paris*, t. I, p. 32.

[9] Buffon, *Histoire naturelle*, édit. de 1778, supplément, t. VII, p. 511.

[10] Expilly, *Dictionnaire de la France*, t. V, p. 401.

[11] Métra, *Correspondance secrète*, 6 septembre 1777, t. V, p. 154.

[12] Le Rouge, *Curiositez de Paris*, t. I, p. 11.

En 1779........ près de 1,000,000 habitants [1].
— 1780.............. . 700,000   —   [2].
— 1782................ . 900,000   —   [3].
— 1784........ 640 à . 680,000   —   [4].
— 1785.............. . 600,000   . —   [5].
— 1786........... 7 à . 800,000   —   [6].
— 1787........ plus de   800,000   —   [7].
— 1788.............. . 599,000 .. —   [8]..
— 1789.............. . 600,000 ...—   [9]..
Ibid.................. .. 640,000 ...—   [10].
Ibid.................. . 700,000   —   [11].
En 1791..............   593,070   —   [12].

[1] Hurtaut et Magny, *Dictionnaire de Paris*, t. III, p. 759.

[2] *Encyclopédie raisonnée*, édit. in-8°, t. XXIV, 2° partie, p. 116.

[3] Séb. Mercier, *Tableau de Paris*, t. IV, p. 206.

[4] « Selon les saisons de l'année où la ville est plus ou moins peuplée. » Necker, *De l'administration des finances*, t. I, p. 277.

[5] Docteur Michel Thouret, *Rapport sur les exhumations du cimetière des Innocens*, dans l'*Histoire de la Société royale de médecine*, année 1786, p. 244.

[6] G.-B. Malaspina, dans le *Bulletin de la Société de l'histoire de Paris*, année 1891, p. 127.

[7] Thiéry, *Guide des amateurs et des étrangers voyageurs à Paris*, t. I, p. XXXVIII.

[8] D'après Husson et la *Statistique municipale*.

[9] A. Schmidt, *Paris sous la Révolution*, trad. Viollet, t. I, p. 18.

[10] H. Monin, *Paris en 1789*, avant-propos, et p. 11 et 21.

[11] P.-A. Guéroult, *Dictionnaire de la France monarchique*, p. 352.

[12] Lavoisier, *Extraits d'un ouvrage intitulé : De la richesse territoriale du royaume de France*, Imprimerie nationale, in-8°.

En 1791.............   641,751 . habitants [1].
— 1798.............   1,000,000   . —   [2].
— 1801.............   547,756 ... —   [3].
— 1808.............   580,609 ... —   [4].
— 1817.............   713,966 ... —   [5].
— 1819.............   713,765   —   [6].
— 1821........ plus de   900,000 ... —   [7].
— 1827............. .   890,431   —   [8].
— 1831............. .   785,862   —   [9].
— 1836............. .   899,313 .   —
— 1841............. ...935,261 . .. —

[1] *Etat présenté au roi,* dans le *Moniteur universel* du 25 mai 1791.

[2] « 900,000 âmes, et 1,000,000 en y comprenant les faubourgs. » Heinzmann, *Voyage d'un Allemand à Paris,* p. 2 et 259.

[3] Ce nombre se décompose ainsi :

Hommes mariés ou veufs............   128,653
Femmes mariées ou veuves..........   149,017
Garçons de tout âge................   119,934
Filles de tout âge.................   135,851
Aux armées........................   14,301
              TOTAL...............   547,756

Allard, *Annuaire administratif et statistique du département de Paris.* Recensement officiel.

[4] Recensement officiel fait dans le cours des années 1806 à 1808. Les militaires n'y sont pas compris.

[5] Recensement officiel.

[6] D'après la direction de la statistique au ministère de l'intérieur.

[7] Dulaure, t. IV, p. 19.

[8] D'après l'*Annuaire du bureau des longitudes.*

[9] Les nombres qui suivent sont extraits de l'*Annuaire statistique de la ville de Paris,* publié par la préfecture de la Seine, année 1893, p. 239 à 778.

En 1846................ .1,053,897 habitants.
— 1851................ .1,053,262   —
— 1856................ .1,174,346.   —
— 1861................ .1,696,141.   —   [1],
— 1866............... .1,825,274   —
— 1872................ .1,851,792   —
— 1876................ .1,988,806   —
— 1881................ .2,239,928   —
— 1886............... .2,260.945   —
— 1891................ .2,424,705.   —
— 1896............. . 2,511,629   —

III. NOMBRE DES RUES

En 1292.............. 341 rues [2].
— 1315.............. 295 — [3].
— 1407.............. 310 — [4].
— 1450.............. 299 — [5].
— 1540.............. 309 — [6].

[1] En 1860 avait eu lieu l'annexion des communes suburbaines.

[2] Géraud, *Paris sous Philippe le Bel*, p. 613 et 629. A ajouter 10 places, 11 carrefours, 25 portes.

[3] Guillot, *Le dit des rues de Paris*. Classées ainsi : Rive gauche, 76 ; Cité, 35 ; rive droite, 184. Les culs-de-sac n'y sont pas compris.

[4] Guillebert de Metz, *Description de Paris sous Charles VI*. Il en annonce 310 et n'en cite que 260.

[5] Manuscrit de l'abbaye de Sainte-Geneviève, publié par l'abbé Lebeuf, *Diocèse de Paris*, t. II, p. 603.

[6] Plan dit de Tapisserie. Il n'en nomme, d'ailleurs, que 225. Voy. A. F., *Étude sur le plan de 1540.* — Rabelais écrivait, presque à la même date : « En moins de deux

En 1543.............. 500 rues [1].
— 1555.............. 468 — [2].
— 1636.............. 515 — [3].
— 1647.............. 592 — [4].
— 1685.............. 656 — [5].
— 1714.............. 970 — [6].
— 1723.............. 960 — [7].
— 1759.............. 660 — [8].
— 1763.............. 967 — [9].
— 1763.............. 908 — [10].

jours, Panurge sceut toutes les rues, ruelles et traverses de Paris comme son Deus det. » *Pantagruel*, liv. II, chap. xvi.

[1] Knobelsdorf, *Lutetiæ Parisiorum descriptio*, édit. de 1543, p. 180.

[2] G. Corrozet, *Antiquitez de Paris*.

[3] *Procès-verbal de visite des rues de Paris*, Biblioth. nationale, manuscrits, fonds français, n° 18,805. Voy. A. F., *Estat, noms et nombre de toutes les rues de Paris en* 1636, p. 136.

[4] *Plan de Paris*, dressé par J. Gomboust. Voy. A. F., *Les anciens plans de Paris*, t. I, p. 124 et suiv.

[5] Le Maire, *Paris ancien et nouveau*, t. I, p. 6.

[6] 896 rues.
74 culs-de-sac.
50 places publiques.
30 quais.
30 ponts, y compris ceux des égouts.
12 barrières.
Plan de Paris, dressé par J. de la Caille.

[7] Le Rouge, *Curiositez de Paris*, t. I, p. 8.

[8] Moréri, *Dictionnaire historique*, t. VIII, p. 75.

[9] *Almanach parisien en faveur des étrangers pour* 1763, 2ᵉ partie, p. 177.

[10] 818 rues.
90 culs-de-sac.
23 quais.

En 1768................ 903 rues [1].
— 1779................ 1,070 — [2].
— 1791............... 1,169 — [3].
— 1807............... 1,229 rues [4].

24 places publiques.
18 ponts.
5 carrefours.
8 cloîtres.

Plan de Paris, dressé par Deharme.

[1] Non compris celles des faubourgs. Expilly, *Diction-naire de la France,* t. V, p. 404.

[2] 975 rues.
95 culs-de-sac.
20 ponts.
17 places publiques.
8 promenades publiques.
64 barrières.

Hurtaut et Magny, *Dictionnaire historique de Paris,* t. III, p. 759 et suiv.

[3] 1,065 rues.
104 culs-de-sac.
27 passages.
56 places.
34 quais.
14 ponts.
15 boulevards.
13 jardins publics.
13 chemins.

Plan de Paris, dressé par E. Verniquet.

[4] 1,109 rues.
120 culs-de-sac.
75 places.
13 enclos.
40 cours.
82 passages.

L. Prudhomme, *Miroir de l'ancien et du nouveau Paris,* 3e édit., t. I, p. 89.

En 1819.................... 1,190 rues [1].
— 1837.................... 1,320 — [2].
— 1898.................... 4,304 — [3].

IV. NOMBRE DES MAISONS

En 1553............. 12,000 maisons [4].
— 1657............. 30,000 — [5].
— 1672......... 33 ou 34,000 — [6].
— 1685............. 23,223 — [7].

[1] 1,070 rues.
120 culs-de-sac.
34 quais.
70 places.
Cte de Chabrol, *Mémoire concernant l'execution du projet d'alignement des rues de Paris*, p. 7.

[2] 1,110 rues.
27 ruelles.
119 impasses.
74 places.
32 carrefours.
19 ponts.
H. Géraud, *Paris sous Philippe le Bel*, p. 629.

[3] Rues ou impasses. Beck, *Nomenclature des voies publiques et privées de Paris*, dressée sous la direction de M. Bouvard, 1898, in-4°.

[4] Nombre donné par le prévôt des marchands. Voy. Félibien, *Histoire de Paris*, t. II, p. 1039.

[5] « Ce qui est fort peu pour une si grande ville qu'est Paris. » A.-P. Faugère, *Journal d'un voyage à Paris*, p. 249.

[6] « Tant grandes que petites dans la ville et dans les faux-bourgs. » Boussingault, *La guide de tous les Pays-Bas*, 3e édit., p. 358.

[7] « Sans y comprendre les maisons qui sont sur le derrière, qui sont encore en plus grand nombre. » Le Maire, *Paris ancien et nouveau*, t. I, p. 6.

En 1694...............	24,000 maisons	[1].
— 1698...............	20,000 —	[2].
— 1700...............	50,000 —	[3].
— 1714...............	22,000 —	[4].
— 1723...............	22,000 —	[5].
— 1755............	23,565 —	[6].
Ibid...............	23,565 —	[7].
En 1759............	28,300 —	[8].

[1] « 30,000 selon d'autres, » et 4,000 portes cochères. Vauban, *Dîme royale*, p. 76 et 182.

[2] Germain Brice, *Description de Paris*, t. I, p. 25.

[3] « Dans chacune desquelles, les familles sont si nombreuses qu'elles logent depuis le grenier jusqu'à la cave. » *Lettre d'un Sicilien*, édit. V. Dufour, p. 60.

[4] « Sans y comprendre les églises, couvents, communautés, collèges, chapelles, les échoppes ou boutiques où les marchands ne logent pas, qui sont au nombre de 800 à 900. » J. de la Caille, *Plan de Paris*, nomenclature.

[5] « Dont la plupart ont des quatre ou cinq étages et beaucoup six ou sept. On estime que les loyers de ces maisons montent à plus de 20 millions par an. » Le Rouge, *Curiositez de Paris*, t. I, p. 9 et 10.

[6] « Dans ce nombre, il y a 538 boutiques ou échoppes, et les gens de main-morte ou hôpitaux sont propriétaires de 3,140 maisons et de 103 boutiques ou échoppes. » Messance, *Recherches sur la population*, p. 182.

[7] « Y compris celles des faubourgs et 500 beaux hôtels, en y comprenant les belles maisons qui n'ont pas le droit d'en porter le titre. » Les « beaux hôtels » ne sont qu'au nombre de 154.) Expilly, *Dictionnaire de la France*, t. V, p. 402.

[8] « Ceux qui ont autrefois écrit les antiquités de cette ville ont assuré qu'elle contenoit 34,000 maisons. Les modernes n'y comptent pourtant que 24,000 maisons, sans parler de près de 4,000 autres qui sont sur les derrières et d'environ 300 grands hôtels. » Moréri, *Dictionnaire historique*, édit. de 1759, t. VIII, p. 75.

En 1763 . . . . 50,000 maisons [1].
— 1779 23,000   —   [2].
    Ibid . . . . 50,000.   —   [3]
En 1807 . . . . 30,000.   —   [4].
— 1817 . . . . 26,751.   —   [5].
— 1820 . . . . 27,000.   —   [6].
— 1852 . . . . 54,557.   —   [7].
— 1862 . . . . 66,000 .   —
— 1874 71,251   —
— 1887 73,342   —
— 1896 84,000   —   [8].

[1] *Almanach parisien en faveur des étrangers pour* 1763, 2ᵉ partie, p. 177.

[2] Hurtaut et Magny, *Dictionnaire de Paris*, t. III, p. 119.

[3] *Ibid.*   *Ibid.*   t. III, p. 759.

[4] L. Prudhomme, *Miroir de l'ancien et du nouveau Paris*, 3ᵉ édit., t. I, p. 89.

[5] Recensement officiel.

[6] Dulaure, *Histoire de Paris*, voy. l'édit. de 1837, t. IV, p. 19.

[7] Recensement officiel. Même source pour les mentions suivantes.

[8] Représentant 810,400 logements, une valeur locative de 783 millions et une valeur vénale d'environ onze milliards.

LES ARMOIRIES

DES CORPORATIONS OUVRIÈRES

I

LES ORIGINES

Les premières armoiries des corporations ouvrières remontent au XIIIe siècle. — Le sceau de la Hanse parisienne. — Premiers sceaux des orfèvres. — Le grand chambrier du roi et les armoiries des pelletiers. — Les méreaux des communautés.

On peut faire remonter jusque vers l'an 1200 l'origine des armoiries adoptées par les corporations ouvrières de Paris. La plus ancienne de toutes, la *Hanse parisienne* ou les *Marchands de l'eau*, successeurs des *Nautæ Parisiaci* du temps de Tibère, nous en fournit le premier exemple. En tête d'un chirographe qui date du commencement du XIIIe siècle[1], et qui est relatif à un accord sur la vente du sel conclu entre la Hanse de Paris et celle de Rouen, on

[1] M. Léopold Delisle le croit du mois de janvier 1210. Voy. *Catalogue des actes de Philippe-Auguste*, p. 273.

trouve appendu, sur double queue de parche-
min, un sceau en cire jaune de forme ronde,
qui représente une barque antique avec un
mât soutenu à droite et à gauche par trois cordages. La légende est ainsi conçue :

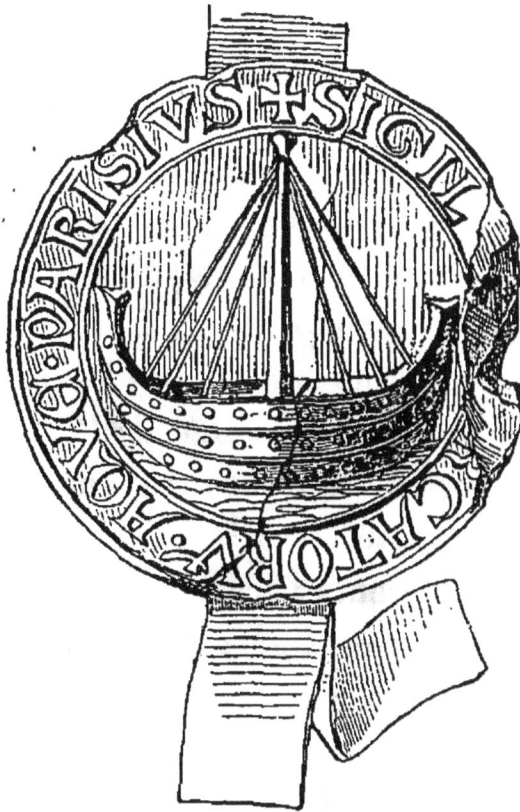

SIGILLUM MERCATORUM AQUE PARISIUS[1].

Vers le milieu du XIVe siècle, le sceau des
Marchands de l'eau subit quelques modifi-

[1] Un fac-simile de ce chirographe a été publié dans l'ouvrage de M. de Coëtlogon sur les *Armoiries de la ville de
Paris*, t. I, p. 50.

cations. Le mât se para d'une voile, et des fleurs
de lis irrégulièrement placées commencèrent à
y figurer, mais la pièce principale resta toujours la barque ou nef. La municipalité de
Paris, issue de la puissante corporation des
Mercatores aquæ, adopta bientôt un sceau semblable, et ces armoiries, qui au commencement
du xv⁰ siècle se complétèrent par un chef
d'azur semé de fleurs de lis, devinrent celles
de la grande cité parisienne.

Sans abandonner le xiii⁰ siècle, nous ren-
controns encore un autre type des armoiries
primitives des corporations. Leroy, dans ses
*Statuts et priviléges du corps des marchands
orfèvres-joyailliers de la ville de Paris* [1], nous
fournit le dessin d'un sceau [2] ayant appartenu
à la communauté des orfèvres, et il ajoute :
« Les connoisseurs verroient aisément, à la
forme seule des caractères de ce monument,
qu'il est véritablement du temps de saint
Louis, quand les enseignemens de nos archives n'en fourniroient pas d'autres preuves [3] . »

[1] Paris, 1759, in-4°, 2⁰ édition, p. 4.
[2] M. Douët-d'Arcq, dans son Inventaire des sceaux conservés aux archives de l'Empire, n'en mentionne aucun
qui ait appartenu à une corporation ouvrière de Paris.
[3] M. Labarte déclare que « ce sceau porte tous les caractères de la monnaie de saint Louis, et a été certainement

Ce sceau, qui avait seulement onze lignes de diamètre, représente saint Éloi[1], sous ses vêtements épiscopaux; il est placé dans une sorte de niche surmontée d'un baldaquin, sa tête est mitrée, sa main gauche porte la crosse, sa main droite un marteau; la légende est conçue en ces termes : S. [SIGILLUM] CONFRARIE

S. ELIGII AURIFABRORUM. Les orfèvres remplacèrent bientôt ce sceau par de véritables armoiries, fort belles et surmontées d'une devise un peu prétentieuse : *De gueules, à une croix engrelée d'or; cantonnée aux 1 et 4 d'une coupe couverte, et aux 2 et 3 d'une couronne*

gravé sous son règne ». *Histoire des arts industriels*, t. II, p. 300.

[1] Saint Éloi était le patron de tous les *fèvres*, de tous les ouvriers qui travaillaient les métaux.

Armoiries des orfèvres.

IN SACRA IN QUE CORO NAS

aussi d'or, et un chef d'azur semé de fleurs de lys d'or. La devise *In sacra inque coronas* rappelle que la corporation travaillait surtout pour l'Église et pour les rois. « Une tradition, dit Leroy, conservée d'ancienneté parmi nous, regarde le roy Philippe de Valois comme ayant concédé ces armoiries à notre corps, et en fixe l'époque à l'an 1330[1]. » Faute de mieux, tenons-nous-en à cette tradition, à laquelle il convient, je crois, de ne pas accorder beaucoup de confiance.

A la fin du xive siècle, nous nous trouvons en présence d'une nouvelle tradition ; mais cette fois il est plus facile d'en indiquer la source. Les armoiries des pelletiers étaient surmontées d'une couronne ducale, et la corporation disait « tenir cette couronne d'un ancien duc de Bourbon, comte de Clermont, qui avoit été leur protecteur. » Cette assertion

---

[1] Page 248. — Leroy ajoute : « Ce prince l'honora de ce don par une bienveillance singulière, et pour témoigner publiquement combien il étoit satisfait du zèle et de la fidélité des orfèvres de sa capitale, auxquels il confioit la garde des vases précieux et joyaux de la couronne. Les couronnes et les coupes qui sont les principales pièces du blazon de ces armoiries font peut-être allusion à l'objet de ce dépôt, en marquant d'ailleurs que notre art est spécialement destiné à fournir aux rois les marques de leur dignité et aux autels les vases du sacrifice... »

semble parfaitement fondée. Dès le xIII[e] siècle,
le roi avait concédé une partie des revenus et
la juridiction professionnelle de la communauté
des pelletiers à son grand chambrier. En
décembre 1367, le Parlement enleva au chambrier sa juridiction sur les pelletiers, pour l'attribuer au roi; mais le chambrier recouvra
son privilège deux ans après. Un arrêt du
2 mars 1378 lui rendit le droit de faire visiter
les boutiques des pelletiers, droit qui fut confirmé en décembre 1424. Des lettres patentes
d'octobre 1545 le supprimèrent définitivement[1]. Or, de temps immémorial, les princes
de la maison de Bourbon avaient été titulaires
des fonctions de chambrier, et sous Charles V,
ces fonctions étaient remplies par Louis Ier,
duc de Bourbon et comte de Clermont. Les
pelletiers affirmaient donc avec raison qu'un
ancien duc de Bourbon, comte de Clermont,
avait été leur protecteur. Le don d'une couronne ducale faite par lui à la corporation placée
sous son autorité n'a rien d'invraisemblable,
et prouve que, dès le xIV[e] siècle, les pelletiers
possédaient officiellement des armoiries.

Il faut néanmoins atteindre le xV[e] siècle

[1] Voy. Ducange, *Glossarium*, v° camerarius. Delamarre
(*Traité de la police*, t. I, p. 149) dit 2 mars 1368.

pour voir l'usage des armoiries, jusque-là
réservées aux nobles et aux communes, se généraliser parmi les corporations ouvrières. Les
unes alors les obtiennent du roi, les autres se
les octroient d'elles-mêmes.

A cette époque, presque tous les métiers
font frapper des méreaux de plomb à l'usage
de la communauté et de la confrérie, et ces
méreaux représentent en général d'un côté le
patron de la corporation, de l'autre soit les
outils les plus employés, soit les principaux
objets fabriqués par elle. Ainsi, les méreaux de
la corporation des balanciers portent sur une
face un saint Michel, sur l'autre une balance;
ceux des boulangers portent d'un côté un
saint Honoré et de l'autre un boulanger en-
fournant des pains; ceux des chapeliers, un
saint Michel et des coiffures de différentes
formes; ceux des chandeliers, un saint Jean
et des chandelles suspendues à une tringle;
ceux des bourreliers, la Vierge et un collier de
cheval; ceux des charpentiers, saint Blaise et
une équerre, un compas, une cognée, etc; ceux
des menuisiers, une sainte Anne et un vilebre-
quin, un compas, un ciseau; ceux des maréchaux, un saint Éloi et un fer de cheval; ceux
des libraires, un saint Jean et un livre accosté

de deux palmes; ceux des épingliers, la Vierge
et trois épingles posées en pal, etc. [1]

Voilà la véritable origine des armoiries
choisies par les corporations ouvrières. L'ordonnance dite *des Bannières*, rendue au mois
de juin 1467, va régulariser ces blasons et
leur donner une consécration légale.

II

LES BANNIÈRES.

L'ordonnance des Bannières. — Chaque bannière est armo-
riée. — Ce qu'il faut entendre par *Registres des Bannières*.
— Comment furent alors composées et de quoi se com-
posèrent dans la suite les armoiries des corporations. —
Le *Livre rouge* et les registres des bannières. — Erreurs
commises par M. de Pastoret. — La soixante et unième
bannière. — Liste générale des bannières et des métiers.

En 1467, Louis XI, menacé par Charles le
Téméraire et n'osant trop compter sur la fidélité de sa noblesse, résolut de confier la garde
de Paris aux « manans et habitans » de sa
bonne ville. Il octroya de nouveaux statuts [2] à
la plupart des corporations ouvrières, et une
ordonnance datée du mois de juin eut pour

---

[1] Voy. A. Forgeais, *Numismatique des corporations
parisiennes, métiers etc., d'après les plombs historiés trouvés
dans la Seine.*

[2] Voy. le t. XVI du *Recueil des ordonnances des rois de
France.*

objet de les organiser en milice urbaine.
« Pour le bien et seureté de nostre bonne ville
de Paris, dit le roi, et pour la garde, tuicion
et deffense d'icelle, » nous avons « fait mectre
sus et en armes les manans et habitans de tous
estatz de nostre dicte ville et cité, et ordonné
les gens de mestiers et marchans estre divisez
et partiz en certaines bannières, soubz lesquelles ilz seront chascun selon la qualité et
l'estat dont il est. »

En conséquence les maîtres[1], les ouvriers
de tous les corps de métiers, le Parlement, le
Châtelet, la Chambre des comptes, les fonctionnaires des aides et des monnaies, en un mot
tous les hommes de seize à soixante ans en état
de porter les armes, durent se procurer « un
habillement souffisant selon leur possibilité, »
une longue lance ou une couleuvrine à main[2],
une brigandine[3], une salade[4] et un vouge[5].

[1] Commerçants établis, patrons.

[2] Arquebuse.

[3] On nommait ainsi un pourpoint recouvert de lames
d'acier, qui fut d'abord porté par les gens de trait recrutés
dans le midi. Les excès commis par eux ont fait donner au
mot brigand la signification qu'il a aujourd'hui. Les brigandines datent de la fin du xive siècle; elles étaient fabriquées par les brigandiniers, qui ne tardèrent pas à se fondre
dans la corporation des armuriers.

[4] Casque léger et sans ornement.

[5] Sorte d'épieu.

Ainsi équipés et armés, ils étaient partagés en soixante et une compagnies, dont chacune avait pour chefs un principal et un sous-principal, élus chaque année par les maîtres des métiers réunis au Châtelet. Les maîtres seuls pouvaient prétendre à ces grades : « Ne pourront estre esleuz aucuns en principaulx et soubz-principaulx, sinon qu'ils soyent chiefs d'hostelz [1], bien recéans, renommez et conditionnez, et qu'ils ayent demourez et résidé en ceste ville six ans au moins. »

Il faudrait bien peu connaître les Parisiens pour douter de la joie avec laquelle fut accueillie une pareille ordonnance, qui donnait à tous le droit de porter « dague, » et les autorisait même à sortir par la ville « les dimanches et aultres festes » avec leur costume et leurs armes.

Elle faisait plus encore, elle accordait officiellement des armoiries à tous les corps de métiers.

Chaque compagnie était, en effet, distinguée par une bannière spéciale, que l'article 2 de l'ordonnance décrit ainsi : « Et en chascun desdicts mestiers et compaignies y aura une

---

[1] Chefs de maison, même sens que maîtres.

bannière armoryée et figurée d'une croix blanche au milieu, et de telles enseignes et armoiries que lesdicts mestiers et compaignies adviseront. »

On devine ce que furent ces armoiries. Comme sur les méreaux, on y vit certainement figurer ou le patron du métier, ou ses principaux produits, ou les outils les plus employés par lui. Ce sont là, ainsi que le dit très bien M. Levasseur [1], les insignes de l'artisan, comme l'épée ou la lance sont ceux du chevalier. Quand celui-ci ne savait pas écrire, il apposait au bas des actes qu'il devait signer son sceau armorié suivant les règles du blason, tandis que l'artisan y traçait à la main les instruments de son métier. Il existe un grand nombre d'anciens contrats souscrits d'un marteau, d'une clef, d'un fer à cheval, d'une roue, à côté desquels le notaire a écrit le nom du maçon, du serrurier, du maréchal, du charron dont la signature était ainsi représentée [2].

J'ai vainement cherché aux Archives et dans les collections manuscrites de la Bibliothèque nationale la description des bannières

---

[1] *Histoire des classes ouvrières en France*, t. I, p. 479.
[2] Voy. Michelet, *Origines du droit français*, p. 220.

de 1467. Elle nous eût appris d'une manière certaine ce qu'étaient les armoiries primitives des corporations, de la plupart d'entre elles, du moins ; car, comme on va le voir, plusieurs métiers étaient réunis sous la même bannière, et avaient par conséquent des armoiries communes. Tous les documents que j'ai consultés, même les *Registres des bannières*[1], restent muets sur ce point.

Mais les métiers étaient trop fiers de leurs armoiries, ils les admiraient et les chérissaient trop pour les changer ; ils nous le prouveront bien au XVIIe siècle. Les entrées solen-

---

[1] Les registres du Châtelet relatifs aux corporations ont été et sont encore désignés sous le nom de *Registres des bannières*. Delamarre au XVIIe siècle (*Traité de la police*, t. I, p. 261) et tous les historiens qui se sont après lui occupés de ces registres déclarent que leur titre « vient de *bannire, bannum*, qui signifie ordre, mandement, avis publié par la police. » (H. Bordier, *Les archives de la France*, p. 257. — « ...Les douze registres dits *Bannières*, du mot *bannire* signifiant publier. » *Inventaire sommaire des fonds conservés aux archives*, t. I, p. 307.) — Mais, à ce compte, tous les recueils d'ordonnances seraient des *Registres des bannières*. N'est-il pas plus naturel d'admettre que ces registres, qui ont commencé à être tenus précisément en 1467, bien qu'on y ait inséré quelques documents antérieurs, doivent leur origine et leur titre à l'ordonnance de 1467 ? Longtemps après cette date, les mots *métier* et *bannière* étaient encore pris l'un pour l'autre, et l'on disait indifféremment : à quel métier ou à quelle bannière appartenez-vous?

nelles des rois et des princes, les réjouissances
publiques, les réceptions et les obsèques des
maîtres, les élections des jurés étaient autant
d'occasions de les produire. Elles figuraient
parfois sur les vitraux de la chapelle où se
réunissait la confrérie, presque toujours sur
les objets d'or, d'argent ou d'étain à l'usage
de la communauté. Il est donc permis d'affirmer que les symboles frappés sur les méreaux
de chaque corporation apparurent sur sa
bannière. Et dans la suite, quand chacun des
métiers réunis sous la même bannière voulut
avoir des armoiries particulières, celles-ci
rappelèrent toutes par plus d'un détail les
armoiries communes.

Ainsi, la première bannière était formée
par les tanneurs, les baudroyeurs et les corroyeurs. Nous ignorons ce que représentait
alors leur étendard; mais, lorsqu'on voit ces
trois métiers faire figurer plus tard dans leurs
armoiries le même instrument de leur métier, deux couteaux de revers ou couteaux
paroirs d'argent et emmanchés d'or, n'est-on
pas en droit de supposer que ces objets
ornaient leur première bannière? Pour que
chaque corporation ait son blason spécial, les
tanneurs ont placés les deux couteaux en

fasce[1], les baudroyeurs et les corroyeurs[2] les
ont placés en sautoir[3], mais tous ont conservé précieusement ce souvenir de leur blason primitif. On peut conclure de cet exemple
que les corporations changèrent aussi rarement d'armoiries que de patron, et que les
armoiries qu'elles firent enregistrer à la fin
du XVIIe siècle différaient peu de celles qu'elles
avaient adoptées dans l'origine.

L'ordonnance dite *des Bannières* a été imprimée dans le tome XVI[4] du grand recueil dit
des *Ordonnances des rois de France*. M. de Pastoret, qui a publié ce volume en 1814, déclare avoir copié l'ordonnance dans le *Livre
rouge* du Châtelet et l'avoir collationnée sur le
premier volume des *Registres des bannières*.
Il indique même exactement en note à quel
folio de ce manuscrit[5] elle se trouve. Il existe
cependant entre le texte donné par M. de
Pastoret et celui du registre des Bannières de
telles différences, qu'il n'est guère permis de
croire à l'assertion du savant académicien. Il

---

[1] Horizontalement.
[2] L'ordonnance du 21 novembre 1577 les avait réunis en
une seule corporation.
[3] En croix.
[4] Page 671.
[5] Folio 84.

nous suffira pour le prouver de mettre en regard le commencement des deux textes :

Texte de M. Pastoret.	Texte du registre des bannières.
Ire BANNIÈRE.	Ire BANNIÈRE.
Tanneurs.	Tanneurs
Baudroyeurs.	Baudroyeurs.
Corroyeurs.	Courayeurs.
IIe	IIe
Sainturiers.	Sainturiers.
Boursiers.	Boursiers.
Mesgissiers.	Megissiers.
IIIe	IIIe
Gantiers.	Gantiers.
Esguilletiers.	Esgueulletiers.
Sainturiers et pareulx de peaux.	Tainturiers et pareux de peaulx.
IVe	IVe
Cordonniers.	Cordouenniers.

Ainsi, sans insister sur les variantes d'orthographe, M. de Pastoret ne s'est pas même aperçu qu'il faisait figurer les *sainturiers* à la fois dans la deuxième et dans la troisième bannière ; et, en supposant que le *Livre rouge* renferme cette erreur, n'eût-elle pas été corrigée lors de la collation sur le registre des bannières, qui place très lisiblement dans la troisième les *tainturiers* et non les *sainturiers?*

M. de Pastoret ne s'est pas aperçu non plus
que son texte, comme celui du registre des
bannières, au reste, mentionne seulement
60 bannières, tandis que l'article 1ᵉʳ de l'ordonnance dit formellement que tous les habitants de Paris « seront partiz et divisez en
soixante-une bannières [1] et compagnies. » La
composition de la soixante et unième bannière
doit sans aucun doute être cherchée dans
l'art. 23 de l'ordonnance; il prescrit l'arme-
ment des membres du Parlement, du Châtelet,
de la Chambre des comptes, etc., tous personnages importants, que les rédacteurs de
l'ordonnance n'ont pas voulu comprendre
parmi les « gens de mestiers et marchans. »

Pour l'honneur du *Recueil des ordonnances*,
si précieux malgré ses imperfections, il faut
passer rapidement sur les quelques notes au
moyen desquelles M. de Pastoret a pensé
éclaircir le texte de l'ordonnance des bannières; elles dénotent une ignorance complète de l'histoire de nos corporations ouvrières.

---

[1] M. H. Martin, qui a reproduit cette liste en note (*Histoire
de France*, t. VII, p. 21), annonce aussi 61 bannières, qu'il
prend même soin de numéroter, et il ne remarque également
pas que son énumération s'arrête à la soixantième.

Voici, d'après le premier volume des *Registres des bannières* [1], la liste des soixante et une bannières armoriées sous lesquelles devaient marcher tous les Parisiens.

Ire BANNIÈRE.

Tanneurs.
Baudroyeurs [2].
Courayeurs [3].

IIe

Sainturiers [4].
Boursiers,
Megissiers [5].

IIIe

Gantiers.
Esgueulletiers [6].
Tainturiers et pareux de peaulx [7].

IVe

Cordouenniers [8].

---

[1] Archives nationales, X 7, fol. 84.

[2] Les baudroyeurs, nommés aussi *baudroyers, baudroiers, baudraiers*, etc., corroyaient les cuirs épais destinés à faire des ceintures, des semelles de souliers, etc.

[3] Corroyeurs.

[4] Fabricants de ceintures et de courroies. Le *Livre des métiers* (titre LXXXVII) les nomme *corroiers*.

[5] M. de Pastoret écrit *mesgissiers*.

[6] Ce ne sont pas du tout des fabricants d'aiguilles, comme le dit M. de Pastoret : ceux-ci se nommaient au moyen âge *aguilliers* ou *aiguilliers*. Il s'agit ici des aiguilletiers ou ferreurs d'aiguillettes. Dès 1397, il y avait à Paris 26 ateliers de cette profession.

[7] M. de P. a encore lu ici *sainturiers*. Il s'agit évidemment des *peaussiers*, dont les maîtres prenaient le titre de *teinturiers en cuir* et de *pareurs de peaux*. Nous trouverons plus loin (bannières 23 et 49) les teinturiers en étoffe.

[8] M. de P. écrit *cordonniers*, et le *Livre des métiers* (titre LXXXIV) *cordouanniers*. Ce nom vient du mot *cordouan*, par lequel on désignait l'espèce de maroquin presque exclusivement employé par cette corporation. Voy. *Les magasins de nouveautés*, t. IV, p. 191.

V°

Boulengers [1].

Gueyniers [7].

Esmoleurs [8].

VI°

X°

Paticiers [2].

Musniers [3].

Serpiers [9].

Cloustiers [10].

VII°

XI°

Fevres.

Mareschaulx [4].

Chandeliers.

Huilliers.

VIII°

XII°

Serruriers [5].

Lormiers [11].

IX°

Selliers.

Coustelliers [6].

Coffriers.

[1] M. de P. écrit *boulangiers*.

[2] Pâtissiers.

[3] Meuniers.

[4] Il faut lire, selon toute apparence, *fèvres-mareschaulx*. Le nom de *fèvres* s'appliqua pendant longtemps à tous les ouvriers qui travaillaient les métaux, et c'est de là qu'est venu notre mot *orfèvre*.

[5] Dans le texte donné par M. de P., les serruriers composent la neuvième bannière. La huitième est formée des métiers qui composent ici la dixième, et la dixième de ceux qui composent la neuvième.

[6] Couteliers.

[7] Gainiers.

[8] « Émouleurs et aussi taillandiers. » dit M. de P. — Les *esmouleeurs* et *esmouleeurs de coutiaux* étaient des rémouleurs, et appartenaient à la classe des *gagne-petit*. Mais il s'agit bien plutôt ici de la corporation des *esmouleeurs de grandes forces à tondre draps*, dont les premiers statuts datent de 1384. Ils affûtaient presque exclusivement les grands ciseaux à tondre les draps, que l'on nommait *forces*, et qui étaient fabriqués par les *forcetiers*.

[9] Sans doute nos taillandiers actuels.

[10] Cloutiers.

[11] M. de P. écrit *cormiers*. — Les *lormiers* fabriquaient

Malletiers [1].

XIII[o]

Armuriers.

Brigandiniers [2].

Fourbisseurs de harnoys.

Lanciers [3].

Fourbisseurs d'espées.

XIVe

Freppiers.

Revendeurs [4].

XVe

Marchans pelletiers.

Courayeurs de peaulx [5].

XVI[o]

Marchans fourreux [6].

XVIIe

Pigners [7].

Artillers [8].

des éperons, des étriers, des mors, et la plupart des petits objets de fer qui figuraient dans le harnachement du cheval et l'équipement du cavalier.

[1] Devenus dans la suite *coffretiers-malletiers-bahutiers.*

[2] Fabricants de brigandines. Voy. ci-dessus.

[3] Fabricants de lances. Je n'ai trouvé ce petit corps d'état mentionné dans aucun autre document,

[4] Il faut très probablement lire *freppiers-revendeurs.* Dès le XIIIe siècle, les fripiers composaient une corporation importante, à laquelle toute fabrication était interdite, et qui représentait assez bien nos marchands de vieux habits et nos brocanteurs actuels.

[5] Il est assez difficile de déterminer ce que l'ordonnance entend ici par les *courayeurs de peaulx.* Ce ne peuvent être ni les *corroyeurs,* puisqu'ils figurent dans la première bannière, ni les *peaussiers,* puisqu'ils figurent dans la troisième sous le nom de *pareux de peaulx.* Je suppose donc qu'il est ici question des *fourreurs de robes de vair* (petit-gris), que la *Taille* de 1313 nomme *courroueurs de panne* (fourrure) *vaire* et une pièce du XIVe siècle *conreeurs de robes-vaires.* Ils appartenaient à la corporation des pelletiers, et paraissent même avoir composé l'aristocratie du métier.

[6] M. de P. écrit *marchands fourieux.* Ce sont les fourreurs.

[7] Fabricants de peignes. D'abord associés aux lanterniers, ils finirent par se réunir aux tabletiers.

[8] « Faiseurs d'arquebuses, » dit M. de P. — Les arquebusiers ont en effet porté ce nom ; mais au XVe siècle, il dési-

Patiniers [1].

Tourneurs de blanc boys [2].

XVIIIe

Bouchers de la grant bou-
cherie [3], et autres boucheries subjectes [4].

XIXe

Bouchers des boucheries
de Beauvais [5], Gloriec-
te [6], cimetierre Saint-Je-
han [7] et Nostre-Dame
des Champs.

XXe

Tixerans de linge [8].

XXIe

Foulons de draps.

XXIIe

Faiseurs de cardes et de
pignes [9].

XXIIIe

Tondeurs de grans for-
ces [10].

Tainturiers de draps.

---

gnait plus particulièrement les ouvriers chargés de fabriquer les pièces d'artillerie. Ils furent érigés en corporation par lettres patentes de 1411.

[1] Peut-être des faiseurs de patins, chaussure alors fort à la mode.

[2] Tourneurs.

[3] Du Grand-Châtelet.

[4] Les bouchers de la Grande Boucherie, dont les étaux se transmettaient exclusivement de mâle en mâle dans les mêmes familles, prétendaient avoir un monopole pour tout l'intérieur de Paris, et soutenaient qu'aucune boucherie ne pouvait s'établir sans leur assentiment.

[5] Ou des Halles, entre la rue Saint-Honoré et la rue de la Tonnellerie.

[6] La boucherie dite de Gloriette ou du Petit-Pont, située près du Petit-Châtelet.

[7] Dans la rue Saint-Antoine.

[8] Ce sont les tisserands proprement dits. On les nommait ainsi pour les distinguer des *tisserands de lange* (voy. la XXXe bannière) ou *drapiers*.

[9] Faiseurs de cardes et de peignes pour la laine. On les nomma un peu plus tard *cardiers*.

[10] Tondeurs de draps. Voy. ci-dessus la note 8 p. **266**.

XXIV⁰
Huchers[1].

XXV⁰
Cousturiers[2].

XXVI⁰
Bonnetiers.
Foulons de bonnets.

XXVII⁰
Chappelliers.

XXVIII⁰
Fondeurs.

Chauderonniers.
Espingliers[3].

Balanciers[4].
Graveux de seaulx.

XXIX⁰
Potiers d'estain.
Bibelotiers[5].

XXX⁰
Tixerans de lange[6].

XXXI⁰
Pourpointiers[7].

[1] Faiseurs de meubles. A la fin du siècle, ils vont prendre le nom de menuisiers.

[2] Les tailleurs n'étant pas mentionnés dans l'ordonnance, il est probable que ce sont eux qu'elle a voulu désigner ici. Mais le mot *cousturier* est pris ordinairement dans un sens moins large. Voy. *Les magasins de nouveautés*, t. I, p. 63.

[3] Il est difficile de comprendre pourquoi l'ordonnance ne mentionne pas ici les aiguilliers. Ils formaient cependant encore une corporation distincte de celle des épingliers.

[4] M. de P. écrit *balantiers*, et il place ici cette note : « Balanciers, fabricateurs des divers instruments dont on se sert pour peser. »

[5] M. de P. écrit en note : « Je ne sais ce que bibelotiers veut dire; seroient-ce ceux qui fabriquoient des vases à boire? » — Au moyen âge, les vases à boire étaient fabriqués par la corporation dés *madeliniers*, *mazeliniers* ou *hanapiers*, que Jean de Garlande nomme *cipharii*. Si M. de P. eût ouvert un dictionnaire quelconque des arts et métiers, il y eût vu que les bibelotiers, bimblotiers ou bimbelotiers, fabriquaient des jouets d'enfants et des colifichets de toutes sortes. De *bibelotier* est né le mot *bibelot*; les bibelotiers du xv⁰ siècle sont devenus les *bimbelotiers* du xviii⁰.

[6] Ce sont les drapiers. Dans le *Livre des métiers* (titre L), ils prennnent le nom de *toissarans de lange* [de laine]. Voy. les bannières XX et XLVII.

[7] Faiseurs de pourpoints. Leurs statuts furent précisément

XXXIIe

Maçons.

Carriers.

Tailleurs de pierre.

XXXIIIe

Orfevres.

XXXIVe

Tonneliers.

Avalleurs de vin [1].

XXXVe

Paintres.

Ymagers [2].

Chasubliers.

Voirriers [3].

Brodeurs.

XXXVIe

Marchans de buche [4].

Voituriers par eaue.

Bastelliers.

Passeurs [5].

Faiseurs de basteaulx [6].

XXXVIIe

Savetiers.

XXXVIII

Barbiers.

XXXIXe

Poullailliers [7].

Queux [8].

Rotisseurs.

Sauccissiers [9].

revisés au mois de juin 1467. En 1655, la corporation des pourpointiers fut réunie à celle des tailleurs.

[1] Déchargeurs de vin. Du vieux mot *avaler* qui signifiait *descendre*. C'est ainsi qu'on nommait *avaleurs de nefs* les mariniers qui se chargeaient de guider les bateaux en descendant la Seine. Vers l'époque qui nous occupe, les avaleurs de vin furent réunis aux tonneliers.

[2] Sculpteurs.

[3] Verriers.

[4] Marchands de bois à brûler.

[5] Les *bateliers-passeurs d'eau*, chargés de faire passer la Seine aux endroits où manquaient les ponts, étaient des officiers publics nommés par la municipalité.

[6] Le *Livre des métiers* (titre XLVII) les nomme *faiseurs de nez* [de nefs].

[7] Vendeurs de « poulailles, œufs, fromages, perdrix, connils [lapins], agneaux, veaux, sauvagines, » dit l'art. 148 de l'ordonnance de janvier 1350.

[8] Cuisiniers.

[9] Réunis peu de temps après aux charcutiers, qui prirent

XLe

Charrons.

XLIe

Lanterniers[1].

Souffletiers[2].

Vanniers.

Ouvriers d'osier[3].

XLIIe

Porteurs de Greve[4].

XLIIIe

Henouars[5].

Revendeurs de foing et de paille.

Chauffourniers.

Estuviers[6].

Porteurs des halles[7].

XLIVe

Vendeurs de bestail[8].

le titre de *maîtres chaircuitiers-saucissiers-boudiniers.*

[1] Fabricants de lanternes.

[2] Fabricants de soufflets. Dès 1442, ils formaient une seule corporation avec les boisseliers et les lanterniers.

[3] M. de P. met ici en note : « Ceux qui font les ouvrages d'osier. » — On s'en serait douté. Mais je ne sais trop ce que ces *ouvriers d'osier* viennent faire après les *vanniers.* Il ne faut cependant pas oublier que cette dernière corporation était partagée en trois classes tout à fait distinctes, qui avaient chacune sa spécialité bien définie; c'est sans doute une de ces trois classes qui est désignée ici sous le nom *d'ouvriers d'osier.*

[4] Gagne-denier, porteurs ou portefaix. On les nommait aussi *anges de la Grève,* par allusion à leur crochet, qui simulait des ailes sur leur dos. Voy. ci-dessous *Porteurs des halles.*

[5] *Hénoards, hénouards, hénouarts, hanouards, hanoiers, honouards, porteurs de sel,* etc., officiers publics assermentés qui transportaient le sel.

[6] Ceux qui tenaient des étuves. Ils furent plus tard réunis à une corporation créée au xviie siècle, celle des *barbiers-perruquiers-baigneurs-étuvistes.*

[7] Les *porteurs* étaient des officiers publics assermentés, nommés par la municipalité. Il y avait des *porteurs* spéciaux pour une foule de marchandises.

[8] Il ne peut être question ici des marchands de bétail, puisque ces derniers se trouvent mentionnés à la ligne sui-

Marchans de bestail.

Vendeurs de poisson de
mer.

XLVe

Marchans de poisson
d'eauc doulce.

Pescheurs [1].

XLVIe

Libraires.

Parcheminiers.

Escripvains [2].

Enlumineurs.

XLVIIe

Drappiers [3].

Chaussetiers [4].

XLVIIIe

Espiciers.

Apoticaires [5].

XLIXe

Deciers [6].

vante. On nommait *vendeurs* des officiers publics assermentés, sortes de commissionnaires en marchandises, qui
servaient d'intermédiaires entre le marchand en gros et
l'acheteur.

[1] Les pêcheurs à verge [à la ligne] et les pêcheurs à
engins.

[2] Copistes. Les écrivains formèrent dans la suite une corporation importante, dont les maîtres avaient seuls le droit
d'enseigner l'écriture.

[3] Nous avons traduit plus haut *tixerans de lange* par *drapiers* (XXXe bannière.) Que signifie donc la présence ici de
ces nouveaux drapiers? M. de P. ne s'en inquiète point. On
distinguait dans le corps de la draperie deux classes distinctes : les fabricants dits *tisserands de laine* ou *drapiers
drapans,* et les simples débitants nommés *marchands drapiers.* Ce sont ces derniers qui sont ici mentionnés.

[4] La corporation des chaussetiers s'éteignit à la fin du
xvie siècle, et ses dépouilles furent partagées entre trois
autres corporations, les drapiers, les tailleurs et les lingères.

[5] Jusqu'en 1777, les épiciers et les apothicaires ne formèrent qu'une seule corporation, ayant des armoiries communes. Il y eut cependant dès 1514 quelques règlements
particuliers à chacun des deux métiers.

[6] M. de P. pense qu'il s'agit ici de dés à coudre. Je suis
d'un avis contraire. Dans le *Livre des métiers* (titre LXXII),

Tapiciers [1].

Tandeurs [2].

Tainturiers de fil, de soye et de toilles [3].

L[e]

Merciers.

Lunetiers [4].

Tapiciers sarrasinois [5].

LIe

Mareschers.

Jardiniers.

les fabricants de *dés à jouer* sont nommés *deiciers*, *deyciers*, *feseeurs de dez à table et à eschiés* [échecs], *d'os et d'yvoire*, *de cor* [corne], *etc.*, et il est certain que, malgré les nombreuses ordonnances rendues contre le jeu, ils formèrent pendant longtemps une corporation importante et nombreuse. Les faiseurs de *dés à coudre* étaient au contraire fondus dans la corporation des boutonniers. Le *Livre des métiers* les appelle, il est vrai, *deyciers d'archal, de quoivre* [cuivre] *et de laiton;* mais la taille de 1292 les nomme *deeliers*, et celle de 1313 *deiliers*, désignations qui viennent de *deel*, issu du latin *digitale*, ancienne forme du mot *dé*.

[1] Faiseurs de tapisseries. Nos tapissiers actuels n'existaient pas encore, au moins sous ce nom.

[2] « Autre espèce de teinturiers, » dit M. de P. — Mais je n'ai rien trouvé qui puisse justifier cette assertion. Il s'agit bien plutôt ici des ouvriers nommés ordinairement *poulieurs*, *ampoulieurs*, *empoleeurs* qui étaient chargés du *ramage* du drap. Quand celui-ci sortait des mains des foulons, on le *tendait* sur des barres de bois appelées *rames* ou *poulies*, qui étaient établies à demeure dans certains quartiers. C'est même de là qu'est venu le nom de *rue des l'ou- lies* donné à plusieurs voies de Paris.

[3] Ils formaient déjà un corps de métier spécial. Dans la suite, les teinturiers furent partagés en trois corporations distinctes : les *teinturiers du grand et bon teint*, les *teinturiers du petit teint*, et les *teinturiers en soie, laine et fil*.

[4] Les lunetiers furent de très bonne heure réunis à la corporation des miroitiers.

[5] Faiseurs de tapisseries imitées de celles de l'Orient. Ils ont leurs statuts dans le *Livre des métiers* (titre LI).

LIIe
Vendeurs d'eufz, fromages et egrun [1].

LIIIe
Charpentiers.

LIVe
Hostelliers.
Taverniers.

LVe
Pigneux et cardeux de layne [2].

LVIe
Vignerons.

LVIIe
Couvreurs de maisons.
Mannouvriers.

LVIIIe
Cordiers.
Bourreliers.
Corretiers de chevaulx [3].
Vendeurs de chevaulx.

LIXe
Buffetiers.
Potiers de terre.
Natiers [4].
Faiseurs d'esteufz [5].

---

[1] « Herbe potagère, » dit M. de P. — On nommait égrun ou aigrun tous les légumes à saveur âcre, tels que les aulx, les oignons, les échalottes. Cette définition nous est fournie d'ailleurs par le *Livre des métiers*, où on lit (titre X) : « Regratiers de fruits et aigrun, c'est à savoir de aus, de oingnons, de eschaloingnes, » etc.

[2] Peigneurs et cardeurs de laine. Voici le titre officiel de cette corporation : *Maîtres et marchands cardeurs, peigneurs, arçonneurs de laine et de coton, drapiers-drapans, coupeurs de poils, fileurs de laine, coton et lumignon, et cardiers.* Voy. *Les magasins de nouveautés*, t. II, p. 290.

[3] Les courtiers de chevaux servaient d'intermédiaires entre les loueurs de chevaux et les patrons de bateaux pour le halage sur la Seine. Au xviie siècle, ils ne s'entremettaient plus pour la location des chevaux, mais déterminaient seulement quel devait être le nombre de ceux-ci, suivant la charge du bateau à haler. Ils étaient tenus, en outre, de s'assurer du bon état des bateaux et des cordages. (Voy. le chap. XXX de l'ordonnance de 1672).

[4] Faiseurs de nattes et de toutes sortes d'objets en paille tressée.

[5] Faiseurs de balles pour jouer à la paume. La corporation

LX°

Notaires.

Bedeaux.

Et autres praticiens en cours d'Église, mariez, non estans de mestier.

LXI°

Cour de Parlement.

Chambre des comptes.

Chatelet.

Prevoté de Paris.

Prevoté des marchans, etc., etc., etc., etc., «avec tous les membres deppendans et supposts d'iceulx, gens et serviteurs. »

Cette ordonnance avait été signée à Chartres au mois de juin 1467. Le 14 septembre suivant, le roi passa en revue cette nouvelle milice nationale, et Jean de Roye nous a conservé le souvenir de cette solennité, qu'il raconte avec son enthousiasme et son exagération ordinaires [1].

III.

LES SIX-CORPS.

Origine des Six-Corps. — D'abord au nombre de quatre. — Adjonction des changeurs et des orfèvres. — Les bouchers y apparaissent au xvᵉ siècle. — Ordre dans lequel se succèdent les Six-Corps au sacre de Henri VI, à l'entrée d'Anne de Bretagne et à celle de Marie d'Angleterre. — Querelles de préséance. — Admission momentanée des teinturiers. — L'entrée d'Éléonore d'Autriche.

fut plus tard désignée sous le nom de *paumiers-raquettiers-faiseurs d'esteufs, pelottes et balles.*

[1] Édit. B. de Mandrot, t. I, p. 180.

— Avantage remporté par les merciers. — Les Six-Corps
à l'entrée du cardinal Barberini. — Les marchands de
vins érigés en septième corps. — Protestations. — Costume des Six-Corps dans les cérémonies officielles. —
Armoiries qui leur sont accordées par la municipalité. —
L'*Armorial général.* — L'édit de 1776. — Suppression des
corporations.

Vers la fin du XIVe siècle, les plus impor-
tantes corporations de Paris commencèrent à
former une sorte d'aristocratie industrielle.
En vertu d'un privilège qu'elles durent d'abord
à leur richesse, et qui leur fut bientôt reconnu
par la municipalité, elles ne cessèrent de représenter le commerce parisien dans les cérémonies officielles.

Il était « de notoriété publique, » au
XVIIe siècle [1], que ces corporations avaient été
dans l'origine au nombre de quatre seule-
ment :

Les drapiers.   Les pelletiers.
Les épiciers.   Les merciers.

Les changeurs et les orfèvres se joignirent
à elles un peu plus tard. De sorte que, en
1431, quand Henri VI vint se faire sacrer à

---

[1] Voy. les pièces publiées par M. Saint-Joanny, *Registre
des délibérations des marchands merciers*, p. 232. Les originaux de plusieurs des pièces reproduites dans ce volume
ont été brûlés en 1871.

Paris, les corps privilégiés l'escortèrent dans l'ordre suivant :

Les drapiers.	Les merciers.
Les épiciers.	Les pelletiers.
Les changeurs.	Les bouchers[1].
Les orfèvres.	

Comme on le voit, les bouchers, qui venaient de jouer un si grand rôle dans la capitale, avaient pris part à la cérémonie, mais c'est là un honneur dont ils jouirent pour la première et la dernière fois.

La hiérarchie observée avait changé déjà en 1504, lors de l'entrée de la reine Anne de Bretagne. Les Six-Corps qui allèrent à sa rencontre étaient ainsi classés :

Les drapiers.	Les merciers.
Les épiciers.	Les changeurs.
Les pelletiers.	Les orfèvres[2].

---

[1] *Journal d'un bourgeois de Paris*, édit. Tuetey, p. 276.

[2] Archives nationales, H 1778, fol. 123. Reproduit dans Godefroy, *Cérémonial françois*, t. I, p. 693.

Dans une requête présentée à la municipalité en 1625, et que nous avons trouvée à la Bibliothèque nationale dans la collection Delamarre [ms. français, n° 21,791, fol. 178], les pelletiers se plaignent que, au cours de cette cérémonie, les merciers se soient emparés du deuxième rang : «... Si est-ce néanmoins, disent-ils, qu'en l'an 1504, lesdits merciers eurent l'ambission d'oster non seulement auxdits pelletiers cette prérogative et rang de troisième, mais aussy marchèrent et portèrent [le dais] avant lesdits épissiers et appoticaires [ils

Mais ce cérémonial n'était pas encore officiellement fixé, et il en résultait de continuels démêlés pour la préséance. Comme on vient de le voir[1], une violente animosité existait surtout entre les pelletiers et les merciers, qui se disputaient le troisième rang. Les pelletiers soutenaient même qu'ils avaient autrefois occupé le premier. Ils n'apportaient aucune preuve à l'appui de leur prétention[2], mais ils eussent pu dire avec raison que, pendant les

formaient une seule corporation], combien qu'ils n'eussent jusque là [osé le faire], sinon que, s'estimans plus forts et puissans que ces deux autres corps, ils avoient une vaine croyance qu'ils l'emporteroient de haute lutte et contre l'équité. » Il résulterait de ce passage qu'en 1504 les Six-Corps se seraient en réalité succédé dans cet ordre :

Les drapiers.	Les pelletiers.
Les merciers.	Les changeurs.
Les épiciers.	Les orfèvres.

Comment expliquer ces deux versions contradictoires? Peut-être ainsi : les merciers n'avaient dû ce second rang qu'à un coup d'audace, mais, sur les justes réclamations des corps lésés, le compte-rendu officiel de la cérémonie les plaça au rang qui leur était attribué.

Sauval (*Antiquitez de Paris*, t. II, p. 468) prétend qu'à cette époque, « du consentement des pelletiers, des merciers et des épiciers, leurs rangs furent jetés au sort, en présence de plusieurs bourgeois, de quelques conseillers de la ville, etc. » Les documents officiels ne confirment pas cette assertion; il en est de même de la plupart des renseignements fournis sur ce sujet par Sauval.

[1] Voy. la note précédente.
[2] Voy. Sauval, t. II, p. 477.

siècles où le costume s'était presque exclusivement composé de fourrures, leur commerce était beaucoup plus étendu que celui des drapiers ; en 1292, par exemple, il y avait à Paris 214 pelletiers et 19 drapiers seulement [1].

En 1514, lors de l'entrée à Paris de la reine Marie d'Angleterre, les changeurs, bien déchus de leur antique opulence, déclarèrent qu'ils n'étaient pas en état de pourvoir aux frais qu'entraînaient toujours ces sortes de cérémonies. « Et au regard des changeurs, disent les *Registres de la Ville* [2], ils se excusèrent, disans que de present, ilz estoient en petit nombre, comme de cinq à six seullement, et à celle cause ne pourroient fournir aux fraiz de s'habiller selon qu'il est bien requiz, sans leur grant grief et detriment, requerans estre deschargez de ceste affere. A quoy leur fut respondu par messeigneurs qu'ilz avoient accoustumé de le faire, et qu'ilz se meissent en peine d'y continuer ; et neantmoins que iceulx mesdits seigneurs s'enquerroient aux maistres jurez d'autres marchandises si vouldroyent prendre ceste charge ou lieu d'iceulx chan-

---

[1] Voy. Géraud, *Paris sous Philippe le Bel*, p. 305 et 529 ; et *Les magasins de nouveautés*, t. IV.

[2] Archives nationales, H, 1778, fol. 281.

geurs, et lors les en deschargeroient. » Les
bonnetiers se présentèrent aussitôt, et accep-
tèrent avec empressement la place des changeurs. « Si en parlèrent depuis mesdits seigneurs aux maistres jurez bonnetiers,... les-
quelz ont depuis fait et declaré qu'ilz estoient
contans prendre ceste charge et d'estre vestuz
d'habitz de soye pour porter le ciel[1] au lieu
qui leur seroit ordonné, et d'amener avecques
eulx quelque bon nombre de gens de leur estat, en honnestes habits de parure, dont mesdits seigneurs ont esté très contans. »

Les corps privilégiés se trouvèrent donc
ainsi classés :

Les drapiers.	Les merciers.
Les épiciers.	Les bonnetiers.
Les pelletiers.	Les orfèvres[2].

[1] Le dais.

[2] « Au mois de novembre 1504, se meut instance et con-
tention par devant nos predecesseurs entre ces trois corps
[épiciers, pelletiers, et merciers], où fut par sentence du
29 dudit mois réglé et condamné avec connoissance de
cause et avis de plusieurs conseillers, quarteniers et bourgeois, que les quatre maistres [jurés] de l'épisserie et appoticaires marcheroient et porteroient le ciel à l'entrée d'une
reine qui se devoit faire audit temps, après les drappiers qui
sont les premiers, et après eux que ce seroient les pelletiers,
comme aussy lesdits merciers après yceux pelletiers, le tout
dans les distances et départemens y mentionnez ; et qu'à
l'avenir ils seroient tenus d'observer cet ordre. Lequel
règlement fut suivi et exécuté, tant à cette entrée qu'à

En mai 1517, à l'entrée de la reine Claude, première femme de François Ier, les orfèvres prirent le pas sur les bonnetiers, et les teinturiers figurèrent comme septième corps. Le défilé eut donc lieu dans cet ordre :

Les drapiers.	Les orfèvres.
Les épiciers.	Les bonnetiers.
Les pelletiers.	Les teinturiers[1].
Les merciers.	

Mais en mars 1531, lors de l'entrée de la reine Éléonore, les teinturiers ont pour toujours disparu, les bonnetiers reprennent leur place au-dessus des orfèvres, les merciers marchent de nouveau avant les pelletiers, et l'ordre suivant s'établit :

Les drapiers.	Les pelletiers.
Les épiciers.	Les bonnetiers.
Les merciers.	Les orfèvres [2].

Les merciers conservèrent désormais ce troi-

celle de la reine Marie d'Angleterre, épouze du roy Louis douze, faite à Paris au mois de novembre 1514, lors de laquelle lesdits trois corps marchèrent et portèrent le ciel sur sa Majesté, au desire et ordre du reglement, comme lesdits pelletiers le justifient par un extrait tiré du *Registre de l'hostel de ville* [c'est le registre aujourd'hui coté aux Archives nat., H 1778. Voy. fol. 282], qu'ils représentent. » Bibliothèque nationale, mss. français, 21,791, fol. 178.

[1] Archives nationales, H 1778.
[2] Archives nationales, H 1779.

sième rang, en dépit des incessantes protestations des malheureux pelletiers [1]. Une dernière
requête fut adressée par eux à la municipalité
quelques jours avant l'entrée solennelle du
cardinal Barberini, et la sentence rendue le
7 mai 1625 assura définitivement le triomphe
des merciers. Elle est conçue en ces termes :
« Veu les reiglemens et pièces y mentionnez
et les registres du greffe de la ville sur le fait
desdites entréez. Ouys au bureau par devant
nous les maistres et gardes des corps et marchandises de mercerie, orfèvrerie et bonneterie, et sur ce ouy le procureur du roy de la
ville, avons ordonné que, à l'entrée de mon-

---

[1] « Or, encore que cela deust esteindre et faire cesser l'ambition susditte des merciers, elle seroit pourtant toujours
demeurée gravée en eux, et l'ont fait paroistre plus qu'auparavant aux entrées depuis faites. Car lors d'icelles, ayant les
pelletiers désiré marcher et porter les ciels immédiattement
et en l'ordre et manière accoustumez, ils en avoient esté
empeschez par lesdits merciers, lesquels par mépris et violence ont usurpé et entrepris le troisième rang. Et pour ce
qu'il n'eust esté séant ni raisonable de retarder lesdites
entrez et réceptions pour le seul intérest des deux corps,
lesdits pelletiers aimèrent mieux le tolérer, sans préjudice
à leurs prérogatives, que de causer des querelles, se réser-
vant d'y remédier et d'estre réintégrés en leur rang pour la
raison et voye de droit. Ce qui n'a pas esté fait jusques à
présent, tant à cause que leurs prédécesseurs ont négligez de
faire juger la déffinitive d'une poursuitte faite sur ce sujet
en l'an 1571, que par l'accroissement du corps desdits merciers. » Bibl. nationale, mss. français, 21,791, fol. 179.

seigneur le Légat qui se doit bientôt faire en cette ville, lesdits maîtres et gardes de la marchandise de pelleterie y assisteront, marcheront et porteront le ciel immédiattement après les maîtres et gardes de la mercerie et auparavant les maîtres et gardes de l'orfèvrerie et bonneterie... Fait au bureau de la ville le mercredy septième jour de mai 1625[1]. »

L'entrée du cardinal Barberini, légat et neveu du pape, eu lieu le 21 mai 1625. Pour donner une idée du rôle joué en ces circonstances par les Six-Corps, je vais reproduire le récit de cette cérémonie tel qu'il fut rédigé par les merciers, et inséré dans leurs registres :

« Quelques jours auparavant, les gardes[2] des Six-Corps ont esté appelez à la maison de Ville pour régler quelques difficultez qui estoient entre lesdits corps pour les rangs à porter le daiz et ciel sur ledit sieur Légat, où suivant les anciennes coutumes rédigées dans les registres de la Ville a esté ordonné que :

Les gardes de la *drapperye* porteroient le daiz despuis la porte Saint-Jacques jusques à Saint-Estienne-des-Grays.

Les *appoticaires-espiciers* despuis Saint-Estienne jusques à Saint-Benoist.

---

[1] Bibl. nationale, mss. français, **21,791**, fol. 179.
[2] Ou jurés.

Les gardes de la *mercerye* despuis Saint-Benoist jusques à Saint-Yves.

A quoy s'oppozèrent les pelletiers, qui vouloient cheminer les troisièmes au lieu desdits gardes de la marchandize de mercerye ; mais voïant la coutume observée cy-devant, le ceddèrent pour ceste fois sans tirer à conséquence.

Les *pelletiers* cheminèrent despuiș Saint-Yves jusques au carrefour Saint-Séverin.

Les *orfebures* despuis ledit carrefour jusques au coing de la rue Neuve-Notre-Dame.

Les *bonnetiers* le debvoient porter despuis ledit coing jusques au parvis Notre-Dame, mais le désordre qui arriva audit coing de la rue, au pillage de la mulle et dudit daiz[1], les frustra de l'honneur de porter ledit daiz, et les soulagea aussy d'une grand payne et incommodité d'estre les derniers et proches du pillage.

Les *marchands de vins, hosteliers, taverniers* et *cabarretiers* présentèrent aussy le mesme jour de l'assemblée leur requeste à la Ville, affin que continuant leur ancienne ambition, il fût dit qu'ils feroient un septiesme corps, et en ceste qualité porteroient ledit daiz à l'entrée dudit sieur Légat : où s'op-

---

[1] L'entrée du cardinal Barberini a été racontée dans le *Mercure françois* de 1625 (t. XI, p. 626 et suiv.). Il s'exprime au sujet de cet incident avec une grande réserve : « Ce fut là où ledit sieur [légat] fut démonté de dessus sa mule, laquelle les valets de pied du Roy emmenèrent, et le daiz fut enlevé par les archers du corps. » Ce dais « estoit de satin blanc, garny d'une frange de soye blanche et d'or, aux armes du Roy, dudit sieur Légat et de la Ville. »

pozèrent les Six-Corps, aveq raisons trop longues à desduire. Fut ordonné que, suivant l'arrest de provision qu'ils ont obtenu au Conseil en 1610, ils s'abstiendroient de porter ledit daiz sur ledit sieur Légat, mais bien qu'ils y assisteroient après les autres gardes des Six-Corps[1].

Ces marchands de vin avaient été érigés en septième corps par Henri III en 1585, mais les six premiers refusèrent toujours de les admettre. La corporation des marchands de vin comprenait tous les individus qui faisaient, à un titre quelconque, le commerce de ce liquide, cabaretiers, taverniers, hôteliers, aubergistes, etc. C'était, au dire des six autres corps, « un bizarre assemblage, un ramas de toutes sortes de gens, » et on ne craignait pas d'ajouter que « la fraude et la tromperie sont les caractères inséparables du négoce des marchands de vin[2]. » En somme, ces derniers ne furent jamais acceptés par les corps privilégiés. La situation était embarrassante. Le gouvernement ne voulait pas s'aliéner les Six-Corps, mais il fallait cependant bien tenir compte de la volonté royale formellement

---

[1] Saint-Joanny, *Registre des délibérations des marchands merciers*, p. 17.

[2] Voy. Saint-Joanny, *Registre*, etc., p. 226 et s., et Savary, *Dictionnaire du commerce*, t. II, p. 653.

exprimée. Il prit un moyen terme. Un arrêt
rendu en 1610 décida que les marchands de vin
faisaient partie des corps privilégiés, mais
que dans toutes les cérémonies ils marcheraient
les derniers et qu'ils ne porteraient pas le dais.
Là question ayant été de nouveau soulevée
en août 1660, lors de l'entrée de Louis XIV,
les marchands de vin furent autorisés à prendre le septième rang, mais coiffés de toques
bordées d'argent, tandis que les six autres
corps portaient des toques bordées d'or.
Encore y eut-il d'ardentes protestations, et,
dans le procès-verbal officiel de la cérémonie [1], le paragraphe relatif aux marchands de
vin est ainsi conçu : « Ce rang leur fut donné
par provision et en attendant la décision du
procès qu'ils ont contre les autres Six-Corps,
qui ne les veulent reconnoistre pour faire
corps. »

Les toques bordées d'or n'étaient pas la
seule dépense qui, les jours de solennités,
incombât aux corps privilégiés. Pour escorter
des rois, des reines, des légats, il allait bien

---

[1] Archives nationales, H 1815, fol. 456. — On peut
encore consulter sur ce différend : *Ordonnances, statuts et
règlemens des marchands de vins de la ville et fauxbourgs
de Paris*, 1732, in-4°.

être vêtu de damas, de satin ou de velours.
La couleur de ce costume d'apparat varia sans
cesse, comme le prouve le tableau ci-contre
que j'ai dressé d'après les procès-verbaux officiels.

L'ordre dans lequel s'étaient succédé les
Six-Corps à l'entrée du cardinal Barberini ne
souffrit plus de changement, et la municipalité le consacra d'une manière définitive
en 1629.

A cette date, les merciers, qui formaient
décidément le plus remuant des Six-Corps,
obtinrent de la Ville des armoiries ainsi
composées : *Trois nefs d'argent à bannière de*
France, un soleil d'or à huit rais en chef entre
deux nefs, sur champ de sinople [1]. Grand émoi

---

[1] Nous verrons qu'elles furent modifiées par la suite.
Voici le texte des lettres de concession, tel qu'il fut inséré
dans les *Registres de la ville* : « A tous ceux qui ces pre-
sentes lettres verront, Christophe Sanguin, seigneur de
Livry, conseiller du roy nostre sire en ses conseils d'Estat,
premier président de sa cour de parlement en la cinquiesme
chambre des enquestes d'icelles, prévost des marchans, et
les eschevins de la ville de Paris, salut.

Sçavoir faisons que, veu la requeste à nous faicte et présentée par le corps des marchans merciers, grossiers et jouailliers de ceste ville, contenant que, comme estant l'un des
plus grand corps de ladite ville, aussy en iceluy y a nombre
de personnes d'honneur et de considération, lesquels pour
avoir fait la marchandise honorablement et avoir servy au
publiq ont eu l'honneur d'avoir esté appellés et de passer

	ENTRÉE d'Anne de Bretagne, 1504.	ENTRÉE de Claude de France, 1517.	ENTRÉE d'Eléonore d'Autriche, 1531.	ENTRÉE de Charles-Quint, 1540.	ENTRÉES de Henri II 1549, et de Charles IX 1571.	ENTRÉE de Louis XIV, 1660.
Drapiers.............	satin cramoisi.	satin violet.	velours tanné.	velours tanné.	velours noir.	velours noir.
Épiciers.............	damas pers.	velours tanné.	velours noir.	velours noir.	velours tanné.	velours tanné.
Merciers.............	satin tanné[1].	velours noir.	velours pers[2].	velours pers.	velours violet.	velours violet.
Pelletiers............	damas gris.	damas gris.	velours violet.	velours violet.	velours pers.	velours bleu.
Changeurs............	damas tanné.	»	»	»	»	»
Bonnetiers...........	»	»	damas rouge.	velours gris.	velours tanné.	velours tanné.
Orfèvres.............	»	»	velours rouge.	velours rouge.	velours cramoisi.	velours cramoisi.
Marchands de vins......	damas bleu.	»	»	»	»	velours bleu.

1 Couleur brun jaunâtre rappelant les nuances du tan.
2 Variété de bleu. Voy. Les magasins de nouveautés, t. III, p. 10 et suiv.

parmi les autres corps. Ils s'assemblent au bureau de la draperie, et rédigent une protestation. Le prévôt des marchands les convoque à l'Hôtel de Ville, « et après plusieurs

par les charges d'eschevins, juges consuls, gardes dudit corps, et de receveurs généraulx des pauvres : qui faict que, quand ils sont décédez, ceux qui sont lors en charge de gardes assistent à leurs funérailles et enterremens, avec les parens et amys des deffuncts, mesmes ledit corps fournit quelques torches et luminaires tant ausdiz enterremens qu'au service qu'ils font dire en leur chappelle du Sépulchre. Mais afin de rendre à l'advenir lesdiz enterremens et services plus honorables à la mémoire des deffuncts, désireroient faire mettre et apposer aux torches qui seront ainsy données par ledit corps et communauté desdiz marchans des armoiries, ce qu'ils ne peuvent et ne vueillent entreprendre sans nostre permission. Requérant à ceste fin leur voulloir permettre et prescripre à leurdict corps telles armoiries qu'il nous plaira.

Considéré le contenu en laquelle requeste, et aussy qu'il est tout nottoire que plusieurs marchans de ceste ville, pour avoir mérité du publicq en leur trafficq dé la marchandise, ont esté tirez dudict corps et appelez esdictes charges d'eschevins, juges consuls, gardes et receveurs généraulx des pauvres, dont ils se sont dignement acquitez, et affin de les obliger de continuer et porter les autres à les imiter à l'advenir par quelque marque et dégré d'honneur.

Nous, sur ce, ouy le procureur du roy de la Ville, avons permis et permettons audict corps des marchans merciers, grossiers et jouailliers de ceste dicte ville d'avoir en leurdict corps et communauté pour armoiries trois nefs d'argent à bannière de France, un soleil d'or à huit rais en chef entré deux nefs, lesdictes armoiries en champ de sinople, et telles qu'elles sont cy-dessus empraínctes [*elles sont restées en blanc dans le registre*], lesquelles nous avons données, arrestées et concédées audict corps desdicts marchans mer-

contestations de part et d'autre, les prévost
des marchands et eschevins ordonnèrent que
le corps de la draperie auroit pour armoiries :
*Un navire d'argent à bannière de France flot-
tant, un œil en chef, sur champ d'azur,* les espiciers auroient deux navires, les merciers trois,
les pelletiers quatre, les bonnetiers cinq. Et,
pour le regard des orfèvres, ils n'en ont
voulu, d'autant qu'ils en estoient pourveus
dont ils se contentoient [1]. »

Est-il nécessaire de faire remarquer que le
rang assigné à chaque corps était, cette fois,

ciers, grossiers et jouailliers, pour s'en servir en leurdict
corps à tousjours et perpétuité tant aux ornemens de leur
chappelle que en touttes les autres occasions qu'ils en auront
besoing, mesmes pour attacher aux torches et cierges qui seront
donnez par ledict corps pour s'en servir aux enterremens et
services de ceux dudict corps qui seront décéddez et qui
auront passé par ledictes charges ou l'une d'icelles : sans
qu'ilz puissent pour jamais en changer, ny blasonner autrement que comme elles sont cy-dessus figurées. Faict et
donné au bureau de ladicte ville, le mardy sixiesme jour
de juin MVI[c] XXIX. » (Archives nationales, H, 1803,
fol. 155.)

[1] *Délibérations des Six-Corps*, t. I, fol. 123. Archives
nationales, KK 1340. — Le texte de la concession faite aux
merciers fut pris comme modèle et servit, presque sans
changement, pour les autres corps. Les concessions faites
aux drapiers, aux épiciers et aux bonnetiers sont datées du
27 juin (Archives nat., H 1803, fol. 157, 158 et 159). Les
marchands de vin n'obtinrent leurs armoiries que le 6 juillet.
(*Ibid.*, fol. 161.)

Ville, Avons permis & permettons audit Corps & Communauté des Marchands de Vin de cettedite Ville, d'avoir en ledit Corps & Communauté pour Armoiries un Navire d'argent à Bannieres de France, flottant, avec six autres petites Nefs d'argent allentour, une grappe de raisin en chef, lesdites Armoiries en champ bleu & telles qu'elles sont cy-dessous empraintes, lesquelles nous avons données, cedées audit Corps desdits Marchands de Vin, pour s'en servir en leurdit Corps à toûjours & perpetuité, tant aux ornemens de leur Chapelle, qu'en toutes les autres occasions qu'ils en auroient besoin, même faire attacher aux torches & cierges qui feront donnez par le dit Corps pour servir aux Enterremens &

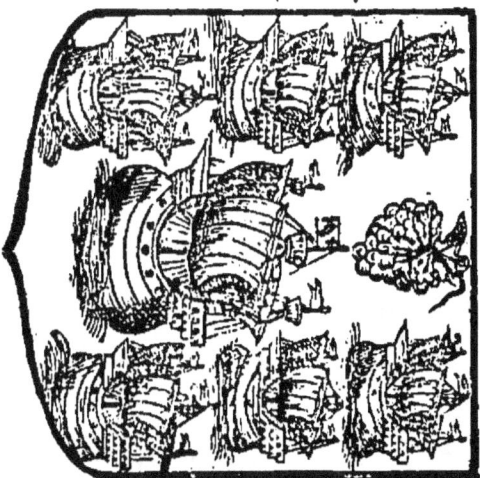

Armoiries des marchands de vin.

nettement déterminé par le nombre de navires d'argent figurant dans ces armoiries ?
Ainsi :

> Les drapiers en avaient un.
> Les épiciers, deux.
> Les merciers, trois.
> Les pelletiers, quatre.
> Les bonnetiers, cinq.
> Les orfèvres, six.
> Les marchands de vin, sept.

Ces derniers seuls, avec les merciers, se
montrèrent satisfaits ; leurs prétentions se
trouvaient, en effet, confirmées une fois de
plus. Mais les autres corps protestèrent aussi
une fois de plus.

Les marchands de vin, affolés par leur succès, s'adressèrent au Conseil d'État, et lui
demandèrent de supprimer un des anciens
corps pour leur donner sa place. Un arrêt
les débouta de leur demande [1].

Les pelletiers et les orfèvres déclarèrent
qu'ils conserveraient leurs anciennes armoiries, et la Ville les laissa libres d'en user à
cet égard comme ils l'entendraient. Les pelletiers se voyaient définitivement battus dans
la lutte qu'ils soutenaient depuis plus d'un

---

[1] Voy. aux Archives nationales, KK, 1340, fol. 710.

siècle contre les merciers ; et les orfèvres,
placés au dernier rang, se souciaient fort peu
de leurs six navires d'argent, eux dont les
armoiries primitives rappelaient les services
qu'ils avaient rendus à l'Église et au trône [1].
Ces deux corporations se trouvèrent donc
avoir deux blasons différents [2] ; et, résolues à
conserver celui que la tradition leur avait
légué, elles refusèrent d'accepter celui qui
leur était officiellement attribué.

Grâce aux anoblissements concédés ou ven-
dus depuis l'avènement de Louis XIV, le désordre n'était pas moins grand en dehors des
corporations, et l'édit de novembre 1696 eut
pour objet d'y mettre un terme. Il ordonnait
la création d' « officiers qui aient un caractère suffisant pour faire que les armes des
personnes, domaines, compagnies, corps et
communautés du royaume soient registrées,
peintes et blasonnées dans les registres de
l'Armorial général qui sera établi dans la bonne

---

[1] Voy. ci-dessus, p. 253.
[2] On pourrait même dire qu'ils en avaient trois ; car les
Six-Corps possédaient, outre leurs armoiries particulières,
des armoiries communes aux six corporations. On y voyait
un Hercule assis, qui s'efforçait inutilement de rompre un
faisceau de six baguettes. Au-dessous, on lisait cette devise :
Vincit concordia fratrum.

ville de Paris [1]. » Cet édit donna naissance
au grand *Armorial général,* qui comprend
trente-quatre volumes in-folio, aujourd'hui
conservés parmi les manuscrits de la Bibliothèque nationale.

Le célèbre édit d'août 1776, qui réorganisa
les corporations, conserva en tête du commerce parisien certains corps privilégiés classés dans l'ordre suivant :

    I. Drapiers et merciers.
    II. Épiciers.
    III. Bonnetiers, pelletiers et chapeliers.
    IV. Orfèvres, batteurs d'or et tireurs d'or.
    V. Fabricants d'étoffes de gaze et tissutiers-ru-
        baniers.
    VI. Marchands de vin.

Ces nouveaux Six-Corps subsistèrent aussi
longtemps que les corporations, et disparurent avec elles. Le décret du 17 mars 1791
supprima les maîtrises et les jurandes, les
remplaça par la patente, et déclara qu'il
était « libre à toute personne de faire tel
négoce ou d'exercer telle profession, art ou
métier qu'elle trouvera bon [2]. » Le droit de
posséder des armoiries avait été aboli déjà

---

[1] Isambert, *Anciennes lois françoises,* t. XX, p. 280.
[2] J.-B. Duvergier, *Collection des lois, etc.,* t. II, p. 230.

par l'article 2 du décret du 23 juin 1790, qui
est ainsi conçu : « Aucun citoyen ne pourra
prendre que le vrai nom de sa famille. Personne ne pourra porter ni faire porter des
livrées, ni avoir d'armoiries [1]. »

IV

LA NOBLESSE COMMERÇANTE.

Tout travail manuel, tout trafic sont incompatibles avec la
qualité de noble. — Ils constituent une marque de servage qui parquent les chirurgiens, les peintres et les sculpteurs dans la classe ouvrière. — Les merciers. — Anoblissement de Raoul l'orfèvre. — Gentilshommes qui
déposent momentanément leur noblesse pour se livrer au
commerce. — Les gentilshommes verriers. — Les bourgeois autorisés à acheter des fiefs et à avoir des armoiries.
— Nobles sans armoiries. — Anoblissement d'Olivier
le Daim. — Commerce des lettres de noblesse. — Riches
forcés d'en acquérir. — Henri IV anoblit des drapiers
de soie. — Il autorise les gentilshommes à faire le commerce par mer. — Des édits de 1669 et de 1701 les y in-
vïtent. — La Révolution.

Pendant plusieurs siècles, tout travail manuel, tout trafic, constituèrent une marque
de servage, et furent regardés comme incompatibles avec la qualité de noble. La profession des armes resta longtemps à peu près la
seule que put exercer un gentilhomme sans

---

[1] J.-B. Duvergier, *Collection des lois, etc.*, t. I, p. 218.

déroger. « La raison en est, dit de la Roque [1],
parce que l'assiduité du labeur journalier des
artisans et l'appétit d'un gain nécessaire à
leur subsistance les rend comme esclaves, et
ne leur inspire que des sentimens de bassesse
et de subjection, incompatibles avec ceux
d'un véritable gentilhomme. »

L'histoire de la chirurgie offre un curieux
exemple de ce préjugé. Considérés comme
artisans, les chirurgiens ont, au xiiie siècle,
leurs statuts dans le *Livre des métiers* [2], et
leur corporation y est organisée sur le modèle de toutes les autres corporations ouvrières. A la fin du xvie siècle, quand un
chirurgien, honteux de son humble condition,
voulait passer sa licence en médecine, il était
tenu de s'engager, par acte passé devant notaires, à ne plus faire aucune opération ; car,
disent les statuts de la Faculté, il convient de
conserver pure et intacte la dignité du corps
médical [3]. Il faut arriver à la Déclaration du

---

[1] *Traité de la noblesse*, p. 413.

[2] Titre XCVI.

[3] Voici le texte de cet article : « Si quis inter baccalaureos
sederit qui chirurgiam aut aliam artem manuariam exercue-
rit, ad licentias non admittatur, nisi prius fidem suam astrin-
gat publicis notariorum instrumentis, se nunquam posthac
chirurgiam aut aliam artem manuariam exerciturum ; idque

23 avril 1743 pour voir les chirurgiens définitivement émancipés et placés en dehors de la corporation des barbiers.

Les arts n'étaient guère mieux traités. Les peintres et les sculpteurs, quel que fût leur talent, faisaient partie de la classe ouvrière. Ils ne parvinrent à se dégager des liens qui les attachaient aux corporations que vers le milieu du dix-septième siècle, par la fondation de l'Académie de peinture. Créée par les seuls peintres et sculpteurs du roi, puis complétée par des sujets choisis au sein de la corporation des peintres, elle eut d'interminables démêlés avec les jurés et les maîtres de celle-ci.

Enfin Savary, dans son *Dictionnaire du commerce* [1], écrivait encore au commencement du dix-huitième siècle : « Le corps de la mercerie est considéré comme le plus noble et le plus excellent de tous les corps marchands, d'autant que ceux qui le composent *ne travaillent point et ne font aucun ouvrage de la main*, si ce n'est pour enjoliver les choses qui sont déjà

---

in collegii medici commentarios referatur. Ordinis enim medici dignitatem puram integramque conservari par est. » *Statuta Facultatis medicinæ*, édit. de 1634, art. XXIV. — On voit que, par surcroît de précaution, l'acte était transcrit sur les registres de la Faculté.

[1] Tome II, p. 711.

faites et fabriquées. Aussi ceux qui sont admis dans ce corps sont-ils reçus noblement, *ne leur étant pas permis de faire ni de manufacturer aucunes marchandises*, mais seulement de les enjoliver, ce qui n'est pas des autres corps, qui sont regardez comme mixtes, c'est-à-dire qu'ils tiennent du marchand et de l'artisan [1]. »

Le préjugé subsistait donc toujours, mais il avait déjà reçu plus d'une atteinte. Des nobles avaient été autorisés à exercer certains métiers sans déroger ; des commerçants, des artisans même avaient été faits gentilshommes, et, chose curieuse, les plus anciennes lettres d'anoblissement dont on ait conservé le souvenir [2] ont précisément été accordées à un artisan, Raoul, orfèvre de Philippe III.

Dans quelques provinces, en Bourgogne et

---

[1] Sur tout ceci, voyez dans cette collection : *Les chirurgiens.*

[2] Il n'en reste que cela, car elles sont connues seulement par cette phrase du président Hénault : « 1270. Premières lettres d'anoblissement, en faveur de Raoul, orfèvre ou argentier du roi. » Elles ne figurent ni dans la *Table des diplômes* de M. de Bréquigny, ni dans la collection des *Ordonnances des rois de France* ; et Isambert, dans son recueil des *Anciennes lois françoises*, les cite en renvoyant aux deux lignes du président Hénault. — Faisons aussi remarquer qu'orfèvre et argentier n'étaient pas toujours synonymes.

en Bretagne, par exemple, où la noblesse était
pauvre, un gentilhomme pouvait, sans déroger, se livrer même au commerce de détail. Il
déposait son épée dans la chambre de la
noblesse, et pendant tout le temps que du-
raient ses occupations dites serviles, il était
considéré comme roturier, et comme tel soumis à la taille. Dès qu'il renonçait au commerce, il allait déclarer devant le plus prochain juge royal qu'il voulait désormais *vivre
noblement*. Il reprenait son épée et rentrait en
possession de tous ses privilèges, sa noblesse
était censée *avoir dormi* dans l'intervalle. En-
registrons ici encore le commentaire de G.-A.
de la Roque : « Il ne perd pas la noblesse,
dit-il, parce que les droits du sang ne se perdent jamais ; mais elle est offusquée et obscur-
cie tant et si longuement que le noble demeure en cet exercice, car aussitôt qu'il la
quitte, la noblesse recouvre sa splendeur et
son premier lustre [1]. »

Il existait cependant un art manuel auquel
un gentilhomme pouvait se livrer sans déroger
même momentanément, celui de la verrerie ;
et, ce qu'il y a d'étrange, c'est que dans la

---

[1] *Traité de la noblesse*, p. 348.

fabrique le noble seul avait le droit de souffler les bouteilles. Quand le verre était fondu, le gentilhomme prenait la felle et commençait l'opération : « au gentilhomme verrier seul il appartient de souffler le verre, » dit Savary [1]. Il ne faut pas croire, d'ailleurs, que ce métier anoblît et que les ouvriers devinssent nobles en l'exerçant : « C'est là une erreur populaire et grossière, » écrit de la Roque [2]. Les *gentilshommes verriers* ou *gentilshommes souffleurs* ne dérogeaient pas, voilà tout. On a fait remonter ce privilège jusqu'à Philippe de Valois ; il fut, en tout cas, confirmé par Louis XIV au mois de décembre 1655 [3].

D'après une autre tradition erronée qui a été maintes fois reproduite et que l'on rencontre même dans le traité de G.-A. de la Roque [4], Charles V aurait déclaré nobles tous les bourgeois de Paris. L'ordonnance du 9 août 1371, à laquelle on fait ici allusion, ne dit rien de semblable [5]. Elle se borne à confirmer aux bourgeois de Paris le droit d'acquérir des fiefs et d'avoir des armoiries. Mais, jusqu'à la fin

---

[1] *Dictionnaire du commerce*, t. II, p. 1885.
[2] *Traité de la noblesse*, p. 353.
[3] Isambert, *Anciennes lois françoises*, t. XVII, p. 318.
[4] Page 122.
[5] *Ordonnances des rois de France*, t. V, p. 419.

du quinzième siècle, la possession d'armoiries
ne fut nullement une preuve de noblesse : des
bourgeois, des paysans même avaient des
sceaux composés suivant les règles du blason,
sans jouir pour cela d'aucun des privilèges
réservés aux gentilshommes [1].

Parfois aussi, de vrais nobles ne possédaient pas d'armoiries. Des lettres patentes
d'octobre 1474 [2] nous apprennent que Louis XI
avait anobli son barbier Olivier, « sans, dit le
roi, que nous lui ayons donné ne ordonné
aucunes armes pour enseigne. » Les lettres
patentes étaient destinées à réparer cet oubli :
« Considérans les bons, grans, louables, continuels et recommandables services qu'il nous
a, par cy devant et dès longtemps, faiz à l'en-
tour et auprès de nostre personne, voulans
les recognoistre et exaulcer, et décorer lui et
les siens en honneurs et prérogatives... avons
octroié et octroyons de nostre propre mouvement, grâce spéciale, plaine puissance, certaine science et auctorité royale, et par ces
présentes voulons et nous plaist que lui et sa

---

[1] Depuis Charles V jusqu'à Louis XV, le privilège de
noblesse accordé au prévôt des marchands et aux échevins
de Paris fut fréquemment confirmé, et chaque fois les privilégiés durent financer.

[2] *Ordonnances des rois de France*, t. XVIII, p. 59.

postérité et lignée née et à naistre en loyal
mariage puissent comme nobles porter les
armes cy-paintes, figurées et armoriées [1]. »
En même temps, le roi autorisait son favori à
changer de nom; il voulait que son barbier
fût « d'ores en avant surnommé *le Daing* en
tous lieux, sans qu'il fût loisible à aucuns de
plus le surnommer du surnom de *Mauvais* [2],

[1] Elles sont restées en blanc. Mais elles existaient encore
au xviiᵉ siècle, sculptées sur la porte d'un corps de garde du
château de Meulan, et gravées sur deux petits canons du
fort.

Lenglet-Dufresnoy (*Mémoires de Comines*, t. I, p. 301)
et M. Em. Réaux (*Histoire du comté de Meulan*, p. 353)
ont donné de ces armoiries deux descriptions différentes et
fort difficiles à concilier. Ni l'un ni l'autre ne mentionnent
les émaux, qui ne commencèrent à être clairement indiqués
qu'au début du xviiᵉ siècle.

Lenglet-Dufresnoy blasonne ainsi les armoiries d'Olivier :
*Un chevron accompagné en pointe d'un daim passant
l'écusson au côté droit et d'un rameau d'olive, et au côté
gauche d'une corne de daim. L'écusson couronné d'une
couronne comtale.* M. Réaux écrit de son côté : *L'écu
chargé d'un daim passant, avec un rameau d'olivier à
dextre et une corne de daim à senestre pour supports.*
Je doute que le rameau d'olivier et la corne de daim aient
pu servir de supports, et j'inclinerais plutôt à blasonner
ainsi ces armoiries : *De....., à un chevron de....., accompagné en chef d'un rameau d'olivier de...... à dextre, et
d'une corne de daim de..... à senestre, et en pointe d'un
daim passant de..... L'écu timbré d'une couronne de comte.*
Je reconnais cependant qu'il est rare de rencontrer en chef
d'un chevron deux pièces différentes.

[2] Olivier était flamand de naissance, et se nommait Bec-

lequel, dit-il, nous avons osté et aboly. » On sait qu'Olivier devint plus tard comte de Meulan, ce qui ne l'empêcha pas d'être pendu après la mort de son maître.

Deux causes contribuèrent à rendre bientôt les anoblissements plus fréquents. D'abord et surtout les besoins d'argent de la monarchie, ensuite l'influence des théories économiques qui peu à peu se faisaient jour, et démontraient la nécessité d'encourager le commerce et l'industrie si l'on ne voulait voir la France ruinée par l'importation.

Henri III vendit d'un seul coup mille lettres de noblesse [1], et, une fois entrée dans cette voie, la royauté ne s'arrêta plus. Ce trafic prit sous Louis XIV et sous Louis XV d'incroyables proportions. On en arriva à vendre des lettres de noblesse en blanc, «au porteur,» comme on disait; et le moment vint où tout homme en état de payer des lettres de noblesse fut forcé d'en acquérir [2]. Pour attirer les ache-

ker, mot qui signifie ondin, esprit des eaux. Le peuple, qui ne l'aimait guère, et pour cause, l'avait surnommé Olivier le Diable et Olivier le Mauvais.

[1] Voy. l'édit de janvier 1568, qui crée douze nobles en chaque ville; l'édit de juillet 1577, qui crée un noble en chaque paroisse, etc., etc.

[2] « Comme il y en a qui inventent toutes sortes de ruses pour se prévaloir du titre de noble, il y en a d'autres qui ont

teurs, le taux était peu élevé : 6,000 livres en
1696. Mais de temps en temps, on faisait appel
aux nouveaux anoblis. Sous des prétextes sans
cesse renaissants, on leur imposait des taxes
spéciales, et faute par eux de les acquitter,
ils étaient déclarés déchus de tous leurs droits
et redevenaient roturiers. Pour varier, on
créait et l'on vendait aussi des charges, des
offices, qui rapportaient de bons revenus pré-
levés sur le public, et qui conféraient la noblesse héréditaire.

D'un autre côté, Henri IV, au commencement du XVIIᵉ siècle, anoblissait les premiers
directeurs de la manufacture de draps d'or et
de soie qu'il avait fondée à Paris pour lutter
contre les importations italiennes [1]. Quelques

le goût si différent qu'ils ont refusé cet honneur, préférant
leur trafic à cette qualité. Et nous en voyons qui ont été
faits nobles de force par des édits, ayant été choisis comme
riches et aisés pour accepter ce privilège moyennant une
finance. De ce nombre a été Richard Graindorge, fameux
marchand de bœufs du pays d'Auge en Normandie, qui fut
obligé d'accepter ce privilège et de payer mille écus de
finance l'an 1577. J'en ai vu les contraintes entre les mains
de Charles Graindorge, son petit-fils, sieur du Rocher. »
G.-A. de la Roque, *Traité de la noblesse*, p. 67.

[1] « Et, bien que cela seul fust capable des lés anoblir
quand on en jugera la conséquence, Votre Majesté, Sire,
usant de ses recognoissances ordinaires et du droit de sa
souveraineté, les a voulu rendre tels. » Is. de Laffemas,

années après, le roi déclarait, dans l'article 452 de l'ordonnance de janvier 1629 [1], que « pour convier *ses* sujets, de quelque qualité et condition qu'ils soient, de s'adonner au commerce et trafic par mer, tous gentilshommes qui entreront en part et société dans les vaisseaux, denrées et marchandises d'iceux ne dérogeront point à noblessse, *sans toutefois pouvoir vendre au détail.* » Mieux encore, « ceux qui ne seront nobles, après avoir entretenu cinq ans un vaisseau de deux à trois cents tonneaux, jouiront des privilèges de noblesse tant et si longuement qu'ils continueront l'entretien du vaisseau dans le commerce, pourvu qu'ils l'ayent fait bastir en nostre royaume, et non autrement. » S'ils mouraient au cours de leurs opérations commerciales, la veuve et les enfants héritaient de leurs droits, « à condition que l'un d'entre eux continue la négociation dudit commerce et l'entretien d'un vaisseau par l'espace de dix ans. » En outre, les marchands ayant été « eschevins, consuls et gardes de leur corps » pouvaient « prendre

Histoire du commerce de France, dans Cimber et Danjou, t. XIV, p. 443.

[1] Code Michaud, dans Isambert, *Anciennes lois françoises,* t. XVI, p 339.

la qualité de nobles [1], et tenir rang et séance à toutes les assemblées publiques et particu-lières immédiatement après les lieutenants généraux, conseillers des sièges présidiaux, procureurs généraux et autres juges royaux. »

La royauté déclarait donc émancipé le commerce maritime. Mais les habitudes, les mœurs, les préjugés étaient plus forts que toutes les ordonnances, et celle de 1629 dut être fréquemment renouvelée avant que la noblesse osât s'en prévaloir.

Un édit du mois d'août 1669 [2] invita formellement les nobles à se livrer au « commerce de mer. » Après avoir fait l'éloge du négoce et déclaré « qu'il n'y a point de moyen pour acquérir du bien qui soit plus innocent et plus légitime, » le roi s'exprimait ainsi : « Quoique les lois et les ordonnances n'aient proprement défendu aux gentilshommes que le trafic en détail, avec l'exercice des arts mécaniques et l'exploitation des fermes d'autrui ; que la peine des contraventions aux règlemens qui ont été faits pour raison de ce, n'ait été que la privation des privilèges de noblesse, sans une entière extinction de la qualité...,

---

[1] C'est-à-dire prendre des armoiries, mais sans timbre.
[2] Dans Isambert, t. XVIII, p. 217.

nous avons estimé à propos de déclarer le commerce de mer ne pas déroger à noblesse, par une loi qui fût rendue publique et généralement reçue dans toute l'étendue de notre royaume... »

Cet édit fut encore confirmé au mois de décembre 1701 [1]. Le roi se montra cette fois plus pressant encore : « Nous avons même souvent, dit-il, accordé des lettres d'anoblissement en faveur de quelques-uns des principaux négocians, pour leur témoigner l'estime que nous faisons de ceux qui se distinguent dans cette profession. » L'édit déclare ensuite que les nobles qui se livreront au commerce en gros marcheront dans les cérémonies à la tête des autres négocians, qu'ils pourront « posséder des charges de conseillers, secrétaires, maison et couronne de France et des finances, et continuer en même temps le commerce en gros, sans avoir besoin pour cela d'arrêts ni de lettres de naturalité. » Et, afin qu'on ne se méprît point sur l'expression de marchands en gros, qu'on ne pût croire que ces mots voulussent désigner seulement le commerce de mer, l'article 4 de l'édit prend

---

[1] Dans Isambert, t. XX, p. 400.

soin de spécifier que « seront censés et réputés marchans et négocians en gros tous ceux qui feront leur commerce en magasin, vendant leurs marchandises par balles, caisses ou pièces entières, et qui n'auront point de boutiques ouvertes, ni aucun étalage et enseigne à leurs portes et maisons. »

Malgré tous ces encouragements, le préjugé l'emportait, et les idées de dérogeance qui avaient disparu de la loi persistaient dans les mœurs. Mais une autre aristocratie, celle de la fortune et de l'influence acquises par le travail, commençait à s'élever auprès de l'aristocratie de race, et la Révolution allait déclarer que le vrai noble était celui qui servait bien son pays, quel que fût le champ de son activité.

Le 23 juin 1789, dans le discours que le roi vint lire aux États généraux, il se réserva le droit, « inhérent à sa couronne, » d'accorder des lettres de noblesse « à ceux de ses sujets qui, par des services rendus au roi ou à l'État, se seroient montrés dignes de cette récompense [1]. » Quelques jours après, paraissait le fameux décret du 4 août, dont l'ar-

---

[1] J.-B. Duvergier, *Collection des lois*, etc., t. I, p. 26.

ticle 11 est ainsi conçu : « Tous les citoyens, sans distinction de naissance, pourront être admis à tous les emplois et dignités ecclésiastiques, civiles et militaires, et nulle profession utile n'emportera dérogeance [1]. »

V

ARMOIRIES DES CORPORATIONS

D'APRÈS

L'ARMORIAL GÉNÉRAL DE 1696.

AIGUILLIERS ET ÉPINGLIERS [2]. — D'azur, semé d'aiguilles d'argent et de dés à coudre d'or. (T. XXV, p. 537.)

ARMES (MAITRES EN FAIT D'). — D'azur, à deux épées d'argent passées en sautoir, les poignées et les gardes d'or, accompagnées de quatre fleurs de lis de même, une en chef, deux aux flancs et une en pointe [3]. (T. XXV, p. 209.)

ARQUEBUSIERS. — De gueules, à deux pistolets d'or passés en sautoir, liés d'argent et accompagnés de trois étoiles de même, une en chef et deux aux flancs. (T. XXIII, p. 853).

---

[1] J.-B. Duvergier, *Collection des lois, etc.* t. I, p. 34.

[2] Réunis en une seule corporation par lettres patentes d'octobre 1695.

[3] Ces armoiries avaient été accordées à la corporation par lettres patentes de mai 1656. Louis XIV limitait en même temps le nombre des maîtres à vingt, et accordait la noblesse héréditaire aux six plus anciens.

Balanciers. — D'azur, à une balance d'or, accompagnée en chef d'une fleur de lis de même, et en pointe d'un marc [1] d'or. (T. XXV, p. 583.)

Bas (Faiseurs de) [2]. — D'or, à une chausse de gueules posée en pal, accostée de deux pelotons de laine de même. (T. XXV, p. 446.)

Bateliers [3]. — D'argent, à un croc de gueules et une rame de sable passés en sautoir. (T. XXV, p. 539.)

Batteurs d'or. — D'or à un maillet de sable couronné de gueules. (T. XXV, p. 538.)

Boisseliers-Lanterniers-Souffletiers [4]. — D'azur, à un chevron d'or, accompagné en chef d'une lanterne à dextre de même et d'un boisseau à senestre d'argent, et en pointe d'un soufflet de même, le tuyau d'or et posé en pal. (T. XXV, p. 441.)

Bonnetiers et Ouvriers en bas [5]. — D'argent, à un bas de chausses [6] d'azur, accosté de deux bonnets de gueules. (T. XXV, p. 540.)

[1] On nommait *marc* un poids de cuivre qui contenait sept autres poids emboîtés les uns dans les autres. L'ensemble pesait huit onces, poids exact du marc.

[2] Faiseurs de bas au métier. Voy. *Les magasins de nouveautés*, t. III.

[3] Les *bateliers passeurs d'eau*. Ils faisaient passer les habitants de Paris d'une rive à l'autre de la Seine, aux endroits où n'existaient pas encore de ponts.

[4] Au moyen âge, ils formaient une seule corporation avec les fabricants de peignes, sans doute parce que ces deux corps d'état employaient surtout la corne.

[5] La vieille corporation des *bonnetiers* vit successivement se réunir à elles les *ouvriers en bas* tricotés et les *faiseurs de bas* au métier.

[6] Au moyen âge, le mot chausses désigne toujours des

BOUCHERS. — D'azur, à un agneau pascal [1] d'argent, la banderole de même, chargée d'une croix de gueules. (T. XXIII, p. 568.)

BOULANGERS. — De sable, à deux pelles de four d'argent passées en sautoir, chacune chargée de trois pains de gueules. (T. XXV, p. 298.)

BOULANGERS DU FAUBOURG SAINT-GERMAIN [2]. — D'azur, à un saint Honoré [3] d'or, tenant de sa main senestre une crosse de même, et de sa main dextre une pelle de four d'argent chargée de trois pains de gueules. (T. XXV, p. 445.)

BOUQUETIÈRES. — D'argent, à un bouquet de plusieurs fleurs au naturel. (T. XXV, p. 548.)

BOURRELIERS. — D'azur, à un collier de cheval d'or, accompagné de deux alaines [4] d'argent emmanchées d'or, et en pointe d'un marteau aussi d'argent emmanché d'or. (T. XXV, p. 537.)

BOURSIERS [5]. — Coupé, au I d'or à une gibecière

bas. Dès le XIIIᵉ siècle, les chausses étaient très longues, montaient jusqu'à mi-cuisse. Au xvᵉ, elles s'élevèrent plus haut encore, jusqu'à une sorte de court caleçon à braguette qui prit le nom de *haut de chausses,* tandis que les chausses devenaient *bas-de-chausses* et par abréviation *bas.* — Voy. *Les magasins de nouveautés,* t. III.

[1] La corporation était placée sous le patronage du Saint-Sacrement.

[2] Un édit du 12 juillet 1675 ordonna la réunion de toutes les maîtrises des faubourgs de Paris à celles de la ville. Mais l'opposition du grand panetier de France retarda cette réunion pour les boulangers jusqu'après 1720. — Voy. *Les chirurgiens,* p. 225 et suiv.

[3] Patron des boulangers.

[4] Alènes.

[5] L'*Armorial général* les nomme *gibeciers.* Ce n'était là

d'azur, et au 2 d'azur à un brayer [1] d'argent entourant une bourse d'or. (T. XXV, p. 546.)

BOUTONNIERS. — D'azur, à deux aiguilles d'argent passées en sautoir, accompagnées de quatre boutons de même, un en chef, un à chaque flanc et un en pointe. (T. XXV, p. 545.)

BRASSEURS. — De gueules, à deux chaudrons d'or en chef, et un tonneau d'argent cerclé d'or en pointe [2]. (T. XXV, p. 441.)

BRODEURS-CHASUBLIERS. — D'azur, à une fasce diaprée d'or, accompagnée de trois fleurs de lis de même, deux en chef et une en pointe. (T. XXV, p. 205.)

BROSSIERS-VERGETIERS-RAQUETIERS. — D'argent, à un chevron de gueules, accompagné en chef d'une

---

qu'une des nombreuses qualifications appartenant à la corporation, dont les maitres avaient pour titre officiel *boursiers-gibeciers-colletiers-pochetiers-caleçonniers-faiseurs de brayers, mascarines, escarcelles, etc.*

[1] Le mot *brayer* a eu successivement un grand nombre d'acceptions différentes. On a nommé ainsi : les faiseurs de braies (*braaliers* du XIIIe s.); les braies elles-mêmes; le cordon à coulisse qui serrait les braies sur les hanches: enfin, un bandage d'acier destiné à contenir les hernies. C'est en ce dernier sens qu'il faut entendre ici le mot *brayer*; un arrêt de septembre 1636 et l'art. 36 des statuts accordés aux boursiers en 1659 leur reconnaissent le droit de fabriquer ces sortes de bandages, sans doute parce que leur armature d'acier était en général recouverte de peau de chamois.

[2] Au XVe siècle, les brasseurs paraissent avoir eu des armoiries différentes. Un méreau daté de 1488 représente deux grandes pelles de bois, qui étaient dites *vagues* ou *brassoires*, placées en sautoir et accompagnées de quatre fleurs de lis.

brosse [1] de même à dextre, d'une vergette de sable à senestre, et en pointe d'une raquette [2] de même, cordée de gueules, posée en pal, le manche en bas. (T. XXV, p. 447.)

CARTIERS [3]. — D'argent, à une croix dentelée d'azur, cantonnée aux 1 et 4 d'un cœur et d'un carreau de gueules, et aux 2 et 3 d'un pique et d'un trèfle de sable. (T. XXIII, p. 584.)

CEINTURIERS [4]. — D'azur, à une bande d'or, accostée de deux couteaux à pied [5]. (T. XXV, p. 538.)

CHANDELIERS-HUILIERS. — De sable, à une boîte couverte d'or, accostée de deux paquets de chandelles d'argent. (T. XXV, p. 539.)

CHAPELIERS. — D'or, à un chevron d'azur, accompagné de trois chapeaux de cardinal de gueules, deux en chef et un en pointe, les cordons de chacun houppés [6] de trois pièces. (T. XXIII, p. 589.)

CHARCUTIERS. — D'or, à un porc passant de sable, et un chef d'azur chargé de trois cervelas d'or. (T. XXV, p. 540.)

---

[1] La corporation était placée sous le patronage de sainte Barbe. On devine pourquoi.

[2] Ils avaient le droit de faire et vendre, concurremment avec les paumiers, des raquettes pour jouer à la paume.

[3] Ils étaient placés sous le patronage des Rois, qu'ils fêtaient le jour de l'Épiphanie.

[4] Ce sont les *corroiers* du *Livre des métiers*.

[5] Leur couteau à pied différait un peu de celui des cordonniers.

[6] On nomme *houppes* les touffes de soie accompagnant les cordons entrelacés qui pendent de chaque côté du chapeau des cardinaux, archevêques, évêques, etc

CHARGEURS DE BOIS [1]. — D'azur, à un vaisseau équipé d'argent, voguant sur des ondes de même. (T. XXIII, p. 626.)

CHARPENTIERS. — D'azur, à un enfant Jésus tenant un compas et mesurant un dessin qui lui est présenté par saint Joseph [2], le tout d'or. (T. XXIII, p. 854.)

CHARRONS. — D'argent, à quatre roues [3] de gueules posées deux et deux. (T. XXV, p. 539.)

CHAUDRONNIERS. — De sable, à un chaudron d'or, accompagné en chef de deux poêlons de même, et en pointe d'un réchaud aussi d'or, emmanché de sable [4]. (T. XXV, p. 540.)

CHIRURGIENS. — D'azur, à trois boîtes couvertes d'argent [5]. (T. XXV, p. 1186.)

---

[1] Officiers publics, créés à l'époque des embarras financiers de Louis XIV, et qui furent supprimés après lui. — Voy. *Comment on devenait patron*, p. 209 et suiv.

[2] Les charpentiers eurent successivement pour patrons saint Blaise et saint Joseph.

[3] Ils avaient pour patrons sainte Catherine qui, comme on sait, avait été attachée sur une roue, et saint Joseph, en souvenir de leur ancienne union avec les charpentiers.

[4] Il est étrange que ces armoiries se bornent à représenter de vulgaires objets de ménage ; car au xvie siècle, la chaudronnerie avait participé au mouvement qui transformait en artistes la plupart des industriels, et elle produisit des bassins, des surtouts ornés de paysages et d'autres dessins, des statues en cuivre repoussé d'un travail savant et fin.

[5] Ils avaient, en outre, une fleur de lis en abîme et la devise *Consilio manuque*. La fleur de lis était un don de Louis XIII qui, né le jour de saint Côme et saint Damien (patrons des chirurgiens), avait pour la corporation une prédilection particulière, et s'était fait recevoir membre de la confrérie.

CLOUTIERS. — D'argent, à un marteau de sable, accosté de deux clous de même [1]. (T. XXV, p. 520.)

COFFRETIERS - MALLETIERS. — D'or, à un coffre de sable, garni de deux serrures [2] d'argent. (T. XXV, p. 596.)

CONTROLEURS DE LA BUCHE. — D'or, à trois hamaydes [3] ou fasces alaisées de sable. (T. XXV, p. 324.)

CORDIERS. — D'argent, à un pal de gueules, adextré d'un paquet de cordes de même, et senestré d'une roue de sable. (T. XXV, p. 540.)

CORDONNIERS. — D'azur, à un saint Crespin et un saint Crespinien [4] d'or, tenant l'un un tranchet d'argent, et l'autre un couteau à pied [5] de même, l'un et l'autre emmanchés de sable [6]. (T. XXV, p. 541.)

CORROYEURS-BAUDROYEURS. — De gueules, à deux

[1] Ils avaient pour patron saint Cloud.

[2] Ces deux serrures peuvent être considérées comme une protestation contre les prétentions des serruriers, qui avaient voulu interdire aux coffretiers le droit de poser eux-mêmes aux coffres qu'ils fabriquaient des charnières et des serrures.

[3] L'*hamayde*, que l'on trouve nommée *hamade*, *hamaïde*, *hamede*, *hameïde*, etc., est d'un usage extrêmement rare. Paillot la définit ainsi : *Fasce de trois pièces alaisées qui ne touchent pas le bord de l'écu.* Quelques auteurs prétendent que les hamaydes représentent les chantiers de bois sur lesquels on place le vin dans les caves. D'autres croient qu'il faut y reconnaître une barrière à jour composée de trois traverses.

[4] Patrons de la corporation.

[5] Instrument plat, en acier fort tranchant, affectant la forme d'un segment de cercle, et muni d'un manche en bois.

[6] En 1663, Louis XIV accorda à Nicolas Lestage, son

couteaux paroirs [1] passés en sautoir d'argent, emmanchés d'or. (T. XXV, p. 441.)

COURTIERS EN VIN [2]. — D'argent, à une fasce de
pourpre, accompagnée en chef de deux bouteilles
de gueules, et en pointe de deux barillets de sable
cerclés d'or. (T. XXV, p. 296.)

COUTELIERS. — D'azur, à un rasoir ouvert d'argent
emmanché de sable, un couteau aussi d'argent emmanché d'or passé en sautoir, une pierre à aiguiser
d'or couchée en chef, et une paire de lancettes [3]
ouvertes d'argent, clouée d'or, posée en pointe.
(T. XXV, p. 539.)

COUTURIÈRES [4]. — D'azur, à des ciseaux d'argent
ouverts en sautoir. (T. XXV, p. 447.)

COUVREURS. — D'azur, à une échelle d'or posée
en pal, accostée de deux truelles d'argent emmanchées d'or. (T. XXV, p. 538.)

CRIEURS [5]. — D'azur, à un chevron d'or, accom-

---

cordonnier, les armoiries suivantes : *D'azur, à une botte
d'or posée en pal, surmontée d'une couronne fermée de
même, et accostée de deux fleurs de lis aussi d'or.*

[1] On nommait paroir une forte pièce de bois sur laquelle
étaient étendues les peaux destinées à être parées. Les *couteaux paroirs* dont il est ici question sont les mêmes que les
couteaux à revers ou *drayoires* qui figurent, posés en fasce,
dans les armoiries des tanneurs. — Voy. ci-dessus, p. 261.

[2] Ils ont survécu à la Révolution, et ils existent encore à
l'entrepôt sous le nom de *courtiers gourmets piqueurs de vin.*

[3] Ils fabriquaient les instruments de chirurgie.

[4] Elles ne furent constituées en corporation qu'au mois
de mars 1675. Jusque-là, les tailleurs avaient seuls le droit
d'habiller les hommes et les femmes. — Voy. *Les magasins
de nouveautés*, t. I.

[5] Fonctionnaires assermentés qui, pendant longtemps,

pagné en chef à dextre d'un pot ou aiguière couvert, et à senestre d'une tasse ou coupe de même, et en pointe d'une clochette d'argent bataillée [1] de sable. (T. XXIII, p. 1208.)

CRIEURS DE VIEUX FERS [2]. — D'argent, à un tronçon de fer de roue de sable posé en fasce, accompagné de trois fers de cheval rompus. (T. XXV, p. 541.)

DANSER (MAITRES A) ET JOUEURS D'INSTRUMENS. — D'azur, à deux archets d'or, cordés d'argent, passés en sautoir, accompagnés en chef d'un violon d'or, et en pointe d'un luth de même. (T. XXV, p. 549.)

DOREURS. — D'azur, à un pinceau d'or et un ciseau d'argent passés en sautoir, et une dent d'argent [3] emmanchée d'or posée en pal, brochante sur le tout. (T. XXV, p. 545.)

DRAPIERS. — D'or, à cinq pièces de drap, d'azur, de gueules, d'argent, de sable et de sinople, posées en pile l'une sur l'autre, surmontées d'une aune de sable, marquée d'argent couchée en chef [4]. (T. XXV, p. 481.)

---

tinrent lieu de nos affiches, de nos annonces, de nos prospectus, etc. Au XVIII⁰ siècle, la corporation, un peu modifiée, représentait assez exactement notre entreprise des pompes funèbres. — Voy. *L'annonce et la réclame.*

[1] En terme de blason, une cloche est dite *bataillée* quand elle et son battant sont d'un émail différent.

[2] Corporation d'origine alors récente, et plus riche que beaucoup des anciennes communautés parisiennes. Elle se composait de 24 membres qui se renouvelaient par l'élection.

[3] Les doreurs se servaient, pour polir leur or, d'une dent de loup ou de chien emmanchée dans du bois.

[4] En 1629, les drapiers avaient reçu pour armoiries : *D'a-*

DRAPIERS D'OR ET DE SOIE. — De gueules, à trois
pédonnées d'or posées deux et un, et en cœur une
jallerolle [1] d'argent, et un chef cousu d'azur, chargé
d'un chiffre royal composé d'une H et d'une L ca-
pitales [2] d'or, et accosté de deux fleurs de lis aussi
d'or. (T. XXIV, p. 431.)

ÉCRIVAINS [3]. — D'azur, à une main de carnation
posée en fasce, tenant une plume à écrire d'argent,

zur, à un navire d'argent flottant sur une mer de même, à
bannière de France, un œil en chef. « Au haut du principal
mât, dit Savary (Diction. du commerce, t. I, p. 1757), est
un œil ouvert, symbole de la vigilance, pour faire connoître
que le corps de la draperie, comme le premier des six corps
des marchands, doit avoir l'œil attentif à bien conduire les
autres. »

[1] On nommait pédonne (et non pédonnée) un boulon en
buis ou en ivoire qui servait à la fabrication du velours.
J'ignore ce que l'on entendait par jallerolle. Ce serait, d'après
les armoiries de la communauté, un petit outil en forme
de Z couché.

[2] En souvenir de Henri IV, qui fut le véritable créateur de
l'industrie de la soie en France, et de saint Louis, patron
de la communauté. Henri IV, encouragea dans tout le
royaume la culture du mûrier; il en fit planter plus de
vingt mille pieds dans les parcs de Madrid et de Fontainebleau, et dans le jardin des Tuileries, où une immense
construction, élevée sur la terrasse des Feuillants, fut amé-
nagée en magnancrie. Il fonda enfin la célèbre manufacture de la place Royale, dont il anoblit les premiers directeurs.

[3] Les Maitres experts, jurés, écrivains, expéditionnaires
et arithméticiens, teneurs de livres de comptes, établis pour
la vérification des écritures, signatures, comptes et calculs
contestés en justice avaient seuls le droit d'enseigner l'écriture. Mais la corporation pouvait concéder ce droit moyennant une redevance. — Voy. Écoles et colléges.

et accompagnée de trois billettés de même, deux en chef et une en pointe. (T. XXV, p. 206.)

EMBALLEURS. [1] — De sinople, à trois ballots d'or, cordés d'argent, posés deux et un. (T. XXV, p. 441.)

ÉPERONNIERS [2]. — De sable, à trois éperons d'or, avec leurs sous-piéds de même, posés en pal deux et un, les molettes en haut. (T. XXV, p. 446.)

ÉPICIERS ET APOTHICAIRES [3]. — D'azur, à un dextro-chère d'argent, mouvant d'une nuée de même et tenant des balances d'or, coupé d'or à deux navires de gueules, équipés d'azur semé de fleur de lis d'or, posés l'un contre l'autre, flottant sur une mer de sinople, et accompagnés de deux étoiles à cinq raies de gueules [4]. (T. XXIV, p. 465.)

ÉVENTAILLISTES. — D'azur, à trois écussons d'argent posés deux et un, et une fleur de lis d'or posée en cœur. (T. XXV, p. 539.)

FERREURS D'AIGUILLETTES [5]. — D'azur, à un mar-

---

[1] Cette corporation datait seulement du règne de Louis XIV. Jusque-là, les crocheteurs, les gagne-deniers, etc., faisaient tous les emballages de marchandises, pour le service de la douane comme pour celui des particuliers.

[2] D'abord nommés *lormiers*.

[3] Ces deux corporations restèrent réunies jusqu'en 1777, année où fut ouvert dans la rue de l'Arbalète le premier collège de pharmacie.

[4] Au-dessus de l'écu, on lisait cette devise : *Lances et pondera servant*. Elle rappelait que la corporation était chargée de veiller à l'exactitude des poids et mesures, et était dépositaire des étalons royaux, que l'on vérifiait à la Monnaie tous les six ans. — Voy. *Les médicaments,* 1re partie.

[5] Ou aiguilletiers. Ils avaient très sérieusement pris pour patron saint Sébastien. En 1764, ils furent réunis aux épin-gliers.

teau d'argent emmanché d'or posé en chef, et en
pointe une petite enclume de leur métier aussi
d'argent. (T. XXV, p. 542.)

. FOIN (MARCHANDS DE). — D'or, à trois bottes de
foin de sinople, liées d'argent, deux en chef et une
en pointe. (T. XXV, p. 272.)

FONDEURS. — D'azur, à un canon de sinople
couché en fasce, accompagné de trois clochettes
de même, posées deux en chef et une en pointe.
(T. XXV p. 541.)

FOURBISSEURS. — D'azur, à deux épées d'argent
passées en sautoir, les gardes et les poignées d'or.
(T. XXV, p. 546.)

FRIPIERS. — D'azur, chappé d'or, à trois crois-
sans, deux en chef et un en pointe, de l'un en
l'autre: (T. XXV, p. 310.)

FRUITIERS-ORANGERS. — D'azur, à une fasce d'or,
chargée de trois pommes de gueules, tigées et feuillées de sinople, et accompagnées de trois oranges
d'or, tigées et feuillées de même, deux en chef et
une en pointe. (T. XXV, p. 541.)

. GAINIERS. — D'argent, à une coutelière [1] adextrée
d'un étui de ciseaux, et senestrée d'un étui à cure-
dents, le tout de sable et ouvert, cloué et garni
d'or. (T. XXV, p. 542.)

GANTIERS. — D'azur, à un gant d'argent frangé
d'or posé en pal, accosté de deux besans d'argent.
(T. XXIII, p. 215.)

GRAINETIERS. — De sinople, à trois gerbes d'or,

---

[1] Étui en bois couvert de cuir, dans lequel on renfermait
les couteaux de table.

deux en chef et une en pointe, et une coquille de même en abîme. (T. XXV, p. 443.)

GRAVEURS. — D'azur, à deux burins d'argent emmanchés d'or passés en sautoir. (T. XXV, p. 545.)

HORLOGERS. — D'azur, à une pendule d'or [1], accostée de deux montres d'argent marquées de sable. (T. XXV, p. 543.)

IMPRIMEURS et LIBRAIRES. — D'azur, à un livre ouvert d'argent, accompagné de trois fleurs de lis d'or, deux en chef et une en pointe. (T. XXV, p. 296.)

INSTRUMENS DE MUSIQUE (FAISEURS D'). — D'azur, à une sainte Cécile [2] assise devant un cabinet d'orgues, le tout d'argent. (T. XXIII, p. 851.)

JARDINIERS [3]. — De sable, à trois lis de jardin d'argent, tigés et feuillés de sinople, posés deux en chef et un en pointe, et un chef d'azur chargé d'un soleil d'or. (T. XXV, p. 160.)

JAUGEURS DE VIN [4] et ESSAYEURS D'EAU-DE-VIE [5]. —

---

[1] Elle était accompagnée de cette devise : *Solis mendaces arguit horas,* allusion à la différence qui existe entre les heures solaires et les heures du temps moyen qu'indiquent les horloges. — Voy. *La mesure du temps.*

[2] Patronne de la corporation.

[3] Les maîtres avaient pour titre officiel : *jardiniers-préo-liers-maraîchers.*

[4] Officiers publics assermentés, qui avaient pour mission de déterminer la contenance exacte des tonneaux employés par les marchands de vin, de vinaigre, d'huile et de miel. L'édition publiée en 1500 de l'ordonnance de février 1415 renferme une gravure qui représente un jaugeur, la jauge à la main, mesurant un tonneau (page xix).

[5] Charges créées par Louis XIV à l'époque de ses embarras financiers.

D'argent, à une fasce de sable, accompagnée de trois tonneaux de vin de même, cerclés d'or, deux en chef et un en pointe. (T. XXV, p. 387.)

LAPIDAIRES. — D'azur, à une rose de diamans d'argent. (T. XXV, p. 542.)

LAYETIERS [1]. — De gueules, à une cassette d'or, cantonnée au 1 et 4 d'une boite ronde d'argent, et au 2 et 3 d'une boîte ovale de même. (T.XXV, p. 548.)

LIMONADIERS-DISTILLATEURS. —De gueules, à un alambic d'argent, sur un fourneau [2] d'or enflammé de gueules. (T. XXV, p. 444.)

LINGÈRES. — D'azur, à une fasce dentelée d'argent, surmontée d'une aune couchée de même, marquée de sable, et en pointe d'une paire de ciseaux camars d'or, ouverts en sautoir. (T. XXV, p. 303.)

MAÇONS. — D'azur, à une ascension du Fils de Dieu sur une montagne, le tout d'or. (T. XXV, p. 548.)

MARÉCHAUX FERRANS. — D'argent, à une butte de sable posée en fasce, accompagnée de trois fers de cheval de gueules, deux en chef et un en pointe. (T. XXV, p. 510.)

MÉGISSIERS. — De sable, à une toison suspendue de même. (T. XXV, p. 545.)

---

[1] Le vrai titre de la corporation était *layetiers-écriniers.* Ils descendaient en ligne directe des écriniers du moyen âge, époque où le mot écrin désignait plus souvent une boite ordinaire qu'un coffret de luxe.

[2] En dépit de cet alambic et de ce fourneau, il leur était interdit « de s'immiscer dans aucunes opérations appartenantes à l'art de la chymie. »

MENUISIERS. — D'azur, à une verlope [1] d'or posée en fasce, accompagnée en chef d'un ciseau d'argent emmanché d'or, et en pointe d'un maillet de même. (T. XXV, p. 543.)

MERCIERS. — De sinople, à trois vaisseaux équipés et les voiles enflées d'argent, voguant chacun sur une onde de même, et portant une bannière de France au grand mât, et un chef d'azur chargé d'un soleil d'or et entouré d'une nuée d'argent mouvante des deux angles du chef et pendante en feston [2]. (T. XXV, p. 457.)

MESUREURS [3] DE GRAINS. — D'or, à une fasce de sable, accompagnée de trois gerbes de gueules, deux en chef et une en pointe. (T. XXV, p. 377.)

MIROITIERS [4]. — D'azur, à un miroir d'argent

[1] La varlope (et non verlope) est un rabot large et très long, qui sert à corroyer le bois.

[2] Les merciers avaient pour patron saint Louis, qui figurait dans leurs premières armoiries. Celles-ci peuvent se blasonner ainsi : » *D'azur à un saint Louis d'or, tenant une main de justice semée de fleurs de lis de même.* Les nouvelles armoiries sont souvent accompagnées d'une devise, c'est tantôt *Magno cum fœnere reddit,* et tantôt *Te toto orbe sequemur;* c'est au soleil qu'il est ici fait allusion. — Voy. *Les magasins de nouveautés,* t. I, p. 48.

[3] Officiers publics assermentés qui avaient pour mission de mesurer certaines denrées. Le marchand conservait, en général, le droit de mesurer lui-même sa marchandise quand il ne s'agissait que d'une vente sans grande importance, un boisseau ou un setier, par exemple. Au delà, le mesureur intervenait, à moins que le vendeur et l'acheteur ne s'entendissent à l'amiable et ne réclamassent pas son ministère. — Voy. *La cuisine,* p. 217 et suiv.

[4] Ils avaient pour patron saint Clair.

bordé d'or, accosté de deux lunettes d'argent garnies d'or, et surmonté en chef d'une lunette d'approche couchée de même. (T. XXV, p. 547.)

MOULEURS DE BOIS. — D'argent, à un moule [1] de sable, à un chef de gueules semé de fleurs de lis d'argent. (T. XXIV, p. 85.)

MOULEURS DE BOIS (AIDES A [2]). — D'azur, à un bûcher d'or enflammé de gueules. (T.XXV, p. 300.)

OISELIERS. — D'azur, à un homme de carnation vêtu d'or, un genou en terre sur une terrasse de

---

[1] Les mouleurs étaient des mesureurs (voy. ci-dessus). Le bois se mesurait alors au *moule* ou à la *corde*. Toutes les bûches devaient avoir trois pieds et demi de longueur, et l'on employait, suivant leur grosseur, l'une ou l'autre des deux mesures. Le *moule* était un anneau de fer qui avait six pieds et demi de diamètre. Il était marqué d'une fleur de lis et vérifié sur l'étalon conservé à l'hôtel de ville. Il servait à mesurer les bûches qui avaient au moins dix-sept pouces de grosseur. En général, il entrait environ seize bûches par moule ; trois moules auxquels on ajoutait douze bûches faisaient la charge d'une charrette. Aussi appeloit-on le gros bois *bois de moule* ou *bois de compte*, et le nom de compteurs de bûches était souvent donné aux mouleurs. L'édition publiée en 1500 de l'ordonnance de février 1415 renferme (page XXXII) une gravure qui représente un mouleur de bois occupé à remplir un moule.

Les bûches d'une grosseur inférieure à dix-sept pouces se mesuraient à la corde. La *corde* était composée de quatre pieux fichés en terre et formant un quadrilatère de huit pieds sur quatre, dimensions ordinairement prises au moyen d'une corde. C'est en 1641 seulement que fut établie, pour mesurer le bois, une membrure en charpente, à laquelle on ne donna que quatre pieds en tous sens ; elle contenait environ 96 bûches.

[2] Leurs fonctions furent déterminées par l'art. 1er de la grande ordonnance de décembre 1672.

sable, tenant une cage à trébuchet d'or pour prendre des oiseaux de même qui volent en l'air, et un chef cousu de gueules, chargé d'un agneau pascal d'argent contourné et couché sur un tertre de sinople[1]. (T. XXIII, p. 571.)

ORFÈVRES. — De gueules, à une croix engrelée d'or, cantonnée au 1 et au 4 cantons d'une coupe couverte d'or, et aux 2 et 3 d'une couronne aussi d'or, et un chef d'azur semé de fleurs de lis d'or[2]. (T. XXIV, p. 434.)

PAIN D'ÉPICIERS[3]. — D'azur, à un gros pain d'épices d'or, accompagné de quatre oublies de même posées en croix. (T. XXV, p. 547.)

PAPETIERS. — D'azur, semé de billettes d'argent, à un livre ouvert de même brochant sur le tout. (T. XXV, p. 546.)

PARCHEMINIERS[4]. — D'azur, à une main de carnation vêtue d'argent, tenant un fer de parcheminier aussi d'argent emmanché d'or. (T. XXV, p. 544.)

---

[1] Voy. *Les animaux*, t. II.

[2] Ces armoiries sont celles que portait la communauté avant la concession de 1629. Voy. ci-dessus, p. 250 et suiv.

[3] On les trouve parfois nommés *pâtissiers de pain d'épices*, et les oublies qui figurent dans leurs armoiries indiquent, en effet, qu'ils ne se livraient pas exclusivement à la fabrication du pain d'épices.

[4] Ils étaient soumis à l'autorité du recteur de l'Université. La main qui figure dans leurs armoiries pourrait être regardée comme un symbole de cette dépendance, car la principale pièce des armoiries de l'Université était une main sortant d'un nuage et tenant un livre. Voy. *Ecoles et collèges*.

PATENOTRIERS [1] EN BOIS, CORNETIERS [2] et FAI-
SEURS DE DÉS [3]. — D'argent, à un chapelet arrondi
de sable, appuyé sur trois dés d'or, posés un et deux,
et un chef d'azur, chargé d'une fleur de lis d'or
accostée de deux cornets d'argent. (T. XXV, p. 583.)

PATENOTRIERS EN JAIS. — D'argent, à un chapelet en forme de couronne de sable, enfermant une
croix pattée de gueules. (T. XXV, p. 548.)

PATISSIERS. — D'argent, à une pelle de four de
sable, posée en pal, accostée de deux pâtés de
gueules. (T. XXV, p. 542.)

PAUMIERS [4]. — De sable, à une raquette d'or posée en pal, le manche en bas, accompagnée de quatre balles d'argent, une en chef, deux aux flancs et
une en pointe. (T. XXV, p. 209.)

PAVEURS. — D'argent, à une hie [5] à battre le

---

[1] Les patenôtriers fabriquaient des patenôtres ou chape-
lets à prier, des colliers de perles fausses, des boucles, des
boutons en émail, en verre, en bois, en corne, en os, en
ivoire, en ambre, en jais, en corail, en nacre.

[2] Les cornetiers étaient, au moyen âge, des fabricants d'é-
critoires et de cornets pour jouer aux dés. On donna ensuite
ce nom aux tabletiers qui avaient la spécialité des ouvrages
en corne.

[3] Les faiseurs de dés (*déciers, déiciers,* etc.) formaient à
eux seuls une corporation dès le XIIIᵉ siècle (voy. le *Livre
des métiers,* titre LXXI), en dépit des nombreuses ordonnances qui défendaient et le jeu et la fabrication des dés à
jouer.

[4] *Paumiers-raquetiers-faiseurs d'estœufs, pelottes et balles.*

[5] La *hie,* plus souvent nommée *demoiselle,* est le lourd
cylindre de bois, muni de deux anses, dont les paveurs se
servent pour battre le pavé. Ils étaient placés sous le patronage de saint Roch.

pavé de gueules, accostée de deux marteaux de paveurs de sable. (T. XXV, p. 544.)

PEAUSSIERS. — De sable, à une lunette [1] d'argent.
(T. XXV, p. 543.)

PÊCHEURS. — De gueules, à une écrevisse d'or,
adextrée d'un verveu [2], et senestrée d'une nasse, et
sous l'écrevisse deux avirons passés en sautoir, le
tout d'or, et un chef cousu d'or chargé d'un poisson d'argent. (T. XXIII, p. 587.)

PEIGNIERS-TABLETIERS [3]. — Échiqueté d'argent
et de sable, à un chef d'or, chargé d'un peigne de
gueules. (T. XXV, p. 440.)

PEINTRES, SCULPTEURS, GRAVEURS et ENLUMI-
NEURS. — D'azur, à trois écussons d'argent 2 et 1,
et une fleur de lis d'or en abime. (T. XXIV, p. 449.)

PELLETIERS-FOURREURS. — D'azur, à un agneau
pascal d'argent passant sur une terrasse de sinople,
ayant la tête contournée et couronnée d'un cercle

---

[1] Instrument destiné à parer le cuir. C'est un couteau
circulaire, muni dans le milieu d'une ouverture ronde par
laquelle on passe les mains pour le faire mouvoir.

[2] Filet de forme ronde et terminé en pointe.

[3] Au xiiie siècle, les fabricants de peignes formaient une
seule corporation avec les lanterniers, qui faisaient comme
eux un grand usage de la corne. A cette époque, le mot
tabletiers désignait seulement les ouvriers qui fabriquaient
les tablettes destinées à l'écriture, petits carnets composés
de minces feuilles de corne, d'ivoire, etc., enduites de cire,
sur laquelle on traçait des lettres au moyen d'un style.
— Dans la suite, les peigniers se séparèrent des lanterniers
et s'unirent aux tabletiers, qui prirent le nom de *maîtres
peigniers-tabletiers-tourneurs et tailleurs d'images d'ivoire*:
ces images étaient en général des jeux d'échecs, de
dames, etc.

de lumière d'or, portant une croix aussi d'or, dont la banderole de gueules est croisée d'argent [1]. (T. XXIII, p. 426.)

PLUMASSIERS. — D'azur, à une aigrette d'argent, accompagnée de trois plumes ou panaches d'or, posées en pairle, apointées les bouts en dehors. (T. XXV, p. 542.)

POISSONS (MARCHANDS DE). — D'azur, à un saint Pierre d'or, marchant sur une ondée d'argent et de sinople, de laquelle sortent des poissons de même [2]. (T. XXV, p. 584.)

PORTEURS [3] DE CHARBON. — D'azur, à un vaisseau d'argent, accompagné de deux étoiles d'or au haut du mât. (T. XXIII, p. 591.)

PORTEURS DE GRAINS. — D'argent, à un saint Christophe [4] de gueules, l'enfant Jésus qui est sur son dos de même, tenant en sa main plusieurs épis de blé d'or. (T. XXV, p. 318.)

PORTEURS DE SEL. — D'azur, à un saint Christophe d'argent. (T. XXV, p. 324.)

---

[1] Cet écu était soutenu par deux hermines d'argent et surmonté d'une couronne ducale. Voy. ci-dessus, p. 253.

[2] Je crois que ces armoiries appartenaient à la corporation des marchands de poissons de mer et à celle des marchands de poissons d'eau douce. Voy. ci-dessous *Vendeurs de poissons de mer.*

[3] Les porteurs étaient des officiers publics assermentés, chargés du transport de certaines marchandises. Leur création avait délivré les bourgeois des offres intéressées des portefaix, qui parfois s'entendaient entre eux pour maintenir le taux des courses à un chiffre trop élevé.

[4] Presque tous les portefaix de Paris avaient pour patron saint Christophe.

POTIERS D'ÉTAIN [1]. D'azur, à un marteau d'argent emmanché d'or, accompagné en chef de deux tasses d'argent, et en pointe d'une aiguière de même. (T. XXV, p. 543.)

POTIERS DE TERRE. — Écartelé en sautoir d'azur et d'argent, l'azur chargé en chef d'une fleur de lis et en pointe d'un pot à deux anses d'or, garni de fleurs d'argent et accosté de deux pots à une anse chacun affrontés de même, et l'argent chargé à dextre d'un carreau carré de sinople et à senestre d'un carreau hexagone de gueules. (T. XXV, p. 213.)

ROTISSEURS. — D'argent, à deux broches de sable passées en sautoir, accompagnées de quatre lardoires de même posées en pal. (T. XXV, p. 545.)

ROULEURS ET CHARGEURS DE VIN. — D'or, à une roue de sable, accompagnée de trois barils de même cerclés d'argent, deux en chef et un en pointe. (T. XXV, p. 377.)

SELLIERS, LORMIERS [2] ET CARROSSIERS. — D'azur, à un saint Éloi [3] vêtu en évêque, tenant un marteau en sa main dextre, le tout d'or. (T. XXV, p. 442.)

SERRURIERS. — De gueules, à deux clefs, l'une d'argent et l'autre d'or, adossées et passées en sautoir et liées d'un ruban d'azur, et un chef d'azur semé de fleurs de lis d'or, chargé d'une table couverte d'un tapis fleurdelisé, sur laquelle il y a un sceptre et une main de justice passés en sautoir, et

---

Souvent nommés *peautriers* au moyen âge.

[2] Les selliers prenaient le titre de *lormiers*, parce qu'ils avaient été pendant plusieurs années réunis à cette corporation. Voy. ci-dessus, p. 266.

[3] Patron de la corporation.

une couronne royale, le tout d'or, et ce chef soutenu d'argent, chargé de ces deux mots : Securitas publica de sable [1]. (T. XXV, p. 211.)

Taillandiers-Ferblantiers [2]. — D'azur, à deux ancres d'or passées en sautoir, surmontées d'un fanal de vaisseau de même. (T. XXV, p. 208.)

Tailleurs. — De gueules, à des ciseaux d'argent ouverts en sautoir. (T. XXV, p. 322.)

Tanneurs. — De sable, à deux couteaux de revers d'argent [3] emmanchés d'or, posés en fasce l'un sur l'autre. (T. XXV, p. 445.)

Teinturiers du bon et grand teint [4]. — De

---

[1] Ces armoiries, qui sont reproduites en tête des statuts de 1650, avaient deux lévriers pour supports. Je n'ai pu retrouver l'origine des fleurs de lis, du sceptre et de la main de justice qui figurent dans ce blason. L'article 12 des statuts de 1650 où le roi déclare « que l'art desdits maistres est du nombre des quatre arts libéraux dont la recommandation *lui* est très chère » ne saurait être invoqué ici. Mais, dans l'article 17, les serruriers disent que leur « art a véritablement pour objet la conservation de la vie des hommes et la sûreté de leurs possessions; » si l'on rapproche cette phrase des mots *Securitas publica,* il est permis de croire que la corporation se regardait comme protectrice et gardienne du trésor royal et même de la personne du roi.

[2] L'art de fabriquer le fer-blanc ne fut introduit en France que vers le milieu du xviie siècle, et grâce à l'active persévérance de Colbert. Voy. la *Correspondance administrative sous Louis XIV.*

[3] On nommait *couteau de revers* ou *drayoire* un instrument au tranchant fort émoussé, et qui était muni d'un manche à chacune de ses deux extrémités. Il servait à *écharner* la peau, c'est-à-dire à enlever les fragments de chairs qui pouvaient y être restés adhérents.

[4] Colbert divisa les teinturiers en trois corporations dis-

gueules, à un saint Maurice [1] à cheval d'argent.
(T. XXV, p. 549.)

TEINTURIERS EN SOIE, LAINE ET FIL. — De sable,
à un saint Louis tenant de sa main dextre un sceptre
et de sa senestre une main de justice, le tout d'or,
et un saint Maurice de même tenant de sa main
dextre un guidon de gueules chargé d'une croix
d'argent, cantonnée de quatre croisettes de même,
et de sa senestre un bouclier de gueules semé de
fleurs de lis d'or et chargé en cœur d'une croix de
saint Maurice d'argent. (T. XXIII, p. 846.)

TIREURS D'OR ET D'ARGENT. [2] — D'or, à trois bo-

tinctes, ayant chacune ses statuts et ses officiers particuliers.
Ce furent :

1° *Les teinturiers du bon et grand teint;*
2° *Les teinturiers du petit teint;*
3° *Les teinturiers en soie, laine et fil.*

LES TEINTURIERS DU BON ET GRAND TEINT avaient seuls le
droit de teindre les draps de grande largeur, ratines, dro-
guets, « et toutes autres marchandises de draperie et de
laineries des meilleures qualitez et fabriques. »

LES TEINTURIERS DU PETIT TEINT ne pouvaient teindre que
des étoffes communes, ne dépassant pas, en général, le
prix de quarante sous l'aune en blanc. Leurs teintures,
dites teintures fausses, ne supportaient pas le savonnage à
l'eau chaude.

L'*Armorial général* n'indique pas les armoiries des teinturiers du petit teint; peut-être avaient-ils les mêmes que
les teinturiers du grand teint.

LES TEINTURIERS EN SOIE, LAINE ET FIL étaient tenus
d'adopter une spécialité, et de se livrer exclusivement à la
teinture ou de la soie, ou de la laine, ou du fil. — Voy.
Les magasins de nouveautés, t. III.

[1] Patron de tous les teinturiers.
[2] L'art. 27 d'un règlement fait en 1757 par la cour des

bines d'azur couvertes de fil d'or, posées deux et un. (T. XXV, p. 510.)

Tisserands. — D'azur, à une navette d'argent en pal, la bobine garnie de sable. (T. XXV, p. 521.)

Tissutiers-Rubaniers [1]. — De gueules, à une épingle d'argent posée en pal, surmontée en chef d'une navette plate, accostée à dextre d'un couteau à couper le velours et de pinces pour tirer les dents des peignes, et à senestre d'une paire de ciseaux, d'une passette et d'une aiguille, le tout posé en pal et d'argent. (T. XXV, p. 212.)

Tondeurs de draps. — D'or, à une paire de forces [2] de sable couchée en fasce, accompagnée de trois chardons [3] de gueules, deux en chef et un en pointe. (T. XXV, p. 544.)

Tonneliers et Déchargeurs de vins [4]. — D'azur,

---

monnaies décida qu'il ne serait plus établi aucune distinction entre les tireurs et les batteurs d'or.

[1] Dits *ouvriers de la petite navette*, pour les distinguer des drapiers d'or et de soie qui prenaient le nom d'*ouvriers de la grande navette*. Les tissutiers-rubaniers (d'abord *laceurs*, puis *dorelotiers*) pouvaient aussi fabriquer des tissus d'or et de soie, mais la largeur de ceux-ci ne devait point dépasser un tiers d'aune.

[2] Énormes ciseaux, dont les branches, parallèles et non croisées comme celles des ciseaux ordinaires, étaient réunies à leur extrémité par un fort ressort qui en facilitait le jeu. La fabrication des forces fut, pendant longtemps, le monopole d'une communauté spéciale, celle des *forcetiers*, dont les premiers statuts remontent à l'année 1288.

[3] Employés pour le *lainage* du drap. Cette opération consistait à le frotter avec des chardons pour en tirer le poil à la surface et le rendre pelu, lui donner son aspect laineux.

[4] Les déchargeurs de vin furent réunis aux tonneliers

à un saint Jean-Baptiste à dextre d'or, et un saint Nicolas [1] à senestre de même, les visages de carnation. (T. XXIII, p. 854.)

Tourneurs. — D'or, à un ciseau d'argent emmanché d'or, accosté de deux roues de même. (T. XXV, p. 544.)

Vanniers-Quincailliers. — D'azur, à un chevron d'or, accompagné de trois vanets ou vanes de même, deux en chef et un en pointe. (T. XXV, p. 199.)

Vendeurs et Controleurs de vin [2]. — De pourpre, à une fasce d'or, accompagnée en chef de deux pots d'argent, et en pointe d'un tonneau d'or cerclé de sable. (T. XXV, p. 295.)

Vendeurs de poissons de mer [3]. — D'azur, à un navire d'or, équipé d'argent, sur une mer de même ombrée, de sinople, dans laquelle nagent quatre dauphins de gueules. (T. XXIII, p. 644.)

Verriers-Faienciers. — D'azur, à un chevron

vers la fin du xve siècle. Jusque-là, les premiers étaient des officiers publics, nommés par la municipalité, et on les désignait souvent sous le nom d'avaleurs de vin, Voy. ci-dessus, p. 270.

[1] Patrons de la corporation.

[2] Les vendeurs de vin, intermédiaires entre le marchand en gros et l'acheteur, représentaient assez exactement nos commissionnaires, qui font le commerce sans posséder en propre aucune marchandise. — Les contrôleurs de vin sont une des ruineuses et éphémères créations d'offices faites à l'époque des embarras financiers de Louis XIV.

[3] Je pense qu'il s'agit ici non des marchands de poissons de mer, mais des officiers municipaux nommés vendeurs de poissons de mer, qui existaient déjà au xiiie siècle. — Ils servaient d'intermédiaires entre les marchands au détail et les chasse-marée qui apportaient le poisson à Paris.

d'or, accompagné en chef de deux fleurs de lis de même, et en pointe d'une touffe de fougère aussi d'or, mouvante d'une terrasse de sinople, et un chef de vair de trois tires [1]. (T. XXV, p. 207.)

VINAIGRIERS. — D'argent, à une brouette [2] de gueules, sur laquelle est un baril de sable cerclé d'argent. (T. XXV, p. 547.)

VINS (MARCHANDS DE). — D'azur, à un navire d'argent posé sur une onde alaisée de même, le grand mât orné d'une bannière de France frangée d'or, et surmonté d'une grappe de raisin de même, tigée et feuillée aussi d'or, le tout cotoyé de six navires posés en pal trois et trois. (T. XXIV, p. 459.)

VITRIERS ET PEINTRES SUR VERRE. — D'argent, à une fasce en devise alaisée de sable, accompagnée de trois losanges d'azur, deux en chef et un en pointe. (T. XXV, p. 540.)

---

[1] Pendant très longtemps, on employa surtout pour la fabrication du verre la potasse extraite des cendres de fougères. — On nomme *tire* chaque rangée d'échiqueté. — La corporation avait pour patron saint Clair.

[2] Ils brouettaient eux-mêmes leur vinaigre dans les rues de Paris.

FIN

PARIS

TYPOGRAPHIE PLON-NOURRIT et Cie

RUE GARANCIÈRE, 8

www.ingramcontent.com/pod-product-compliance
Lightning Source LLC
Chambersburg PA
CBHW050452270326
41927CB00009B/1712